訊息，因為它們傳達出我到底有沒有把話講清楚？我到底有沒有把艱澀的量化研究方法講得平易近人以及生動有趣？我到底有沒有把笑話說得很好笑？如果這本書真的能夠幫助到需要的人，那都是您們的功勞！

羅清俊

謹誌於國立臺北大學三峽校區研究室

2015年12月31日

三版序

　　距離本書第一版出版時間（2007年）已經超過八年，再看看本書修訂第二版上市的時間（2010年）也將近六年了。一晃眼，我都接近退休的年資與年齡了！也因為在不久的將來就要離開這個舞台，所以自己想要留下一些有用的東西來幫助別人的這種感覺，也就越來越強烈！感謝揚智文化出版公司葉忠賢總經理與閻富萍總編輯，由於他們希望我繼續修訂第三版的「社會科學研究方法：打開天窗說量化」，所以我才有機會讓上面我說的那種越來越強烈的感覺找到出口。

　　將量化的社會科學研究方法寫得更清楚以及讓讀者更容易懂，是修訂本書第三版最重要的目標。我自己用這本教科書也教了超過八年，這八年來不斷地跟面對面的同學以及未曾謀面的讀者們互動，我越來越清楚大家在學習量化社會科學研究方法的共同困難點。所以，在修訂第三版的過程當中，我花了相當多的心力，重新斟酌本書的每一個字、每一句話、每一個段落、每一個章節，然後做最妥適的修正或是改寫。我最大的心願就是希望讀者在讀了這個版本的內容之後，不僅能夠充分掌握量化研究設計的要訣，並且也能克服面對統計方法的恐懼與障礙，然後將量化的社會科學研究方法運用在讀者現在或是未來的工作場域。

　　謝謝過去二十年來，曾經上過我量化社會科學研究方法課程的所有同學或朋友，因為您們上課的各種表情，所以孕育了這本書的誕生以及持續修訂版本的上市。這些表情包括「沒有表情」、「完全沒有表情」、「狐疑」、「嘟嘴」、「皺眉頭」、「搔頭」、「搖頭」、「打瞌睡」、「傻笑」、「微笑」與「爆笑」。各種表情對我來說，都是重要的

社會科學研究方法

打開天窗說量化　　3rd Edition

Quantitative Research Methods in the Social Sciences

羅清俊　◎著

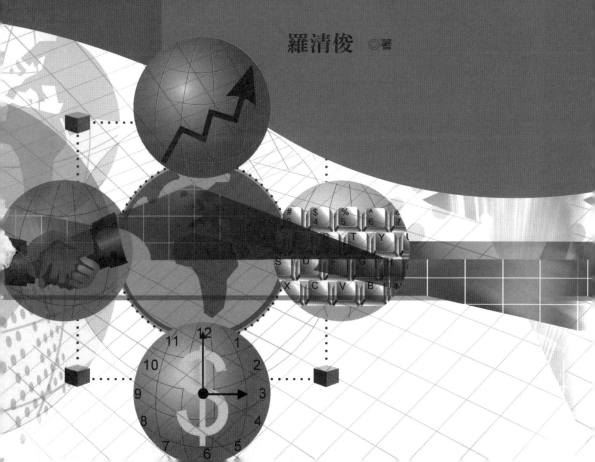

目 錄

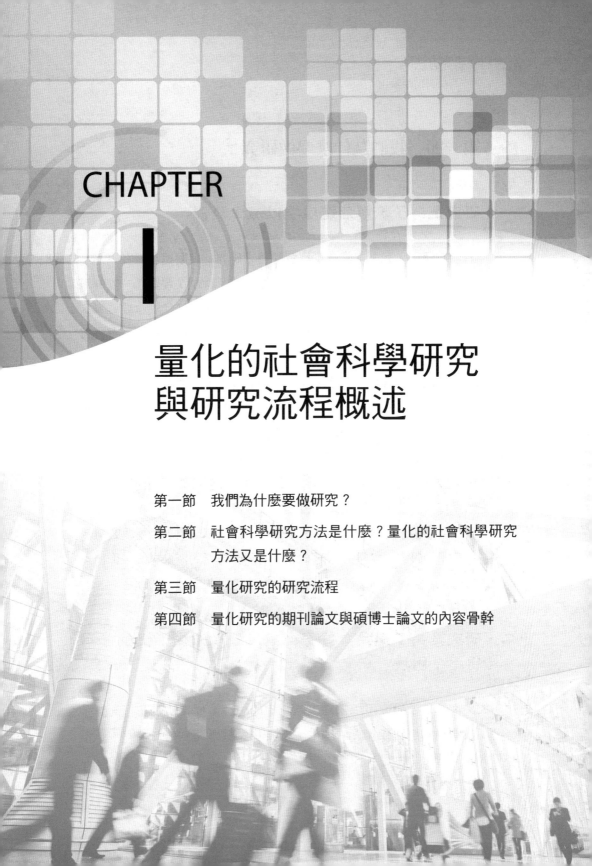

CHAPTER

量化的社會科學研究
與研究流程概述

第一節　我們為什麼要做研究？

一、研究是為了瞭解周遭環境以減少恐懼

　　你有沒有發現，我們常常會不經意的將「研究」這兩個字掛在嘴邊。例如有人問你要不要出國留學？要不要參加研究所考試？要買哪一款的筆記型電腦？要買哪一檔股票？要不要買保險？要買哪一種保險？要修哪一位老師開的課？你可能會回答：「讓我好好研究研究……」但是你有沒有認真地想過，做這些研究的目的到底是什麼呢？

　　其實研究的目的就是為了要增加我們對於周遭環境的瞭解。當我們對環境的瞭解越多，我們就越能掌控環境。我們常常聽人家說，人之所以會恐懼是因為無知，當你充分瞭解周遭環境各種千奇百怪的事情之後，你就會變得勇敢無比了。難道不是嗎？你研究到底應該買哪一檔股票，是因為你不知道要買哪一檔股票才不會讓你虧錢；你研究要不要出國留學，是因為你無法掌握自己適不適合出國念書，學成之後是否能找到更好的工作；你研究到底要修哪一位老師開的課，是因為不知道哪一位老師是「殺無赦的大刀」？當你研究出結果，瞭解事情的前因與可能的後果之後，你自然會擁有自信，「無懼」的往前衝！所以去除恐懼是研究的重要動機。

二、研究是為了滿足「好奇心」以及解決生活上的「不得不」困境

　　如果你認為做研究可以去除人類心中的恐懼這種說法是在打高空，好吧！我們找兩個比較務實的理由。通常我們做研究是因為我們「好奇心」的驅使以及生活上「不得不」的急迫感。

　　就好奇心來說，當我們觀察自然現象時，我們會問，為什麼台灣這幾年土石流的情況那麼嚴重？為什麼這幾年的平均氣溫普遍上升？為什麼台灣有些地區地層一直在下陷？當我們在觀察社會現象與人類行為時可能會問：為什麼有些人交女朋友老是難逃被甩的命運？為什麼這個社會人與人之間充滿了不信任、欺騙與敵意？為什麼資優生不善處理人際關係與男女感情問題？為什麼台灣那麼多汽車旅館？為什麼政府機構會有貪汙的現象？為什麼這幾年恐怖主義嚴重籠罩世界各國？這些好奇心會驅使我們研究這些事情的來龍去脈。

　　就生活上「不得不」的急迫感來說，當我們觀察自然現象，我們會問，當三個颱風在台灣形成拉扯作用時，對於台灣會有何種影響？一旦知道影響為何，我們就能事先防備，減少災害。又例如，過去的電視沒有遙控器，所以想要轉台，就得起身到電視前撥轉頻道轉鈕。可是這樣真的很麻煩，想要換台就得起身。有人終於受不了，為了想要減少不斷轉台的麻煩，終於研究出遙控器。而當觀察社會現象時我們會問，青少年犯罪率越來越高，對社會造成極為負面的影響，這些踏入法網的青少年有無共同特徵？是不是來自單親家庭？是不是中輟生？一旦我們知道問題的根源，我們就可以針對這些共同特徵提出合適的解決方案了。

　　所以，你有沒有強烈的好奇心呢？你有沒有碰到生活上「不得不」的急迫感，而非得研究出一個所以然不可呢？如果答案是肯定的，我可以告訴你，你很有可能會成為一個傑出的研究者喔！但是，相對來說，如果你的研究是為了滿足好奇心，可是研究結果並不能滿足自己的好奇心或是關心這個研究議題的人的好奇心；或是你的研究是為了解決生活上不得不的困境，可是研究結果卻無法解決生活上的急迫需求，那麼你的研究是失敗的，你可能只是在做文字堆砌，不痛不癢，浪費你自己和讀者的時間而已。因此，學習「如何」研究是滿足「好奇心」與解決生活上「不得不」困境的重要方法。當然，這也是這本書最重要的目的。

第二節　社會科學研究方法是什麼？量化的社會科學研究方法又是什麼？

一、定義

先說什麼是社會科學？社會科學關心社會現象與人類行為。例如政治學的某些理論區塊關心國家民主化過程，某些理論區塊關心個人的投票行為。前者關心的是社會現象，後者關心的是人類的行為。但是，社會科學並不會僅僅以觀察單一社會現象或單一行為就滿足了。它們會繼續問：國家民主化過程這個現象會跟什麼有關聯？是跟國家經濟發展狀況或是普遍的教育程度有關？個人的投票行為會跟什麼有關聯？是受到父親的政治態度影響？還是同儕的影響？所以，如果我們用最簡單的方式來界定社會科學，那麼社會科學就會是關心社會現象與人類行為的學門，同時也關心社會現象與社會現象之間的關係或是人類行為與人類行為之間關係的學門。而為什麼社會科學是「科學」？那是因為這個研究領域的人強調觀察社會現象或人類行為都要以證據為導向，所以才能叫做科學。

而社會科學研究方法是什麼呢？簡單的說，社會科學研究方法就是以證據導向的途徑，觀察社會現象與社會現象之間的關係或是人類行為與人類行為之間的關係。進一步來說，量化的社會科學研究方法又是什麼呢？所謂量化的社會科學研究方法（以下簡稱為量化研究），就是將你所要觀察的社會現象或是人類行為分別以數值方式呈現（這些數值就是在描述真實世界所發生的事，所以當然就有了證據基礎），進而利用統計方法探索它們彼此之間的關係。

量化研究也稱為實證研究或經驗研究（empirical research）。不少人很困擾經驗研究與規範研究（normative research）的差別。瞭解兩者之間

的差別非常重要，因為這兩種研究所提出的研究問題截然不同；並且，經驗研究在大部分情況下必須以數值呈現，而規範研究則否。所謂經驗研究是指，我們要如何才能知道我們想要的知識（How do we know）？它強調事實，以經驗為基礎。例如，2014年爆發頂新集團使用不合格食用油原料事件，我們想要知道，台灣除了頂新集團之外，到底還有哪些食品業者（公司）罔顧消費者健康，使用不適合人類食用的食品原料？為什麼某些公司會這樣做？而某些公司不會如此？而當政府當局、輿論以及一般民眾出面懲罰、批評與抵制之後，台灣的食品業者是否因此而循規蹈矩，謹守企業倫理？這些研究都屬於經驗研究，你必須運用各種方法蒐集充分的數值證據，才能知道事情的來龍去脈。相對來看，規範研究是指，我們應該如何運用我們所知道的知識（How should we use what we know）？它強調價值的選擇。例如，在台灣目前的政治生態與政黨互動情況下，究竟哪一種規範政黨的制度與選舉制度對台灣的政治發展才有幫助呢？又例如，到底哪一種管制措施的設計才能有效遏止台灣不肖食品業者販賣黑心食物呢？

　　讀者可以清楚發現，經驗研究的研究問題強調「是什麼？」或「為什麼？」，而規範研究則強調「應該如何？」。讀者也可以發現，經驗研究可以透過數字呈現現象，但是規範研究只能做價值的判斷，兩者截然不同。當然，社會科學研究的目的是希望利用經驗研究瞭解實際的社會現象與人類行為（經驗研究），然後以此為基礎再來研究如何改善人類的生活（規範研究）。換言之，兩者是相輔相成的。例如，首先研究大學入學制度對於高中生身心發展的影響（經驗研究），發現事實之後，再以此為基礎，研究我們應該選擇哪一種入學制度才能讓高中生的身心健全發展（規範研究）。又例如，我們必須先瞭解目前台灣政府行政體系所面臨的問題是什麼（經驗研究），再以此為基礎來研究到底何種政府改革的方式適合應用在台灣（規範研究）。

二、量化研究的例子：教育與貧富

(一)以個人為分析單位

所謂以個人為分析單位，指的是你所觀察的現象或是行為都是以「個人」為基準。當然，如果你想觀察的是國家的現象，分析單位就是「國家」。同樣的，你所研究議題的分析單位也可能是「縣市」、「鄉鎮市」、「村里」、「上市公司」、「利益團體」、「大學」等等，完全要看你到底想觀察什麼而定。這是量化研究的重要觀念，因為它會牽涉到研究問題怎麼提問，也會牽涉到如何指派數值，這個部分在後續的章節當中，會不斷利用實例來解釋。

我們就先以個人為分析單位來說明量化研究的實際例子。例如你發現社會上有些人很有錢，有些人普通有錢，有些人很窮。嗯！「貧富」就是一種社會現象。而你的思路一定不會就此停止，你一定會繼續想，為什麼有些人那麼有錢（或是窮）？貧富這種現象到底跟其他什麼樣的現象有關聯？突然你想到了一些與貧富有關係的現象，例如「教育程度」就是一個重要的相關現象。看看一些科技新貴、醫師、律師、會計師等等那麼富有，如果他們沒有受過高等教育，他們又如何能賺那麼多錢？所以你已經開始認為這兩種現象有關係了，而且還是正向的關係；也就是說，教育程度越高的人越有錢！

可是這樣絕對不夠，你得去驗證這兩者之間的關係，否則就不科學了。因為你也許只是看到一些極端的例子就下了定論。說不定還有一些人教育程度高，可是賺不了什麼錢，也說不定有些人沒有高學位，可是卻變成企業經營之神。所以，你就開始蒐集更多的觀察對象（量化研究稱之為樣本），來驗證貧富與教育程度這兩者之間的關係。

可是這還是不夠，因為你沒有一個客觀的數據告訴我們這兩種現象

之間的關聯度有多高？剛好，你學過量化研究，你知道你必須先將所要觀察的現象轉化成數值，然後利用統計方法來計算它們彼此的關係。「貧富」這種現象我們怎麼轉成數值？我們可不可以用你所觀察的對象的年收入來代表；「教育程度」呢？我們是不是可以用觀察對象所受教育的年數來代表。假設你找了100個觀察對象（樣本），你也有了這100個人的年收入與教育年數的資料，你就可以利用統計方法當中的「相關係數」來計算這兩種現象之間的關係了。即使你暫時不會統計方法也沒關係，你如果畫一個平面座標軸，將教育年數放在X軸（橫軸），將年收入放在Y軸（縱軸），你是不是可以在這個座標平面上點出這100個觀察對象的對應點，如果這些點聚集的情形是呈現由左下往右上的型態，是不是隱約代表教育年數越多的人所得越高呢？進一步你就真的可以利用統計方法當中的「相關係數」計算這兩種現象之間的關係了。這就是量化研究最基本的觀念：將社會現象或是人類行為以數值方式呈現，進而利用統計方法探索它們彼此之間的關係。

(二)以縣市或國家為分析單位

如果你好奇的是台灣20個縣市的貧富狀況會不會與教育程度有關？你的分析單位就是「縣市」。接下來的問題是：到底用什麼數值來代表各縣市的貧富狀況呢？用什麼數值來代表各縣市的教育程度呢？我們可以直接用每個縣市所有人年收入的平均值代表這個縣市貧富狀況；同樣的，我們直接用每個縣市所有人受教育的年數的平均值來代表這個縣市的教育程度。這個時候，你有20個觀察對象，然後利用統計方法當中的「相關係數」，來計算各縣市之間貧富與教育的關係。

如果你好奇全球190多個國家貧富的狀況與教育程度之間的關係，你可以直接用每個國家所有人年收入的平均值來代表這個國家的貧富狀況，同時利用每個國家所有人受教育年數的平均值來代表這個國家的教

育程度。這個時候，你有190多個觀察對象，然後再利用統計方法當中的「相關係數」，來計算各國之間貧富與教育的關係。

有讀者會問，不管分析單位是什麼，量化的社會科學研究方法難道就只是探究兩種現象或是行為之間的關係而已嗎？當然不是，我們只是先用最簡單的例子來說明探索兩種現象或兩種行為之間關聯性的量化社會科學研究方法。事實上，所有的社會現象或是人類行為很少是單一因素所造成，它們所產生的後果也很少是單一面向的。例如當分析單位是個人的時候，影響個人貧富狀況的因素除了學歷之外，可能還包括健康、智商、個性等等因素；而一個人的貧富狀況可能會影響他們參與公益活動的動機，也可能會影響他們的生活品質。就量化的社會科學研究方法來說，以上這些現象與行為都要透過數值加以呈現，然後利用所謂的「多變量統計分析」來估計多種現象或行為之間的關聯性。

再重複一次，這就是量化研究最基本的觀念：將社會現象或是人類行為以數值方式呈現，進而利用統計方法估算它們彼此之間的關係。當然，我們必須特別注意分析單位究竟是什麼，因為分析單位會牽涉到我們究竟要如何提出我們的研究問題，以及如何指派數值至分析單位。

第三節　量化研究的研究流程

量化研究有固定的流程與步驟，如**圖1-1**所示：依序為選擇研究主題、擬出合適且具體的研究問題、理論的建構與假設的形成、理論概念操作化與測量、選擇合適的資料蒐集方法、資料的統計分析與結果的詮釋、摘要統計分析結果成為研究發現，並討論這些研究發現所蘊含的意義。我們將在後續章節，按照這些步驟的先後次序為讀者解說。

圖1-1　量化研究的流程

🔧 第四節　量化研究的期刊論文與碩博士論文的內容骨幹

　　從上一節我們知道了量化研究的基本流程，所以凡是基於量化研究所完成的學術論文，不管是學術期刊論文或是碩博士論文，也必須符合這樣的結構。讀者當然可以依照研究的實際需要稍做調整，但是基本骨幹是不能變的。**表1-1**是符合學術規範的量化研究期刊論文的內容骨幹，這也是本書作者的撰寫習慣格式，你當然可以按照實際研究的需要稍做調整，但是不管你怎麼調整，**表1-1**的內容是一定要涵蓋的。碩博士論文的內容骨幹也是基於這個表，差別只是碩博士論文的規模比期刊論文大很多，你必須以「章」與「節」涵蓋各項的內容。

表1-1 量化研究的期刊論文內容骨幹

壹、緒論
一、研究動機與研究背景
二、研究問題
三、研究的顯著性（貢獻）與研究限制
四、本文後續章節安排的說明
貳、文獻回顧：針對研究問題建立理論架構並提出本研究的相關假設
參、研究設計
一、採用問卷調查或既存統計資料分析法蒐集資料
二、問卷調查的抽樣方法與執行方式（採用問卷調查法時必須說明）
三、變數的操作化內容
四、既存統計資料法的資料來源（採用既存統計資料法時必須說明）
五、使用的統計方法
肆、統計分析
一、按照敘述統計與推論統計的順序逐一呈現圖表加以分析
二、按照研究問題的回答順序逐一分析
伍、結論：研究發現與討論
一、研究發現：摘要統計分析結果
二、討論：針對研究發現做深層的討論
陸、參考書目

CHAPTER

2

選擇研究主題並提出
具體的研究問題

第一節　選擇研究主題

一、選擇有興趣的主題

選擇研究主題是從事量化研究的開端。凡事起頭難，當然這也反映在研究主題的選擇上。我過去遇過很多碩士班或是博士班研究生跟我訴苦：為什麼選擇一個研究主題那麼難？到底應該如何選擇？有什麼訣竅嗎？

通常我給他們的第一個答案是：選什麼主題都行，但是一定要是你所感興趣的主題。各位想想，撰寫碩士或博士論文所花的時間不算短，如果你選擇一個不很感興趣的主題，你怎麼能夠容忍跟這個題目相處那麼久的時間？這跟找配偶的道理是一樣的，跟你個性格格不入的配偶只會讓你的生命更加悲慘而已。也要提醒你，千萬不要跟指導教授說：老師，你叫我做什麼題目，我就做什麼題目，只要讓我畢業就好！你不覺得這種方式像極了父母之命與媒妁之言的婚姻嗎？從另外一個角度來看，如果你選擇不感興趣的主題，你又怎麼會有研究的熱情呢？沒有熱情的研究是無法入木三分的詮釋社會現象與人類行為。現在的電視節目不是很流行品嚐美食嗎？當這些美食嚐起來令人感動時，我們會說廚師用了「感情」去煮。開一個小玩笑，你看過《食神》這部電影嗎？男主角做出了讓人潸然落淚的「黯然銷魂飯」，就是用了感情。這種感情就是我這裡所說的熱情。不要以為讀你論文的人感覺不出來你在研究上所下的苦心與熱情，明眼人一看就知道。總之，如果你想完成一篇好品質的論文，就一定要有研究熱情，而研究熱情的高低則是決定在於你對這個研究主題感到興趣的程度。

二、利用漏斗原則篩選研究主題

　　研究主題通常會是某個學門當中的一個區塊。雖然廣泛，但是我們還是必須從這個地方開始著手，選擇你想挖掘的主題，以漏斗式的思考，由寬至窄，由大至小，慢慢篩選你自己想要的研究主題。我們舉兩個例子：(1)假設你對政治學很感興趣，可是政治學的範圍那麼廣，你到底是想要研究政治學的哪一個部分？是有關投票行為嗎？是國會政治嗎？是民主發展嗎？還是其他？如果你對國會政治感興趣，接下來你是要選擇國會政治這個領域當中的哪一個部分？是立法委員選區重劃嗎？還是國會常設委員會的運作？(2)假設你對公共行政很感興趣，可是到底是行政領導這個部分吸引你呢？還是對官僚制度與行為這個部分感興趣？如果你對官僚制度與行為這個領域有興趣，但是這個領域也很廣，你是想看看基層官僚人員的行為？還是中層主管的困境？還是要探索官僚體系的創新？

三、選擇研究主題的幾個思考方向

　　有幾個選擇研究主題的思考方向可供參考：

(一)研究主題能夠創造知識，對學術界有所貢獻

　　這樣的研究主題可能不容易完成，通常要對學術界有所貢獻的主題都會是一些遭遇瓶頸的部分，並不容易處理。如果讀者正在念博士學位，你的博士論文能否通過的標準就在於是否能夠創造知識，即使是小小的一部分創新發現，都會對我們瞭解這個世界有所幫助。我的博士論文（當然是很久遠以前的事了！）是利用政治學當中的分配理論觀察美國在1983～1990年期間，聯邦政府十二種政策領域的補助款在435個眾議員選區以及五十州的分配情形，是否受到與國會議員相關的政治因素所影

響。我的指導教授很明白的告訴我，你的論文能否通過，就要看看你能否發現過去研究所無法發現的東西，或是釐清過去研究所無法釐清的問題。感謝天！我花了近三年的時間做博士論文，雖然只是創發出一個小小的中介變數來詮釋國會議員影響力與他們的選區獲得補助款多寡之間的中介關係，但是這個中介變數卻是過去研究所沒有處理過的。當然，這個中介變數是經過很長的時間不斷地醞釀與測試而來，同時也經過很多資料庫的轉換才產生出來的。

(二)既存的社會問題也是一個主題選擇的思考方向

近年來罹患憂鬱症的人激增、少子化的現象嚴重、外籍配偶人數不斷創新高、自殺率上升、貪汙情形嚴重、出國留學的年輕人越來越少、貧富差距越來越嚴重、老年人口越來越多等等問題，都是可以思考的方向。

(三)社會上的鼓勵

例如台灣在1999年遭遇九二一地震，2009年夏天在南部發生的八八水災，2014年8月在高雄市發生的氣爆事件、2015年在八里八仙樂園發生的塵爆事件，許多研究者因此而投入災害防救的研究，像是風險管理、危機管理、心理諮商或是府際關係等等的研究議題。美國九一一恐怖事件發生後，各領域的研究者也紛紛投入相關的研究。又例如因為老年人口增加，所以長期照護的政策就變成非常重要的政策議題，各個不同學科領域的專家學者，包括社會學、公共行政、公共政策、醫學、資訊科學等等，也都積極地展開相關研究的行列。

(四)研究者個人的價值、親身經歷或是特別感興趣的議題

　　我的碩士論文是有關於環境保護政策執行的研究議題。當時我找到這個主題其實一點也不費力，因為我家周圍在我念高中的時候，親身經歷公害汙染當中的水汙染與噪音汙染的困擾，因此我很直覺的會想做一些環境保護政策的研究，讓公害問題不會那麼嚴重。我念高中的時候，我家旁邊的一塊空地蓋了一間塑膠加工廠，專門收購零碎的塑膠布，利用加工再碾成各種尺寸的完整塑膠布。他們常常使用化學溶劑處理零碎的塑膠布，可是這些廢水卻任意傾倒，而使周圍地下水受到汙染（我家當時還是使用地下水）。由於他們勤奮工作，機器從上午八點一直運轉到晚上九點才停止，噪音不絕。在那個環境下，根本無法安靜讀書準備大學聯考，也難怪我大學要重考！

　　另外，我在美國念書的時候，有位在念社會學博士的好朋友，他的博士論文主題跟遊民有關，他常常利用假期扮成遊民，跟芝加哥真正的遊民一起相處，藉以觀察遊民的生活細節以及每位遊民的背景。他告訴我，他從小就特別關心遊民，也很好奇這些遊民為什麼會變成遊民，所以他寫遊民博士論文變成遊民博士，一點也不奇怪。

　　而過去在我大學部研究方法班上的一位女同學，她的學期研究報告詳細的標題我已經忘記，不過研究主題大意是說：當一個人臉上有明顯胎記或是因為燙傷留下痕跡，別人到底如何看待這個人？會不會因此而排斥這個人？她透過問卷調查法的分析結果發現，其實很少人會在意這些。後來她跑來告訴我，其實臉上有明顯一大塊胎記的就是她本人，我滿驚訝的，因為完全看不出來。原來她刻意留長髮，然後把她有胎記的那一邊臉頰完全遮住，也難怪我看不出來。她告訴我，她因為做了這個研究報告，看了這些統計結果，恢復了不少自信心，我為她感到高興，原來量化研究也可以做功德！

第二節　提出具體的研究問題

一、提出具體研究問題的目的：興建研究的燈塔

當你決定了你的研究主題之後，接下來就要找出具體的研究問題了。具體的研究問題能夠明白告訴自己以及別人，你究竟要從這個研究主題當中瞭解什麼？這個研究主題當中的哪些部分是你所關心的？不要忘記，社會科學研究方法是為了要探索社會現象之間的關聯或是人類行為之間的關聯，也因此你的研究問題就必須環繞在這個思考主軸上。

有人常說，當研究問題被妥善的建構之後，你的研究就完成一半了，這種說法一點也不誇張。研究問題的陳述是告訴讀者（也告訴你自己），這個研究打算要做些什麼，解答什麼樣的問題。既然如此，研究問題就必須清晰而且具體。根據我的經驗，過去來找我討論論文的研究生，通常一見面，我就會直截了當地問：「你的研究問題是什麼？」大部分的情況，他們要不是無言以對，就是支支吾吾。為什麼會這樣呢？很簡單，因為他們不很清楚他們到底想要研究些什麼，或者只有籠統的方向，卻沒有具體的研究問題。舉例來說，曾經有一位同學在1999年九二一地震之後來找我，他說他的碩士論文想要研究九二一地震。我說：「很好啊！這表示你對我們的社會很關心，能告訴我你的研究問題嗎？」這位研究生就開始抓頭皮，抓到破皮也說不出一個所以然來，只是一直說這個災變太可怕了！

我開玩笑地說：「你是不是想要研究車籠埔斷層形成的原因？你還想預測未來出現的頻率？」他當然否認。因此我趁勢追問，九二一地震的研究議題很多，你究竟想要探索哪一個部分？你是覺得台灣危機或災難處理的機制不理想？還是你佩服慈濟宗教團體的動員能力？還是憤怒賑災

物資配送系統的缺失？還是關心災民身心的創傷，也擔心他們未來的生活？他說：「我對慈濟宗教團體在災變發生時的動員能力有興趣。」我繼續問：「既然如此，你就是想要瞭解他們的動員模式為什麼比政府或是其他救災團體健全並且有效率？」他點點頭。我繼續問：「你覺得慈濟跟政府或是其他救災團體動員能力有所差異是什麼原因所造成？」他說：「成員參與動機、組織凝聚力、法規的彈性等等。」之後，我就拍拍他的肩膀（他是男同學），告訴他：「你終於找出你的研究問題了，你終於知道你的研究方向是什麼了。你的研究問題可以這樣陳述：『九二一賑災過程，為什麼慈濟宗教團體的動員模式比政府機關以及其他救災團體健全許多？成員的動機、組織的凝聚力以及法規的束縛程度是不是決定這些組織動員能力差異的主要因素？』」所以這個研究的分析單位是「團體」，觀察對象包括慈濟、政府以及其他民間的救災團體等等。我舉這個例子，除了要告訴讀者研究問題必須具體清晰之外，主要也是告訴大家，任何一種研究主題都有許多面向值得研究，但是你不可能同時處理全部，你必須找出你最感興趣的部分。

　　研究問題的功能就像燈塔一樣，它會時時刻刻提醒你有沒有偏離航道。我常常告訴研究生，當你確認了你的研究問題之後，就請你將這一串研究問題貼在你的電腦桌前，放在你的口袋中，時時提醒自己在這個研究當中究竟要解答什麼樣的問題；未來在文獻回顧與相關資料的蒐集與分析時，也要常常詢問自己，究竟這些文獻與事實資料的分析，對於我回答這些研究問題有無直接關聯與幫助？

二、發展研究問題的方法

　　你可以利用各種方法來幫助你研擬具體的研究問題，這些方法包括自己的觀察、邏輯推理（logical reasoning）、一些統計報告，或是回顧過

去的文獻等等。尤其統計報告以及回顧過去的文獻對於提出具體的研究問題很有幫助。

就統計報告來說，政府發布台灣各縣市人口移入移出的數據，這個時候你會很容易看出來哪些縣市人口外移嚴重，進一步你可能會提出為什麼會如此？過程如何？造成何種結果？等等相關研究問題。而幾年前我曾經調閱我擔任導師的大一班上同學大學聯考的成績，我發現住在北部的同學英文比數學好，住在南部的同學數學比英文好，住在中部的同學則比較平均。這倒是引起我的好奇心！我繼續思考，為什麼會這樣？是學習環境造成這種差異？還是與這些學生對於語文或數理理解的能力有關？

又例如從1970年代以來，富有國家的貧富差距不斷地擴大。從1970～2005年間跨國比較的觀點來看，如果我們以最高10%所得占全國所得總額的百分比變化情形來判斷貧富差距的惡化趨勢，資料顯示英國與美國最為嚴重，三十五年來，這兩國最高10%所得占全國所得總額的百分比分別增加了44%（英國）與43%（美國）。而其他國家例如愛爾蘭與日本增加了27%、挪威增加24%、葡萄牙增加21%、紐西蘭增加15%、澳洲增加10%、義大利增加9%、加拿大增加6%等等（Koch, 2013:15）[1]。在台灣也有類似的現象，根據行政院主計總處家庭收支調查結果，1990年台灣家庭可支配所得五等分位比值為5.18倍，2012年的比值則為6.13倍。在這十二年期間，這項比值增加了18.33%，顯然台灣貧富差距的情況已越來越嚴重（行政院主計總處家庭收支調查報告，2012）。家庭可支配所得五等分位比值的擴大，可能來自最高所得組的所得增加，或是最低所得組的所得減少。觀察台灣最高所得組（前20%）家戶所得份額[2]可以發現，高所得

---

[1] Koch, Julianna M. 2013. "State of Inequality: Government Partisanship, Public Policy, and Income Disparity in the American States, 1970-2005." Doctoral dissertation, Department of Government, Cornell University.

[2] 所得份額為該等分家戶可支配所得的加總占全體家戶可支配所得加總的比例。

組（前20%）家戶所得份額，從1990年到2001年一直有成長的趨勢，2001年為歷年最高，最高所得組的份額高達41.11%。2002年到2012年雖然逐漸下降，但是所得份額皆在39.96%～41.0%之間。而最低所得組的部分，在1990年到2001年間，一直呈下降的趨勢，2002年到2012年雖然有些微上升，但是所得份額皆在5.98%～6.16%之間。從這些數字看來，台灣社會存在著富者愈富，貧者愈貧的趨勢。這些數據讓我們很好奇，究竟是什麼原因讓貧富差距越來越大？以上這些統計報告都可以當作是我們提出具體研究問題的靈感。

就文獻回顧來說，其實文獻回顧是搜尋具體研究問題最有效率，也是最重要的方法。很多研究生常常有很多想法，可是卻無法落實到能夠操作的研究，原因就是沒有提出好的研究問題。為什麼沒有辦法提出好的研究問題呢？原因就是因為沒有先去廣泛閱讀與研究主題相關的文獻，只是一味的空想；或只是讀了幾篇文獻，就開始想要提出研究問題。結果呢？提出的研究問題不是有氣無力，要不就是不痛不癢。廣泛閱讀相關文獻之後，你才能知道什麼研究問題值得問（有研究貢獻），你也才會知道要怎麼問才能讓研究主題顯得趣味十足。幾年前我有一位碩士班量化研究方法班上的同學研究有關教育的主題，主要是觀察小學生在學校與同學的互動關係。他提出的研究問題有趣極了（就當時的狀況來說是這樣，現在恐怕就不新鮮了）！他說，經過他回顧過去文獻，他發現過去的研究都是探索什麼類型的小學生特別喜歡欺負同學（霸凌）？而他的研究問題則是問：什麼類型的小學生特別容易被同學欺負（被霸凌）？有趣吧！如果他不先廣博的閱讀文獻，他又如何能提出這種過去少有人做過、同時趣味性十足的研究呢？

如果你正在念碩士或是博士學位，我可以明白的告訴你：「廣泛閱讀文獻才是畢業唯一的一條路！」同時我也要提醒讀者，多讀與你想要研究的主題相關的中外文期刊論文或是專論書籍，不要只是在教科書打

轉。另外，我也常常聽到同學抱怨相關文獻太少了，其實這並非完全是事實。即使你的研究主題是創發性的研究，它也應該是過去研究一點一滴累積起來的，怎麼可能完全沒有文獻的脈絡可尋呢？況且現在網際網路發達，透過一般的搜尋引擎，或是專為學術研究而設計的搜尋系統，或是學術資料庫（例如我常常使用的SSRN、JSTOR、Ingenta或Google學術搜尋），你可以非常有效率的找到你所需要的文獻，即使不見得可以找到與你的研究主題完全切合的文獻，但是至少可以找到與你的研究主題有一定程度關聯的文獻；而當你細心閱讀這些文獻的內容之後，你自然而然能夠擴充你的研究視野而提出很好的研究問題。

而就自己的觀察來說，過去的研究或文獻幾乎不曾或很少討論，但是你透過你的敏銳觀察力發現了某些有趣的現象，以及這些現象背後可能的原因以及它產生的後果，你也可以依此途徑研擬出有意義與有趣的研究問題。例如你發現在你周圍的朋友不少人在成年之後改名字，你發現他們改名字的原因有多種，有的人是為了「改運」，有的人是為了原本的名字不好聽（不雅的諧音）。基於這些觀察，你很好奇是不是還有其他原因？你也好奇，如果改名字的人是因為要改運，那麼改名字之後，運氣是否因此而好轉？

最後，就邏輯推理來說，同樣的，過去的研究或文獻幾乎不曾或很少討論，但是我們可以從既存被確認的社會現象之間或人類行為之間的關聯，以合乎邏輯的方式，推理至其他的社會現象之間或人類行為之間可能有的關聯。例如我們已經知道年輕人在學校接受到環保教育的機會比年紀大的人要多，所以我透過邏輯推理可以提問：是不是年輕人比年紀大的人更有廢棄物回收的行為？

三、研究的顯著性是從精彩的研究問題開始

　　其實，一個好的研究就必須像是藝術品一樣，不僅要質地出眾，同時也要能夠打動人心。如果你的研究問題枯燥乏味，你又怎能期待別人願意耐心的來欣賞你的作品呢？這就牽涉到研究的顯著性（significance）。研究的顯著性就是告訴人家，你的牛肉在哪裡（Where is your beef）？這個研究到底有什麼貢獻？如果你的研究一點貢獻都沒有，那麼你為什麼要浪費生命做這篇研究？讀者為什麼要浪費自己的時間來讀你的作品？一個研究的顯著性可以預先由吸引讀者的研究問題呈現出來。研究的顯著性會表現在你的研究是否可以修正、擴充或是創造知識，以及有無理論或是實務上的應用價值。當然，有人會問，我怎麼知道我的研究有無貢獻？很簡單，如果你能夠廣博地檢視相關文獻，你自然會熟悉這個研究領域，當然你也就能夠很快地發現你的研究到底有無貢獻，貢獻在哪裡。

　　曾經有位研究生來找我，他的論文是想要處理與警政相關的民間團體成員參與的動機。我問他：「你的論文會有什麼貢獻？」他說：「過去沒有人研究這種民間團體成員的參與動機。」我說：「好，實務上的確有貢獻。但是在理論層次呢？」他說不出來。我問他：「你的研究問題是什麼？」他說：「這個民間團體成員的參與動機究竟是利己？還是利他？」我告訴他，這樣的貢獻其實很有限，我很明白的告訴他，他的研究結果會發現這些成員的參與動機不是利己就是利他！這種研究結果到底能不能幫助我們更深刻的瞭解社會現象？如果沒有，那麼這個研究是多餘的。我建議他應該思考有沒有第三種因素可以詮釋參與動機，或是過去的研究在處理利他與利己這兩個概念時，也許是當作彼此互斥，你說不定可以找一個量表，區辨它們彼此交互作用的程度；也就是說，大部分的人可能都是利己與利他動機交雜在一起，只是程度不同。這就是理論層次以及方法上的貢獻。我在美國念書時的指導教授告訴我，研究就要有發現，最

好是發現過去所沒發現的。他說，有價值的研究必須能夠告訴我一些我不知道的事情（Tell me something I don't know）！

四、量化研究問題的提問

(一)六個W

常常有同學跑來問我，量化研究的研究問題究竟應該怎麼提問才合適呢？其實量化研究常常遵循一個固定的提問方式。我們知道量化研究是要探索社會現象與社會現象，或是人類行為與人類行為之間的關係。所以，首先你一定會對某一種社會現象或是人類行為感興趣，然後你會問：它有什麼特徵？有多嚴重？何時發生？在哪裡發生？什麼因素造成的？如何發生的？它會造成什麼後果？你仔細看看，你會發現量化研究問題的問法都有明確的因果關係，並且議題大都集中在什麼（what）？何時（when）？什麼人（who）？何處（where）？為什麼（why）？如何（how）？如果按照中文的說法，這就相當類似於探索人、事、時、地、物、為何等等。如果你不相信，可以去看看量化研究的相關論文，絕大多數的量化研究問題都是這種問法。當然，這並不是說所有的研究都必須同時提出6W的研究問題，你可以在6W當中挑選幾個合適的問法，這完全看你自己的興趣以及關注的焦點而定。

(二)環境意識的例子

我們可以找一個簡單的例子來練習一下如何提出量化研究問題。例如，我常常開車在路上會遇到前面的車子搖下車窗一路丟垃圾出來，一樣一樣的丟，一點都不會覺得不好意思。我心裡會想，都已經二十一世紀了，台灣怎麼還會有這些不重視環境保護的人，這車子裡面到底是什麼

人？有什麼特徵？我一直想做這樣的研究。我親身經驗的這種現象讓我想觀察台灣民眾目前的環境保護意識（這就是我的研究主題，屬於環境保護研究領域裡面的環境意識議題）。

環境意識是一種社會現象，所以我開始思考這個現象會跟什麼有關，我想要觀察的對象是個人。經過我翻閱過去的文獻，回想我個人過去的經驗，以及一些邏輯推理，我提出了一些研究問題：目前台灣民眾的環境保護意識程度如何（what）？為什麼有些人環境保護意識比較高（或比較低）（why）？一個人環境保護意識的高低跟他們的性別有關嗎（who）？有些研究發現女性比男性的環保意識高。例如我曾經看過一篇歐洲研究永續運輸發展的文獻，它發現女性即使會開車也擁有車子，但是她們卻比較願意搭乘大眾運輸工具，因為她們認為這樣比較環保，一來節省能源，二來減少汙染。當我看到這個研究發現時，我的腦海中就會出現一個景象：偉大的媽媽在全家都吃飽之後，一個人默默坐在餐桌前面邊收碗筷，邊吃每盤剩下來的菜的樣子。如果還是吃不完，明天早餐、中餐或是晚餐還是會有剩菜剩飯的影子，但是大概都是媽媽在吃。所以女性比較環保，也比較永續發展，也因為常常吃剩菜剩飯的關係，所以比較容易發福。除了性別之外呢？教育程度、年齡與環保意識會有關聯嗎（who）？學歷高的人是不是因為不斷的接受環保教育，所以環境意識比較高？年紀比較大的人因為在他們成長過程當中，追求經濟成長求溫飽都來不及了，可能沒有太多心思關注環境保護？一般人在哪些地方比較環保（where）（開玩笑：身處於很多人在看的地方就會比較環保）？以上這些都是我們可以提出的量化研究問題。

你有沒有注意到剛剛那個環保意識的例子所觀察的對象是台灣的民眾，以量化研究的術語來說，分析單位就是個人。我們現在來變一下花樣，我同樣是關心環境保護意識這個研究主題，但是我觀察的對象卻是「國家」而不是「個人」，同樣的，以量化研究的術語來說，分析單位就

是國家，也就是說你在做跨國的研究嘍！你仔細看看，在這種情況下，研究問題應該要怎麼問？我會這樣問：目前世界各國平均的環保意識程度如何？哪些國家比較高？哪些國家比較低？決定各國環境保護意識高低的因素是什麼？是國家的平均教育程度嗎？是經濟發展程度嗎？還是政府重視的程度？各國的環境保護意識高低對這個國家有什麼影響？它會影響這個國家與其他國家的經濟競爭力嗎？會影響這個國家的國際形象嗎？

　　我舉以上這兩個例子的目的，除了讓讀者瞭解量化研究問題的提問方法之外，也希望能夠讓讀者知道，量化研究非常強調「分析單位」，當你觀察的對象不同，分析單位就會不一樣，而提出的研究問題就會有明顯的不同。本書後續的內容也會進一步告訴你，因為分析單位的不同，將社會現象或人類行為轉換為數值的過程也會相異（這就是量化研究所談的測量），像是上面以國家為分析單位的例子，所有現象都是以各個國家為單位去計算的，例如各國的環保意識分數，也許是同一份問卷量表去測量不同的國家所得到的數值（問卷量表針對各個不同國家內的個人施測，然後再將所有施測結果聚合起來取平均數值，代表不同國家民眾的平均環保意識）或是透過某種聚合指標來代表國家人民平均的環保意識。經濟成長、教育程度、政府重視程度、與其他國家經濟競爭、國際形象等等都是如此。這些內容，我們在後續量化研究的步驟都會討論。

CHAPTER 3

建構理論與發展假設

第一節　理論的建構

一、量化研究的理論建構

　　找出具體的研究問題之後，接下來我們就是要鉅細靡遺地閱讀所有與你的研究問題相關的各種文獻，協助我們建構這個量化研究所依據的理論，進一步我們才有辦法發展出量化研究當中所要驗證的研究假設。我們先來理解量化研究的理論建構。我先用最簡單的方式來說明，讓讀者先知道「該怎麼做」，然後在本節後段的篇幅當中，我們再來正式講解「理論」究竟是什麼。

　　量化研究當中的「理論」就是將你所要觀察的社會現象之間或是人類行為之間的關係，利用圖像建構起來。而這個圖像的細部描述內容，就是將過去有關於這些關係圖像的研究結果（相關文獻）很有組織的串聯起來，成為一套有系統的架構。當我們一看到這個圖像或架構時，我們就會很清楚的知道研究者在這項研究當中究竟要觀察哪些現象或是哪些行為彼此之間的關聯性。像是我們在上一章所舉的以個人為分析單位的環保意識例子，綜合你所提出的研究問題，你會發現你在探索幾種現象：分別是環保意識、性別、年齡、教育程度等等之間的關係。基於你的研究問題，你可以畫一個圖像來表示，如圖3-1。

　　接下來，你必須閱讀所有以個人為分析單位的相關研究文獻，看看前人的研究當中有沒有人專門探討：(1)「性別」與「環保意識」之間的關聯；(2)「年齡」與「環保意識」之間的關聯；(3)「教育程度」與「環保意識」之間的關聯。在閱讀文獻的過程當中，你可能會找出一些研究結果是彼此互相衝突的，例如，有人研究出來發現男性比女性有更高的環保意識，也有人發現相反的結果；或是有人研究發現年齡越高，環保意識越

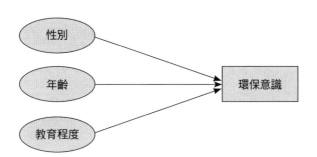

圖3-1　影響個人環保意識的關係圖

低，但是也有人發現相反的結果。沒關係，通通把它們納入理論架構的討論內容當中。你更有可能在閱讀文獻的過程，發現還有其他的因素是你的研究問題沒有觸及的，例如有的研究發現宗教信仰這個因素與環保意識有關，擁有宗教信仰的人會擁有比較高的環保意識。這個時候，你所建構的理論關係圖像就要做修改，同時研究問題也可以加上宗教信仰這個因素。修改的圖像如**圖3-2**。

　　我們再舉上一章以國家為分析單位的環保意識做為例子，你會發現你在探索幾種現象，分別是國民平均的環保意識、國家的經濟成長、國民

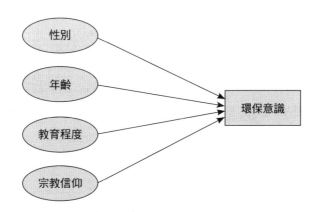

圖3-2　影響個人環保意識的關係圖（修改後的關係圖）

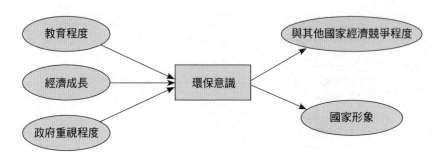

圖3-3　各國環保意識的因果關係圖

平均教育程度、政府重視程度、與其他國家經濟競爭程度、國家形象等等
這幾種現象之間的關係。基於你的研究問題，你也可以畫一個圖像來表
示，如**圖3-3**。

　　上面這個圖像就是你在這個以國家為分析單位的量化研究理論架
構。因此你的理論內容就是遍覽所有以國家為分析單位的研究文獻，看
看前人的研究當中有沒有人專門探討：(1)「教育程度」與「環保意識」
之間的關聯；(2)「經濟成長」與「環保意識」之間的關聯；(3)「政府重
視程度」與「環保意識」之間的關聯；(4)「與其他國家經濟競爭程度」
與「環保意識」之間的關係；(5)「國家形象」與「環保意識」之間的關
係。然後很有系統的加以組織起來。所以，你的研究論文當中的理論部分
就可以分為五節，分別詳細敘述。例如第一節的標題可以是教育程度與環
保意識；第二節的標題是經濟成長與環保意識；第三節是政府重視環保的
程度與環保意識；第四節是國家形象與環保意識；第五節是與其他國家經
濟競爭與環保意識。或者你不要那麼繁瑣，你可以加以轉化成為：第一節
探討環保意識的形成因素，內容就包含教育程度、經濟發展程度與政府重
視程度；第二節就探討環保意識的影響結果，內容包括環保意識對於國家
形象的影響，以及環保意識對於與其他國家經濟競爭程度的影響。

二、建構理論時常會遭遇的困擾

(一)第一項困擾：什麼是理論？

◆流傳在民間不見得很科學的理論

很多人在做量化研究時對於「理論」相當困擾。第一個困擾：什麼是理論？第二個困擾：我這個研究要套用什麼理論？我們先來談談第一個困擾，什麼是理論？理論可以幫助我們瞭解這個世界，可以幫助我們解釋一些現象，甚至於可以幫助我們預測一些現象。我們先來隨便聊聊古早時期或是現代在民間所流傳的不是那麼科學的「理論」，也許你可以用好玩的心態來看待這些事情，因為它們不見得有嚴謹的科學證據。

第一個例子：我母親在我年輕的時候告訴我：以後你出社會如果碰到以下三種人要特別小心應付，因為他們很難纏、機靈過人。哪三種人呢？就是一鬍二矮三鬈毛，也就是大鬍子、個子小的人以及鬈毛的人，而且三者之間還有程度差異，所以才會有一二三的順位。我很好奇問她為什麼？是不是因為我父親留鬍鬚又鬈毛的緣故，所以才這麼說？她大笑三聲，然後沉默以對。後來我母親告訴我，這是她祖母告訴她的，然後我母親就舉了我們周圍一些朋友符合這些條件的有哪些人，然後他們的行為舉止又是如何。老實說，我還真的半信半疑。之後出了社會，我用這幾個判準觀察別人，有時候還滿切合，當然還是有一些例外。我母親利用這個不是很科學的理論來「描述」並且「解釋」人類行為，有時候還可以「預測」剛認識的人！我們當然會問，這套理論如何來的？我母親說，這是經由過去的長輩不斷地觀察加上她自己的觀察所發現的，它能夠流傳到現在，應該有一些準頭吧？這就是歸納法（induction），從過去的片段經驗累積成原則。我的母親雖然沒受過社會科學研究方法的訓練，但是仍然言之有物！我依循她告訴我的原則，凡是看到一鬍二矮三鬈毛的人，我就可

以猜測這些人什麼時候會有什麼舉動，這就是演繹法（deduction）。

第二個例子：古早社會重男輕女，長輩非常關心婦女所懷胎兒的性別，例如我自己就是一個例子，我是家裡小孩當中唯一男生，我有三個姊姊。我父親告訴我，大姊出生時，祖父母與外公婆和眾親友都從北部長途跋涉到中部。二姊出生時祝賀的人少了一半，三姊出生時沒人來，我出生時，所有親友又全員到齊！所以我家三姊向來獨立性強，每次她生日都是她自己買了蛋糕帶回家，然後大家會問：今天誰生日？我母親在我結婚的時候也曾經很含蓄的告訴我，以後生男生女都沒有關係，不要有壓力，不過第一胎最好是男的！既然古早時代長輩非常關心婦女所懷胎兒的性別，可是當時沒有超音波，婦女懷孕時要如何判斷未來會生男生女呢？我聽到的古早非科學理論是：如果懷孕婦女肚子的形狀是尖的，也就是往前後擴展，會生男；如果形狀是扁的，也就是往左右方向發展，會生女。當然，這並沒有醫學根據，可是還是有人相信，憑什麼呢？可能我們的長輩、長輩的長輩利用這個非科學準則還能準確的「預測」呢！

第三個例子：你相信星座命盤嗎？有很多年輕朋友利用星座來「描述」、「解釋」、「預測」各種不同星座的人的各種個性。例如你如果是處女座，星座專家描述你是一位有原則的人，事事追求完美；如果你是天蠍座，星座專家描述你是一位適合從事間諜工作的人。所以天蠍座的人表現深沉的時候，你就有依據來解釋為什麼他會有這種行為；處女座的人表現吹毛求疵時，基於「星座理論」，你就同樣有依據來解釋他為什麼會如此，當你的第一個工作的主管是處女座時，你大概可以預測他會對你的工作如何要求了！

◆理論的正式意義

所謂的理論，是一組邏輯相關的符號所組合而成的，它代表我們對於這個世界的認識。它既不為真，也不為偽，只能說它在詮釋現象或行為

上是否有用（useful）。

　　我懷疑有多少人懂得這一段，我們再來一段更詳細的內容：首先，社會科學的理論基本成分是「概念」（concept），也就是說，社會科學理論是由一組抽象的概念（多個抽象概念）所組合而成（概念就是上一段所說的符號）。其次，概念是我們對於真實世界的知覺加以抽樣化之後所變成的符號，這些概念用來表達與傳送我們的知覺。概念並不像經驗現象般地實際存在，它們是現象的符號象徵，而非現象本身。透過這些抽象的概念，我們可以以更廣泛的方式瞭解社會現象與人類行為，例如權力、個人主義、相對剝奪感、共識、勤勞、慈悲心、善良、邪惡等等這些概念。事實上，我們的日常生活經常使用這些概念，人與人之間利用這些概念就可以用最少的詞句表達複雜的事件。例如：我知道我應該「負責」，才能受到「尊重」。「負責」與「尊重」就是概念，而「我知道我應該『負責』，才能受到『尊重』」就是一套簡單的理論！

　　最後，理論當中的概念必須加以邏輯連結才能表達彼此之間的關係。通常會有兩種關係形式，分別為共變及因果關係。第一種是共變關係（covariance relationship），它是指我們所觀察的兩種現象有關係，只要有其中一種現象變動，另一種現象也會變動，但是我們不知道是誰影響誰，或是誰在先誰在後。第二種是因果關係（causal relationship），符合因果關係的條件相當嚴苛，必須要有以下幾個條件：(1)所要觀察的兩種現象彼此共變；(2)因在前，果在後。如果我們說第一種現象A是原因，第二種現象B是結果，則A變動時B才會變動；(3)B現象的確是A現象所造成；(4)A現象與B現象之間的因果關係絕非同時間由第三種現象C所造成。換言之，如果C現象不出現，而A與B就無共變關係的話，那麼A現象與B現象之間就是一種虛無關係（spurious relationship）。最古典的例子是這樣說的，研究者發現進口的甜酒（rum）價格與部長的薪水一起變動，因此認為進口甜酒價格的改變會引起部長薪水的改變。其實這兩種現象

的變化關係是受到整體經濟情況或是價格水準的影響才發生，如果整體經濟情況不變，這兩種現象之間的關係是不會變化的（Manheim and Rich, 1995, pp. 27-28）。

因果關係又可分為直接（A影響B）、間接（A影響B，B影響C）與多重（ABCD影響E）因果關係。不管共變或是因果關係，我們都會關心究竟是正向還是負向關係。正向關係指的是當某一種現象增加，另一種現象也跟著增加；負向關係是指當某一種現象增加，另一種現象反而減少。

社會科學當中有許多「理論」，它幫助我們瞭解、詮釋，以及預測很多社會的現象或是人類的行為。例如十九世紀中葉法國社會學家E. Durkheim提出所謂的自殺論，他透過實證的研究途徑發現，當時混亂的歐洲社會當中，如果一個人缺少社會連帶感（social solidarity），那麼他們自殺的機率將會較高。有家庭的人、有很多朋友的人、參加很多社會團體的人，因為社會連帶感較深，因此自殺機率較低。換言之，這套理論主要是由「自殺」與「社會連帶感」這兩個抽象概念所構成的主體，它幫助我們描述、解釋與預測自殺行為的出現，同時也告訴我們「社會連帶感」是因，而「自殺行為」是果。並且兩者是負向的關係，也就是說，社會連帶感越高，自殺行為的傾向越低。

如果你還是不很瞭解，你回頭去看看之前我們談的環境意識的例子（以國家為分析單位的例子），你有沒有發現，國家的環保意識、國家的經濟成長、國家平均教育程度、政府重視程度、與其他國家經濟競爭程度、國家形象等等這些還蠻抽象的東西，它們就是所謂的概念（concepts）。這些概念就是一種符號，我們用抽象的概念符號來簡化真實世界複雜的現象。而你也看到了這些概念符號彼此之間的關聯，不是嗎？我們嘗試建構因果關係，我們預期「教育程度」、「經濟成長」與「政府重視程度」會對「環保意識」造成影響，而且是正向影響；同時我

們也預期「環保意識」對於「與其他國家經濟競爭程度」會有負向影響以及對「國家形象」造成正向影響。我們列出這些概念之間的關係，然後很有系統的加以組織起來，這就是理論。我們不能說這套理論是真的還是假的，我們只能說它對於我們瞭解這個真實世界有無幫助。而這套理論到底對於我們瞭解這個世界有沒有幫助？這就必須不斷地透過真實世界的證據來驗證才會知道，這就是量化研究的終極目標。

我們經常聽到「理論與實務的差距」這句話，我們在學術圈工作的人也常常面臨外人批評我們「不食人間煙火，只懂理論，不懂實務」。針對這些，我倒是想說兩句話。第一，理論與現實有差距，那是免不了的，因為理論的目的是要簡化複雜的外在世界，以期讓我們更能瞭解或是適應外在環境，既然要簡化，就不可能鉅細靡遺。第二，如果理論真的與實務差距很大，那是所引用的理論有問題，因為它所詮釋的真實世界現象並不符合理論的預期，所以這個理論就必須修改。即便如此，這個理論仍然提供並引導我們驗證這個理論本身的合用性，因為藉由這個理論，我們可以推演出假設，然後利用經驗證據來觀察假設被支持的程度，然後回過頭來檢視理論的妥適性，再來修改理論；而我們每天的工作就是在做理論與真實世界之間的橋樑，努力減少理論與實務上的差距。

(二)第二項困擾：到底要套用什麼理論？

◆套用發展成熟的理論

接下來，我們來討論量化研究在使用「理論」時的第二個困擾。經常有很多學生很疑惑地問，基於他的研究主題與研究問題，到底應該用哪一個理論？我的回答通常是這樣的：如果你的運氣好，所要觀察的現象或是行為在過去已經有很多人投入，累積不少的研究成果，那麼也許你可以直接套用。例如公共預算研究領域有所謂的漸進理論，也就是政府今年編列的預算與去年相差無幾，你也許就可以直接利用這個理論來觀察某個政

府過去二十年的預算行為；或者你想要觀察消費行為，你就可以直接利用發展成熟的消費行為理論，來詮釋你想觀察的現象或行為。

◆發展概念架構

但是，遺憾的是，當你選擇研究主題並提出研究問題之後，你會發現你想要探索的現象或是行為並沒有一套既成的理論可以全部涵蓋，而這也是大部分的社會科學研究所面臨的問題；或甚至於你即使有一套發展成熟的理論可以套用，但是你卻發現還有其他一些因素是過去研究所忽略或是處理錯誤的部分，你想加以修正。怎麼辦呢？這個時候，你的「理論」恐怕就必須利用「拼裝」的方式加以建構。用研究方法的術語來說，我們稱之為概念架構（conceptual framework）。「拼裝」是不得已的，但是這絕不代表「拼裝」是不科學的，也不代表可以胡亂拼裝。例如之前環境意識的例子，如果環境意識的理論（形成因素與造成的後果）在學術界尚在發展初期，也沒有一致的定論時，探索性的找尋任何一個形成因素或是造成的後果，都是研究過程中所必要的，但是研究者所提出任何一項前因與後果都必須是邏輯上合理或是已經由前人發現（只是證據還不夠罷了）。

有沒有聽過「幸福理論」？當然沒有，這是我自創的，談不上理論，它是一種概念架構吧！我來說明這個概念架構是怎麼建構的。首先，我覺得很幸福，我也希望世人大家幸福，所以我很關心幸福的研究議題。可是很遺憾，真實世界並非如此，有人運氣好，有人倒楣透了，有人幸福，有人不幸福。我很好奇到底是什麼因素會讓人有幸福的感覺？可是我找不到現成的「幸福理論」來詮釋，怎麼辦？我可以利用概念架構！第一個我想到影響一個人幸福的因素是「健康」，有健康的身體，人生才是彩色的。第二個因素是「財富」。第三個因素是「家庭和樂」。然後我又好奇，一個人感覺到幸福之後，會有什麼結果？第一個結果是「慈

悲」，因為自己幸福所以對他人更為和善。第二個結果是「樂觀」，因為覺得幸福之後就會感到事事滿足，對事情的看法會更海闊天空。OK了，「幸福」、「健康」、「財富」、「家庭和樂」、「慈悲」與「樂觀」就構成了我所謂的幸福理論了（概念架構）。這是透過經驗、過去的研究、邏輯的推理，一一串聯而成的現象關係圖像，它不是現成的理論，它是我們建構出來的。

再舉我這二十年來都在研究的分配政策與政治這個研究主題，來說明早期是如何從概念架構慢慢演進至一套較趨成熟理論的過程。有點嚴肅，不過請讀者耐心讀完！如果你已經懂了理論建構這個部分，你也可以直接略過這個部分。

「分配政策與政治研究」很好奇上級政府分配給地方政府轄區的補助款利益是不是會受到政治因素的影響。1964年政治學者Theodore Lowi認為，補助款利益的分配會受到政治因素的影響，尤其是國會議員的影響。理性的國會議員想要連任，有一個最好的方法是為選區爭取建設地方的補助利益，然後讓選民感激他們。國會議員就藉著監督行政機關的預算與政策執行之便，要求行政機關規劃有利於他們選區的補助利益。所以補助利益的分配是政治學者關心的一種現象，然後他們就開始挖掘現象與現象之間的關聯。

1970年代，我的指導教授Barry Rundquist與他在史丹福大學的同學John Ferejohn就基於Lowi的論述，提出所謂的「分配理論」（distributive theory），藉以觀察與驗證究竟什麼樣的國會議員特質，可以讓他們的選區獲得超額的補助利益？雖然稱之為分配理論，但是老實說，在當時仍稱不上是理論的位階，因為只是發展初期而已。Barry Rundquist與John Ferejohn首先認為美國國會內部的常設委員會影響力很大，國會議員一旦當選之後，就會想辦法進入與他們選區利益息息相關的常設委員會，藉著監督對口行政機關的預算與政策，要求行政機關分配超額補助利益給他們

的選區。既然如此,這兩位學者率先觀察兩組現象,第一,例如農業選區的國會議員是不是會爭取進入農業委員會?第二,農業委員會的議員是否獲得超額的農業補助利益?之後的研究者接續探索各種解釋選區獲得補助利益多寡的因素。例如政黨因素,他們認為補助利益的分配受到國會多數黨很大的影響,選區所選出來的國會議員如果屬於國會多數黨,則該選區所獲得超額補助預算的機會將增加。國會議員的資深程度是另一個因素,補助利益的分配受到國會議員資深程度的影響,資深程度代表議員對於議事規則非常熟稔,同時也累積了相當程度的影響力。一般來說,選區所選出來的國會議員如果資深程度越高,則該選區獲得超額補助款的機會就越大。選戰競爭也是另個因素,如果國會議員在他們選區上一次選戰遭受較激烈的競爭時,則議員會積極地為選區爭取經濟利益以換取選民的信任,並確保其未來連任的勝利。

當然,隨著研究發現的累積,分配政治研究還找出其他的解釋因素,這個地方我就不再贅述。我談這個例子的目的只是要告訴讀者,先建立概念架構,然後藉由研究證據的累積慢慢發展成一套較為成熟理論的過程,是大部分社會科學學門所面臨的共同問題。有時候甚至於要借用其他學門的內容來建立概念架構。既然如此,當你在處理量化研究而面臨找不到現成理論可以套用時,請不要慌張,那是一種常態!你真正要做的是,仔細且邏輯性的思考你所要觀察的現象或行為背後到底有哪些驅使因素?以及現象或行為所造成的各種可能後果為何?

三、量化研究當中的理論必須描述現象之間與行為之間的關係,千萬不能像在寫教科書

另外有個非常重要的地方必須提醒讀者!既然我們知道量化研究當中理論建構的方法以及理論內容的表達方式,是為了呈現現象與現象或

是行為與行為之間的關係，所以，無關這個架構的東西千萬不要放進來（即使非量化的研究也應該如此）。我看過不算少數的碩博士論文的文獻回顧部分都是在寫教科書，不斷地在定義，不斷地在條列原則之類的內容，反而忽略了真正需要論述的現象之間的關係圖像，或是行為之間的關係圖像。如果真的需要定義某些名詞，只需要花上很簡短的篇幅即可，切勿忘記自己論文的重點。量化研究的理論部分不是「定義百科全書」，也不是「教戰手冊」，它是你要觀察真實世界的一個參照框，簡潔有力，掌握重點即可。

 ## 第二節　發展研究假設

一、假設的意義與各種表達形式

剛剛我們提過，所謂的理論是一組邏輯相關的符號（概念）所組合而成的，它代表我們對於這個世界的認識，它既不為真，也不為偽，只能說它在詮釋現象或行為上是否有用。所以，當你的理論建構完成之後，你就必須證明，實際觀察到的社會現象與人類行為是否與我們所建構的理論所期待的一致？如果八九不離十，我們會說這套理論對於我們瞭解這個真實世界是有幫助的。當我們驗證理論時，通常會以假設（hypothesis）的方式具體呈現。假設是從理論推演出來的，而理論是以研究問題為線索所建構出來的，所以假設其實就是對於研究問題提出嘗試性（tentative）答案的陳述。

例如你的研究問題是：薪資所得的高低是否與死亡的恐懼感有關（分析單位是個人）？經過文獻檢視之後，你所建構的理論告訴你，所得越高的人，生活品質與擁有的物質享受越多，他們害怕失去這些一般人無

法享受的東西，因此對於死亡的恐懼感越高。所以我們提出的假設為：所得越高的人越害怕死亡。換個角度來說，假設就是你所要觀察的社會現象與社會現象之間，或是人類行為與人類行為之間「被期待」的關係。假設主要還是來自於理論，當然有時候你的研究是創舉，那麼很有可能假設是來自於直接觀察、經驗或是邏輯推理，即使如此，你在論述過程也必須嚴謹的敘明理由。

假設的表達方式有許多種（Singleton et al., 1993, pp. 89-90）：

1. 第一種是以「如果……就」的方式。例如：如果中了樂透，就退休。
2. 第二種的表達方式是差別陳述。例如：高教育水準的人比低教育水準的人較不會有族群歧視的問題，或是女性比男性更有環境保護意識。
3. 第三種的表達方式是以連續性的方式陳述。例如：個人教育程度越高，年所得就越高。
4. 第四種是以函數關係來表達。例如：國家經濟成長是國家平均教育程度、天然物產的豐富度，以及民主化程度三個因素的函數。

你有沒有發現，除了函數關係的表達方式之外，其他的假設形式當中，每個假設只包含兩種現象或行為。例如第一種是中樂透與退休，第二種是教育程度與種族歧視，或性別與環保意識，第三種是教育程度與所得。你會問，實際做研究的時候，我們難道只會觀察兩種現象之間或是兩種行為之間的關係嗎？這種情形當然很少，換言之，我們可能是觀察多現象之間（或是行為）的關係。既然如此，假設究竟應該如何表達呢？一般處理的方式會是先利用函數關係來表達多現象之間的關係，然後再選擇利用第一、第二或第三種假設陳述的方式，將細部的假設分列出來。例如：我先假設「國家經濟成長是國家平均教育程度、天然物產的豐

富度,以及民主化程度三個因素的函數」,然後我具體的來分項提出假設:「國家平均教育程度越高,經濟成長越高」、「天然物產的豐富度越高,經濟成長越高」,以及「民主化程度越高,經濟成長越高」。

二、提出假設過程常見的疑問

從事量化研究進行到提出假設的階段,研究者常常會有幾個疑問:

(一)是不是一定要將假設像上一段我們講的表達方式很清楚地條列出來?

是不是一定要將假設像上一段我們講的表達方式很清楚地展現出來呢?還是在理論建構內容中以很自然的文字敘述方式表達出來,讀者只要閱讀了你的理論,很自然就知道你要檢驗的假設?我的回答是:都可以,看個人習慣。如果你是政治學領域的讀者,有機會去讀讀幾本頂尖的期刊,例如APSR(*American Political Science Review*)、AJPS(*American Journal of Political Science*)或是JOP(*Journal of Politics*)等等期刊的文章,作者大都在理論論述過程中清楚地表達他要觀察或是檢測什麼,所以也就沒有另外一條一條列出假設。當然,你不見得要如此,這沒有所謂的對錯,要看各學門各領域量化研究的習慣如何而定。

(二)如果要將假設很正式地條列出來,那麼應該要擺在什麼位置?

量化研究的假設通常會放在理論建構的部分,通常會有兩種處理方法,第一種情況:在量化研究的理論部分你會依序探討兩種現象之間的關係與之前別人所做研究的結果,討論完之後,立刻寫出假設。例如回到環

保意識以個人為分析單位的例子，我在理論部分先討論性別與環境意識之間的關係，然後舉出好幾篇的研究發現女性的環境意識比男性高。討論完之後，我立即寫出這個正式的假設：「女性比男性更有環境保護意識。」接下來，我再探討另外兩種現象之間的關係與之前別人所做研究的結果，討論完之後，又立刻寫出另個假設，依此類推。

第二種情況：你也可以完整討論完性別、教育程度、年齡、宗教信仰與環保意識之間彼此的關係與前人的研究結果之後，再來一整大段將「女性環保意識比男性高」、「年齡越輕，越有環保意識」、「教育程度越高，環保意識越高」、「如果有宗教信仰，環保意識就高」這幾個假設集中在一起，放在理論部分的最後面。

(三)上述各種假設的表達方式，有連續性陳述、差別陳述、函數關係等等方式，到底要選擇哪一種？

我的回答是：不一定。這裡會牽涉到測量尺度與統計方法。它會隨著你所要觀察的現象或行為到底是類別或等距尺度而異，也會隨著你是要做雙變數分析或是多變數分析而不同。你現在看不懂這段內容沒有關係，我們在後續章節都會講解得很清楚，這邊就先直接帶過去了。如果我要檢驗多變數關係，通常我習慣使用函數的寫法來表達假設。如果我想檢驗雙變數關係，同時兩個變數都是等距變數，我就會用連續性陳述。如果我是想檢驗雙變數關係，但是其中一個變數是類別變數，另一個變數是等距以上變數，我就會使用「差別陳述」的陳述方式。如果我是想檢驗雙變數關係，但是其中一個變數是類別變數，另一個變數也是類別變數，我就會使用「如果……就」的陳述。

(四)早期傳統的量化研究會以虛無假設方式條列出來，是不是一定要這樣做？

　　這也是與假設的表達方式有關。未來我們在推論統計部分會討論到所謂的「虛無假設」（null hypothesis），早期傳統的量化研究會以虛無假設方式條列出來。例如雖然我骨子裡想要驗證「教育程度越高，所得越高」這個對立假設（alternate hypothesis），但是卻是以虛無假設列出「教育程度與所得沒有關聯」。當我從證據當中拒絕「教育程度與所得沒有關聯」的陳述時，我就可以接受「教育程度與所得有關聯」，並進一步從資料中驗證是不是「教育程度越高，所得越高」。

　　是不是一定要這樣做，其實不一定，這也是習慣的問題。我自己倒不是這樣處理，我如果決定要明確列出假設，通常我就直接列出「對立假設」加以驗證。你現在如果不懂這個部分沒有關係，學習完推論統計當中的假設檢定之後，你再回來閱讀這個部分，應該就會清楚了。

CHAPTER

4

理論及概念的操作化與測量

第一節　理論及概念的操作化與測量：基本意涵

一、操作化與測量的意義

當研究主題確定，研究問題也發展出來了，理論也建立完成，假設也提出來了，接下來面臨的部分是量化研究的核心：理論及概念的操作化與測量。我們已經知道量化研究最明顯的特徵，在於它將我們所要觀察的現象或是行為以數值來表示，然後利用統計方法來估算現象與現象或是行為與行為之間的關係。而我們也知道，理論是由抽象的概念組合而成，我們所要觀察的現象或是行為就是利用這些概念來表示，即使由理論推演出來的假設也是包含這些抽象的概念。所以，如何將這些抽象的概念轉換成數值，不僅是一定要完成的任務，同時也是量化研究過程中最大的挑戰。將抽象的概念所代表的現象與行為轉換成為數值的過程，用量化研究的術語來說就叫做操作化與測量（operationalization and measurement）。

二、生活上的例子：「月亮代表我的心」以及「台灣的驕傲王建民」

我先以簡單的實例讓讀者瞭解實際的意義與作法，然後我們再回到操作化與測量比較正式的說明。不僅是從事量化研究才需要操作化與測量，其實日常生活為了要客觀的觀察某種社會現象或行為，我們無時無刻、有意無意都在做這件事。你聽過一首老歌嗎？歌名叫作「月亮代表我的心」。歌詞內容有談到概念操作化與測量喔！其中一段是這樣唱的：你問我愛你有多深？我愛你有幾分？你去想一想，你去看一看，「月亮代表我的心」。按照作詞者的想法，月亮的明亮度就是男歡女愛的操作化與測

量的指標。簡單地說，歌詞作者將「愛」這個抽象概念，用「月亮的明亮度」來加以測量。嗯！作詞者可能曾經受過量化研究的訓練！

我們再來舉一個例子，我要用什麼方式來將「棒球投手品質」這個抽象概念以數值表示呢？你關心台灣棒球選手在美國職棒大聯盟的發展嗎？如果你關心，過去曾經是台灣的驕傲——王建民你一定知道或至少聽過。雖然在2008年他在跟休士頓太空人隊的賽事中，因為跑壘受傷之後迄今（2015年8月，在西雅圖水手隊3A），職業生涯載浮載沉，但是他在他的第二年大聯盟生涯季賽（2006年）就已經投出十九勝六敗的佳績（2007年賽季也是十九勝）。不要小看這十九勝六敗，面對大聯盟這些強力打擊者，稍一不注意就會被轟出全壘打，有些大聯盟投手連一勝都難求。好，「十九勝六敗」是測量「投手品質」這個抽象概念的一個重要指標。這樣精準嗎？各位知道，勝投除了不能被對手打爆之外，投手自己所屬的球隊打擊力也是重點。所以投手投得好，也可能敗投，投得差，也可能勝投。既然如此，還有什麼指標可以更客觀的測量投手品質？有一個數值叫作投手防禦率（earned run average, ERA），又稱自責分率＝（投手自責分×9）÷投球總局數。所謂自責分是指對手得分是因為從這位投手手中擊出安打、全壘打、保送等等所失去的分數。所以這個ERA可以從另外一個角度評斷投手的能力。王建民的自責分率低於4，算是不錯的投手。

除了以上的例子之外，其他諸如各個星級飯店的認定、米其林餐廳星級評定、優質茶葉的評斷、旅行社優劣的評比、安養院的評鑑、政府機關績效評量、學生對於老師教學的評量等等，也都會用到操作化與測量；甚至於有不算少數的人用婚禮紅包金額的多寡，來操作化與測量「主人與客人之間的親疏程度」呢！

第二節　理論及概念操作化與測量的正式方法

一、概念型定義與操作型定義

　　概念操作化與測量是一個連續性的過程。概念操作化的目的是要將抽象的概念具體表達，以方便我們後續的測量。從上一章當中，我們已經知道概念可以充當溝通的工具，既然如此，概念就必須清楚，否則又怎能扮演溝通的工具呢？也因此概念操作化的首要條件，就是必須要求概念擁有明確的定義，才能反映概念所指涉的現象或是行為的真實意義。這個「定義」按照抽象程度的高低程度，依序又可區分為概念型定義（conceptual definition）與操作型定義（operational definition）。

　　概念型定義是透過其他比較不抽象的概念來描述某個抽象概念，這時候它的抽象層次已經比原始的概念降低許多。例如「權力」的概念型定義是指「某個人可以成功地支使另一個人去做某件事」。接下來，你必須接續地做操作型定義，操作型定義是將概念型定義轉換成可以觀察與測量的層次。它告訴我們如何給某一個概念適當的數值。例如「權力」這個概念的操作型定義可以是「一年之內某個人成功地支使別人去做某件事的總次數」（分析單位是個人）。所以有了這個操作型定義，我們就可以指派數值至我們所觀察的分析單位。這個操作型定義就是測量工具，這個過程就叫作測量。

　　我們再回到王建民的例子，「投手的品質」這個抽象概念的概念型定義可以定義為「成功壓制對手打擊的投手」，它的操作型定義就可以是「防禦率」，也就是說，我們可以透過（投手自責分×9）÷投球總局數的實際運算獲得的數值來代表投手的品質。所有大聯盟的投手都可以利用這個公式計算出他們的防禦率。也就是說，我們可以指派數值（這裡就是

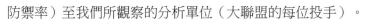

防禦率）至我們所觀察的分析單位（大聯盟的每位投手）。

　　剛剛我們所談的操作化與測量都是針對單一現象或行為。我們再找一個稍微複雜的例子來說明。例如我的研究主題是關於族群議題，我的研究問題之一是：「教育」可以減少「族群之間的歧視」嗎（分析單位是個人）（Singleton et al., 1993, p. 102）？理論的部分我也檢視了過去文獻，發現教育可以減少族群之間的歧視。因此，我想藉由量化研究來驗證是否如此？我的假設是：教育可以減少族群之間的歧視。這個假設有兩個抽象概念，一個是「教育」，另一個是「歧視」，因此我們必須分別加以操作化與測量，才能獲得代表個別抽象概念的數值。步驟如下：(1)先做概念型定義：「教育」是指一個人智力與道德訓練及知識的程度；「歧視」是指感情上頑固的對某些團體的人有成見；(2)其次，再做操作型定義：教育既然是指一個人智力與道德訓練及知識的程度，那麼我們就可以利用「教育程度」來當作是教育的操作型定義，並且以「在學幾年」做為測量指標。歧視既然是指感情上頑固的對某些團體的人有成見，那麼我們就可以利用「對其他族群的包容程度」做為歧視的操作型定義，並以「是否願意與其他族群通婚」的態度量表來實際測量。你有沒有發現，從抽象概念一路操作化至操作型定義與指標時，抽象事物漸漸變成具體而可以測量。

　　讀者會問，針對某一個抽象概念，我怎麼知道它的概念型定義是什麼呢？很簡單，就是去閱讀文獻，看看過去的研究到底如何界定這個概念。

二、抽象概念的性質不同，操作型定義也會不一樣

(一)有些概念可以立即找到客觀指標來測量

　　隨著抽象概念的性質不同，操作型定義也會不一樣。有些概念的操作型定義可以直接找到客觀的指標加以測量，例如以個人為分析單位時的

「性別」、「薪資所得」或是「教育程度」等等概念；以國家為分析單位時的「經濟成長率」、「選舉投票率」或「邦交國數量」等等。

(二)有些概念並沒有客觀指標可以測量，必須透過繁複的操作化過程

有些抽象概念並沒有客觀指標，它必須透過繁複的操作化過程才能得出指標。抽象概念如果偏向於態度或主觀意見則屬於這種類型，例如「政治疏離感」、「工作滿足感」，或是上一段例子當中的「歧視」等等。這類概念的操作化方法就比較繁複一些，它們都屬於「態度量表」的建構。我們舉政治學當中常常被引用來說明的「政治疏離感」當作例子（Nachmias and Nachmias, 1981, p. 37）。**圖**4-1就是它的操作化與測量的過程。

最上面一層稱之為概念層次（conceptual level），就是政治疏離感。第二層是概念成分（conceptual components），它的意思是說政治疏離感是比較複雜的概念，它可以區分為五個不同面向的概念成分（由五個概念成分組合而成）。第三層是概念型定義，也就是針對每個概念成分所做的明確定義，為了精簡起見，我省略了右邊三個概念型定義。第四層是操作型定義，因為是屬於態度與主觀意見的概念，因此利用一組問卷的態度量表來代表各個概念成分的操作型定義。最下面一層就是實際的觀察層次，看看受訪者回答問卷的情形，未來可據以從事統計分析。

(三)有些概念雖然可以找到客觀指標來測量，但是因為概念的涵蓋面廣，所以必須先確認多個概念成分之後，再操作化至測量指標

我舉一個開玩笑的例子，例如我想要操作化「大官」（就是在政府機關工作，而且很有權勢的人）這個抽象概念。我的分析單位是個人，

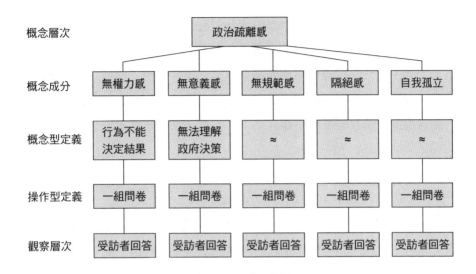

圖4-1　政治疏離感的操作化過程

資料來源：Nachmias and Nachmias (1981). *Research Methods in the Social Sciences,* New York: St. Martin's Press, p. 37.

我想要比較100個樣本當中，誰的官最大（不僅僅是官等而已，還牽涉到實質的權威）。所以我先確認「大官」的概念成分，除了官等這個概念成分之外，有人開玩笑的形容所謂的大官就是「走路走前面」、「照相排中間」、「吃飯最晚到」、「演講一大篇」。如果這個玩笑屬實，那麼這四項加上官等就會是「大官」這個抽象概念的概念成分。因此你會分別計算每個樣本是什麼官等？（例如幾職等？）每100次出巡，有幾次走在最前面？每100次照團體照，有幾次排在最中間？每100次吃飯聚餐，有幾次最晚到？每100次演講，有幾次超過預定的演講時間？

(四)抽象概念同時牽涉到客觀的指標與主觀的態度

有些抽象概念會同時牽涉到客觀的指標與主觀的態度，例如有個研究以全國各大學為分析單位，在這個研究當中，我們想要操作化「大學品

質」。而「大學品質」這個概念的成分可能包括「師生比」、「每位同學可使用的樓板面積」、「每位老師每年SSCI與TSSCI文章的平均篇數」，以及「師生對於學校提供服務的滿意程度」等等。前三個概念成分操作化之後，我們會有客觀的指標可以利用，但是最後「師生對於學校提供服務的滿意程度」涉及態度與主觀意見，因此就必須以態度量表來測量了。

三、操作化的重要性

　　相信讀者已經對於操作化與測量有了基本的認識，基於這樣的基礎，你可不可以回頭去操作化之前所舉的環境意識的例子呢？只要練習一下，這個技術就永遠屬於你的了。我的經驗告訴我，當你學會操作化技術之後，你未來所做的研究將會更具體，甚至於會改變你自己做事情的方式，因為你不再漫無邊際的打高空，你會將抽象的概念具體化到觀察層次，這個時候，所有抽象的理想與口號通通會放在操作型定義來檢驗。什麼事情可以做成功，什麼事情可行性低，通通一覽無遺。如果我兒子跟我說，他以後會很孝順，我會請他先操作化「孝順」給我看。我指導的研究生告訴我，他會努力做論文，我會請他先操作化「努力」讓我瞭解。我常常會問同學，你從小到大唸的學校的校訓是什麼？沒有幾個人答得出來。進一步我去問那些清楚知道校訓是什麼的同學，到底這些校訓的概念型定義與操作型定義是什麼的時候，大家相對無言。想想看，當我們無法知道抽象校訓的操作型定義時，我們怎麼知道學校是朝哪個方向努力？師生又是朝哪個方向努力？而努力的成果又是如何？我們在受教育過程中接觸太多這種模糊而抽象的概念，卻缺乏操作化的能力。「為天地立心，為生民立命，為往聖繼絕學，為萬世開太平」固然是很遠大很好的理想與目標，但是要如何達成？這可能要操作化一下了！

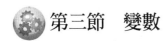

第三節　變數

　　另外，在量化研究當中，我們也經常使用一種詞彙，它叫作「變數」（variable）。很多量化研究會直接利用「變數」來代替「概念」，通常是在統計分析的階段。其實變數與概念的意義是一樣的東西，都是代表某種社會現象或是人類行為，差別只是使用詞彙不同而已。所以，我們經常在量化的研究報告中看到「變數的操作化」或是「變數的操作型定義」，其實指的就是概念的操作化。為什麼叫作變數呢？因為你所要觀察的社會現象或是人類行為會隨著每個分析單位的不同特質而異。換言之，就是變動的意思，因為有變動所以叫作變數。例如我的量化研究以個人為分析單位，我要觀察的其中一種現象是個人收入，而每個人的收入會有不同，會有變動，所以才叫作變數。例如我的分析單位是上市公司，我要觀察的其中一種現象是「每年營業額」，而每個公司每年營業額會有不同，會有變動，所以才叫作變數。

　　量化研究所用的變數種類最基本的就是所謂的自變數（independent variable）與依變數（dependent variable）。我們直接用例子說明，例如教育程度會影響一個人對於其他族群的歧視程度，教育程度就是自變數，而對於其他族群的歧視程度就是依變數。之前我們舉的環境意識例子，性別、教育程度、年齡與宗教信仰就是自變數，而環境意識就是依變數。所以自變數是獨立影響某個變數的變數，依變數則是受到某個變數變動影響之後才會改變的變數，它是依附在自變數之下，所以稱之為依變數。

　　另外還有一種變數稱之為中介變數或者稱之為干擾變數（intervening variable）。這種變數在因果推論上面非常重要，請讀者留意。凡是會改變自變數與依變數之間關係的變數，我們稱之為中介變數。例如也許我們會認為利益團體數量越多，政府支出的規模就越多，這個時候，自變數是

利益團體的數量，依變數是政府支出的規模。其實可能不見得如此，利益團體的數量越多不見得就會促使政府支出規模的增加喔！除非這些利益團體無所不用其極的透過遊說活動，讓政府增加支出規模。換言之，「遊說活動」就會是中介變數。如果沒有這項中介變數，自變數與依變數之間的關係可能就不會存在（或是彼此之間的關係沒那麼強）。如果中介變數的確在自變數與依變數之間干擾，則這個中介變數數值的變化就會影響自變數與依變數之間的關係，影響的範圍包括方向與強度。所以我們寫成假設的形式就會是：當利益團體遊說活動頻繁，則利益團體數量與政府支出規模的關係就會更緊密；反之亦然（Manheim and Rich, 1995, p. 33）。

我們用另外一個例子來說明，例如社會階級是自變數，投票意願當作是依變數（分析單位是個人）。我們會以為社會階層越高的人，投票意願越高；社會階層越低的人，投票意願越低。其實這中間可能會有一個中介變數，就是參與政治的興趣。投票意願高其實可能不是社會階層所造成，而是因為參與政治的興趣使然。如果真的是如此，一個人雖然社會階層高，但是如果參與政治興趣低落的話，那麼投票意願就會低；相對來看，一個人雖然社會階層低，但是如果參與政治興趣高的話，那麼投票意願就會高（Nachmias and Nachmias, 1981, pp. 369-371）。這個時候，參與政治的興趣就是所謂的中介變數。中介變數可以用來印證到底你原先所設定的自變數與依變數之間的因果關係是不是虛假的關係（spurious relationship）。就這個例子來說，如果我進一步利用統計數值發現政治參與興趣高的人，不論是不是來自高社會階層或是低社會階層，投票意願都高；同時我也發現政治參與興趣低的人，不論是不是來自高社會階層或是低社會階層，投票意願都低。這個時候，我就可以說，社會階層與投票意願其實是虛假的關係，它們之間的關係實際上是受到政治參與興趣這個中介變數的影響。反過來說，如果我發現，在參與政治興趣高的人當中，社會階層高的人投票意願明顯高過社會階層低的人；在參與政治興趣低的人

當中，社會階層高的人投票意願也明顯高過社會階層低的人，則社會階層
影響投票意願的因果關係才會被確認。

第四節　測量的效度與信度

一、社會現象與人類行為比較難測量

　　比較自然科學來說，社會科學量化研究在測量社會現象與人類行為
的過程顯得辛苦萬分。觀察自然現象，我們擁有許多測量工具，例如我們
有溫度計這個測量工具來測量「溫度」這個概念（自然現象）；我們可以
用尺來測量長度；有血壓計來測量血壓。可是當我們想要測量大部分的社
會現象與人類行為時，我們卻缺乏客觀明確的測量工具。例如我們要利用
什麼工具測量「心理壓力」？測量「愛」？測量「憂鬱」？測量「國家
發展」？測量「永續發展」？測量「政黨團結度」？測量「愛台灣」？
我曾經聽說有人突發奇想，想要發明一種測量男女朋友忠誠度的「忠誠
筆」，它類似於測謊器，但是更精準。我想，這應該會很暢銷！這支筆的
筆頭有一盞小燈，當女朋友問男朋友任何問題，而男朋友說謊時，這盞小
燈會像警車上面的燈一樣又閃又叫。當然這是開玩笑，不可能有這種測量
器。這個玩笑的例子只是說明大部分的社會現象與人類行為並沒有直接的
測量工具或是指標。

二、效度（validity）

　　在這種情況下，如果你所觀察的社會現象或是人類行為是客觀存在
的事實，例如個人「富有程度」或是國家的「發展程度」，我們就必須仰

賴近似指標（proxy），以個人動產與不動產來測量個人的富有程度，以國家的經濟成長來測量國家的發展程度。但是總是無法全部涵蓋，因為個人可能會有心理層面的富有感覺；國家發展除了經濟成長之外，可能還包含社會公民化的程度（通常這些近似指標的資料來源會是來自於官方的統計資料）。而如果你所觀察的社會現象或是人類行為是屬於態度或是主觀意見時，你就必須確認操作化下來的態度量表能夠反映真實的現象或行為（量表測度的資料來源會是問卷調查）。不管如何，這些近似指標或是態度量表是否能夠反映真實世界？是否真的可以測量出你所想要測量的現象或行為？用量化研究的術語來說，這叫作效度（validity）。這是我們在操作化與測量過程當中，必須牢記在心的重要觀念。

量化研究可以在操作化與測量過程當中或資料蒐集完成之後檢視測量指標的效度，以下是常見的幾種效度檢視方法（Neuman, 2003, pp. 183-184）：

(一)表面效度（face validity）

透過專業社群成員的判斷，確認我們所建立的指標真的能夠測量我們想要測量的現象或行為。例如我們想測量醫師是否「順服」衛生福利部的規定？測量指標是各醫療院所是否將醫師執照與開業許可相關證書陳列在醫療院所？有多少醫療院所如此做？從公共政策執行的角度來看，這些指標明顯的達到表面效度。反過來說，如果我們想要測量大學生的數學程度，而我們卻以大學生能否正確回答一加一等於二這個指標來測度他們的數學能力，顯然就沒有達到表面效度。

(二)內容效度（content validity）

內容效度關心的是測量指標是否涵蓋我們所要測度的概念（就是社會現象與人類行為）當中所有的概念成分？例如本章第二節舉了政治疏離

感的概念成分包括了無權力感、無意義感、無規範感、隔絕感以及自我孤
立等等五個成分，如果我們的問卷設計只包括無權力感與無意義感，而遺
漏了其他三個概念成分，則我們所測量的政治疏離感指標（量表）就缺乏
內容效度。

(三)效標效度（criterion validity）

效標效度是利用某些標準（standard）或準據（criterion）來顯示你的
測量指標是否準確地反映真實世界。它又可分為兩種：

◆並存效度（concurrent validity）

我們所設計的測量指標與預先存在（preexisting）或既存的指標高度
相關（當然，這個預先存在的指標必須具有表面效度），則我們的測量指
標就具有並存效度。例如我們發展一套新的智力測量工具，如果它具有
「並存效度」，它就必須與既存的IQ測驗高度相關。換言之，在我們的
智力測量工具獲取高分的人，他在IQ測驗也會獲得高分（Neuman, 2003,
p. 183）。

◆預測效度（predictive validity）

我們所設計的測量指標如果可以準確預測未來事件，而這個未來事
件與我們的測量指標邏輯相關，則這個測量指標具有預測效度。例如我
們設計出一個測量「立法委員候選人吸引選民的程度」這個變數的測量
指標。為了決定它的預測效度，我們可以找最近一次立委選舉結果的資
料，利用我們所設計的變數去預測立法委員的當選情形（立委當選情形與
他們吸引選民的程度具有邏輯上的密切關聯），如果預測情形佳，就代表
預測效度很高。又例如到美國留學唸博士學位要先考GRE，如果GRE考試
具備預測效度，則GRE分數很高的人，他未來在研究生階段的成績就應該
會很高（至少不會太差）。還有一種檢視預測效度的方法，例如我想測量

一般民眾的反政府情緒，當我設計好測量指標之後，我找了一群大家公認
具有極端反政府情緒的人，如果透過我們所設計的測量指標測度出來的結
果發現他們的反政府情緒的分數（或數值）都很高；或是我找了一群大家
公認具有極端支持政府情緒的人來接受測試，而他們的反政府情緒的分數
（或數值）都很低。如果是如此，則也可以說我們所設計的指標具有預測
效度。

(四)建構效度（construct validity）

建構效度是指當我們透過多個指標來測度某種現象或行為時，如果
多個指標彼此之間呈現出一致性，則這些指標就具有建構效度，它又可區
分為聚合效度（convergent validity）與差別效度（discriminant validity）。

◆聚合效度

為了測量某種現象或行為，我們可能建立數個指標來加以測量，如
果這幾個指標所測量出來的結果都呈現類似的型態，則我們稱這些指標達
到聚合效度。例如我們利用「受測樣本完成了什麼教育程度」以及「針對
這些受測樣本舉行知識程度測驗」這兩個指標來代表一個人的「知識能
力」。如果這兩個指標無法聚合，例如有些受測樣本具有大學學歷，可是
在知識程度測驗的表現卻沒有比高中畢業的受測者好，則我們說這兩個
測量指標的聚合效度很低，所以不適合將這兩個指標一起結合起來測度
「知識能力」（Neuman, 2003, p. 184）。又例如之前我們提到的政治疏離
感包含了無權力感、無意義感、無規範感、隔絕感以及自我孤立感，如果
一個人無權力感高，無意義感也高，但是這個人的無規範感、隔絕感以及
自我孤立感卻很低，則你所設計出來的測量指標（問卷題目）不具有聚合
效度。簡單地說，政治疏離感的測量指標聚合效度如果高，我們將會預期
無權力感高的人在其他四項概念成分所測量出來的程度也會很高。

◆差別效度

聚合效度的反面就是差別效度。我們直接舉例來看，例如我利用五道問卷題目測度受測樣本的反政府情緒，受測樣本在這五道題回答的結果都呈現一致且類似的型態，則我們會說這五道問卷題目具有聚合效度。而我同時也利用另外五道題測度支持政府情緒。如果前五道反政府情緒問卷題目測量出來的結果與後五道題支持政府情緒問卷題目測量出來的結果呈現高度的負向關係，則我們可以說，反政府情緒的測量指標達到差別效度。又例如我們所建構的政治疏離感測量指標如果跟我們另外所建構的「政治狂熱感」測量指標呈現明顯的負向關係，則我們所建構的政治疏離感測量指標具有差別效度。

三、信度（reliability）

除了效度之外，量化研究在測量過程也必須特別注意「信度」的問題。剛剛我們所討論的效度是指，你利用某種指標測量這個變數（現象）所獲得的數值，與真實世界當中這個變數（現象）真正的數值之間有多接近？而信度指的是你利用這個指標在測量這個數值過程當中的穩定程度究竟如何？簡單地說，我利用同樣一種測量工具，不斷地測量某種現象，測量結果穩定的程度稱之為信度。例如我們會買信度高的血壓計或是體重計，因為我們沒有辦法容忍前後兩分鐘測的血壓值一個顯示你有低血壓，另一個顯示你有高血壓；你也無法容忍前後兩天所測的體重，一個顯示你是大相撲，另一個顯示你是皮包骨。

信度的問題比較常出現在問卷調查的測量工具，也就是一般的態度量表（當然這並不是說，其他的測量方法，例如官方資料或次級的二手資料來源就一定會是正確的，它們可能還是會有人為計算的誤差）。造成信度問題的誤差有的是從測量工具而來，持續性且規則性的出現，又稱之

為系統誤差（systematic error），這種誤差必須避免。有些誤差是隨機誤差（random error），偶爾會出現，影響程度較小。信度不足的測量工具會讓我們誤判真實的社會現象或人類行為，因此我們應該嚴格控制測量過程，並做前測，以防止低信度情況的產生。信度的型態可以區分為以下三種（Neuman, 2003, pp.179-182）：

(一)穩定信度（stability reliability）

穩定信度指的是在不同的時間點，同一項測量工具所測量出來的結果之穩定程度。我們可以透過檢測—再檢測（test-retest method）來檢測穩定信度：同樣的測量工具重複地測度同一群團體，看看結果的穩定性。通常我們會比較兩次檢測之間的差異情形，如果兩次測度差異性小，代表測量工具的穩定信度高。

(二)代表信度（representative reliability）

代表信度是指當測量工具施測於不同的樣本團體時，測量出來的結果之穩定程度。簡單地說，假使測量工具施測於各種不同的社會階層、種族、性別或年齡團體，都會產生穩定的結果，則這項測量工具具備了代表信度。例如我建構了一個情緒壓力測量量表分別測度男性團體與女性團體，如果這個量表在男性團體所產生的誤差與在女性團體所產生的誤差一致，則我們說這個量表達到代表信度。

(三)等同信度（equivalence reliability）

當我們使用好幾個指標測度同一個概念時，如果各個指標所測度出來的結果彼此都很一致，則我們說這些指標具有等同信度。通常我們會利用折半方法（split-half method）來判斷等同信度。例如有一份問卷，這份

問卷其中有十道題通通是在測度「愛台灣」，我先以隨機的方式將這十道
題區分為兩組，每組各五道題。如果測量愛台灣的指標具有等同信度，我
們將會發現這兩組問卷題目所測度出來的結果是一樣的。比方說，根據第
一組五道題的測量結果發現，50歲以上的受測樣本愛台灣的程度是50歲以
下受測樣本的1.1倍；同樣的結果也在第二組另五道題當中發現。

另外有一種特殊的等同信度，稱之為評分者信度（inter-coder
reliability）。當我們利用多位評分者（raters or coders）觀察某一項指標，
如果每一位評分者都同意其他評分者的意見時，則這項指標具有等同信度
（評分者信度）。例如我曾經在一項研究當中聘請兩位相關領域的研究人
員針對立法委員各種法律提案當中屬於分配政策（成本分散，利益集中
的政策）提案的認定，如果這兩位研究人員與我自己的認定結果相當一
致，則我們可以說這個分配政策認定指標的評分者信度很高[1]。

四、利用打靶的例子來說明信度與效度之間的差別

你打過靶嗎？假設五個人站在射擊區，距離他們100公尺之外有五個
靶，按照規定，第一位射手必須打第一號靶，第二位射手打第二號靶，依
此類推。我們將第一位射手手中的步槍（一號槍）當作是測量工具，它要
測度某種現象叫作第一號靶（一號靶）；第二位射手手中的步槍（二號
槍）當作是測量工具，它要測度某種現象叫作第二號靶（二號靶），依此
類推。

射擊開始，每把槍射擊五發子彈，結果各個步槍分別打中應該打中
的各號靶，也就是一號槍打中一號靶，二號槍打中二號靶，依此類推。同

---

[1] 細部的使用方法請參考羅清俊、廖健良（2009）。〈選制改變前選區規模對立委分
配政策提案行為的影響〉。《台灣政治學刊》，13卷1期，頁3-53。

時，每號槍都打中靶心。這種情況，我們說每把槍的效度高（因為各自打中應該打到的靶），信度也高（因為都打中靶心）。

如果各號槍都各自打中應該打到的靶，可是五發子彈卻未打中靶心，我們說這種情況是各號槍的效度高，但是信度不佳。而如果一號槍打了五發子彈，卻出現這五發子彈分別打中二、三、四、五號靶，而二號槍打中一、三、四、五號靶，其他各號槍也都出現這種現象，我們說這五把槍的效度低。測量工具如果效度低，測量就失去它的意義了。

第五節　測量層次或尺度

一、什麼是測量層次？

操作化與測量還有一個重要的部分需要徹底瞭解，那就是測量層次（level of measurement）或是稱之為測量尺度（measurement scale）。再回想一次，量化研究是要將所觀察的現象或是行為以數值來代表，然後利用統計方法來估算現象與現象或是行為與行為之間的關係。換言之，所有的社會現象或是人類行為通通必須轉換成數字。

可是問題來了！有些社會現象或是人類行為即使我們用數字代表它們，可是那些數字並不是真正的數字。我的意思是說，有時候當你指派某些數字到某個分析單位的某個你所關心的現象或行為時，那些數字其實並不能加減乘除，它們沒有真實的數字意義。例如以個人為分析單位的量化研究中的「性別」這個變數，如果是男性，你可能編碼為「1」，女性你可能編碼為「0」；以縣市為分析單位，民進黨執政的縣市編碼為「1」，非民進黨縣市執政的縣市編碼為「0」。但是這0與1之間只是為了區分類別，而不是說1比0大了1之多。

　　同樣的，有些數值的確能夠呈現大小差別，但是差別多大，只有上帝知道！例如你用1～5的刻度去測度「鬱卒」程度，我知道2大於1，可是1-2-3-4-5的刻度是我們硬生生定下來的，就這個例子來說，2與1之間是不是差距1呢？其實很難說。既然量化研究當中指派至分析單位的數值並非全然是「連續性」的數值（也就是說有正有負，有小數等等），所以有些變數的數值就不能隨意加減乘除。拉到未來我們要討論的統計方法來看，也因此，有些統計方法適用於某些測量尺度的變數，而有些統計方法則適用於另一些測量尺度的變數。瞭解測量尺度，才不會誤用統計方法。這是非常重要的觀念，請讀者務必瞭解！

二、測量層次的種類：分為四個層次

(一)類別尺度（nominal scale）

　　利用數值來代表團體的區別。數值不能相加減，沒有大小或順序之分。例如利用「1」代表一年級，「2」代表二年級。其他例如黨籍或性別也是一樣。

(二)順序尺度（ordinal scale）

　　不同的數值代表順序。例如問卷當中的非常同意給5分，同意給4分，無意見給3分，不同意給2分，非常不同意給1分。我們知道5大於4，也就是「非常同意」比「同意」的同意程度高，但是我們無法確認到底高多少。又例如「社會階層」的概念也是相同的情況。所以，順序尺度的變數只能比大小與排序。不過它比類別尺度的變數給我們更多的訊息，因為不只區分團體類別的差異，它也告訴我們誰大誰小。

(三)等距尺度（interval scale）

除了可以利用「大於」或是「小於」的符號代表等級順序之外，我們還可以知道多了多少或少了多少，因此它又比前面兩種測量層次提供我們更多的訊息。不過，等距尺度的變數並沒有絕對零點，所以這種尺度的變數可以加減但是卻不能乘除。例如智商，我們不能說這個人因為智商零蛋，就說這個人完全沒有聰明才智。我可以說，我的智商比你多10分；但是我不能說我的是你的3倍，因為沒有絕對原點。

(四)比例尺度（ratio scale）

這種尺度的變數就是一般我們認知上的「真實數字」，它可以加減乘除，因為它有絕對零點，例如經濟成長率。

另外，因為等距尺度的變數數量少，所以有些教科書就將等距尺度與等比尺度的變數歸為一類，稱之為等距以上尺度的變數（本書內容也將等距與等比變數歸為一類）。我們說類別變數的測量層次最低，稍高的是順序變數，再來是等距變數，測量層次最高的是等比變數，這主要是針對這些數字與真實數字意義之間的差距，以及它們所能提供的資訊多寡所做的比較。類別尺度只能提供團體差別的訊息，你不能將類別變數變成順序或是等距以上變數來加以處理，因為實在是不倫不類。例如性別變數男生編碼為「1」，女生編碼為「0」，你不能說這個變數的平均值是0.77，這一點道理都沒有（我們不允許低層次測量尺度轉換成高測量層次）。但是你卻可以將順序尺度變數，例如1-2-3-4-5的順序變數變成五個團體的類別尺度變數；你也可以將等距以上變數以一定的數值區間劃分順序等級，例如所得水準，也可以將它轉換成不同團體類別，例如高所得、中所得與低所得（我們允許高層次測量尺度轉換成為低測量層次）。

我舉2006年美國職棒大聯盟洋基隊的例子來說明這幾種不同測量尺

度的差異。首先，洋基隊每位球員的球衣後面都有號碼，例如王建民背號40號，游擊手Jeter是2號（已退休）。這些號碼的測量尺度就是類別尺度變數，它在區分王建民與Jeter是不同的人。其次，2006年球季的洋基隊有三名先發投手最穩定，包括王建民、Randy Johnson（已退休，2015年獲選進入美國棒球名人堂）以及Mike Mussina（已退休）。很多媒體或是球迷就會比較誰才是洋基隊投手當中的王牌（ACE）。有人這樣排：王建民、Randy Johnson、Mike Mussina。好，如果這種排列是對的，可是我們卻很難區分到底王建民比Johnson「王牌」多少？Johnson比Mussina「王牌」多少？所以這個「王牌」程度就是一種順序尺度的變數。最後，每一位投手都有防禦率、被擊出安打數、三振數等等數值，這些數值可以加減乘除，所以屬於等比變數（或歸類為等距以上變數）。又例如2016年總統大選，民進黨候選人蔡英文女士、國民黨候選人朱立倫先生以及親民黨候選人宋楚瑜先生必須先抽籤決定登記號碼，結果朱立倫抽中1號、蔡英文抽中2號、宋楚瑜抽中3號，這些號碼所代表的是類別層次的測量，是區分蔡、宋與朱是三位不同的候選人，沒有高低大小之分。假設有民調公司在選前調查選民對於他們的信任程度，每一位候選人都有選民對他們的信賴程度分數，這種分數就屬於順序尺度的測量變數。雖然可以看出民眾對哪一位候選人的信賴程度比較高，但是到底高多少？則無法清楚說出來，因為那是選民主觀的認知。投票結束了，開票結果顯示每位候選人所獲得的票數，每一位候選人所獲得的票數就是等距以上的測量層次，不僅可以區分多寡，多了多少、少了多少、誰的得票數是誰的幾倍都可以有意義地計算出來。

CHAPTER 5

選擇合適的資料蒐集
方法：調查法(1)

　　當你完成了理論與概念的操作化以及測量的程序之後，你已經很清楚應該使用何種指標，蒐集什麼樣的資料，才能反映你在研究當中所要測量的概念。你會發現，隨著研究問題的不同，分析單位以及你所需要蒐集資料的性質也會有所不同。例如當你的研究問題是：各縣市政府各種歲出預算額度是否會因為初任縣長（第一任）或是連任縣長（第二任）的不同而有差異？你研究的分析單位就會是縣市。你也許會問，縣市長是個人啊！不過他們是代表整體的縣市喔！縣市政府歲出預算資料就要從縣市政府預算書當中獲得；縣長到底是初任縣長或是連任縣長的資料，就可以從中央選舉委員會獲得。這些資料都是客觀存在的，不是主觀意見或態度，這些資料我們可以稱之為官方統計資料、次級統計資料，或是既存統計資料。

　　而如果你的研究問題是：台灣民眾對於政府信任程度，是否會隨著他們不同的政黨認同度而有所差異？那麼分析單位就是個人。因為民眾信任政府的程度與民眾政黨的認同度同樣屬於態度與主觀意見，因此你必須透過問卷調查中的態度量表來測量並蒐集資料。如果你的研究問題是：台灣第九屆立法委員獲得政治獻金的額度，是不是會受到這個立法委員資深程度、所屬的縣市別，以及黨籍而有所不同？這個研究的分析單位是立法委員個人。政治獻金資料可以到監察院蒐集，立法委員特質的資料可以至立法院蒐集。這些資料也都是客觀存在的，不是主觀意見或態度，它也屬於既存統計資料或是官方統計資料。

　　簡單地說，當你完成了主題的選擇，提出研究問題，建構理論架構，形成假設，並已操作化且決定測量的方式之後，接下來就是選擇合適的資料蒐集方法。量化研究最常見的資料蒐集方法就是「問卷調查法」與「既存統計資料分析法」。既存統計資料分析法又可稱之為「官方統計資料分析」或「次級資料分析」。到底要選擇何種資料蒐集的方法完全要看你的研究問題、分析單位以及概念操作化之後的情形而定。我們先在本章以及

第六章為讀者詳細介紹問卷調查法，至於既存統計資料分析法則在第七章討論。

 # 第一節　問卷調查法的使用時機與類型

一、問卷調查法的使用時機

　　問卷調查法是一種量化資料蒐集的方法，資料的蒐集是透過抽樣出來的個人，而由這些人當中所獲得的訊息推論至其他較大的母群體（我們接續就會討論到抽樣方法）。基本上，問卷調查法可以提供五種受訪者的訊息，包括事實（例如：婚姻狀況、性別、職業別、收入水準等等）、感受或知覺、意見、態度以及行為。使用的時機在於當研究主題與研究問題主要牽涉到個人的感受、意見、態度等等的測量，同時分析單位是個人，這個時候就適合使用調查研究。例如：我想測量台灣大學生的政治疏離感、市場調查公司希望瞭解顧客對某一種汽車的偏好程度、我想要瞭解民眾對於政府的施政滿意程度、國人對於海峽兩岸關係的看法。

二、決定問卷調查的類型[1]

(一)敘述性調查或是解釋性調查？

　　決定使用問卷調查法之後，首先，你必須決定要做敘述性調查（descriptive survey）或是解釋性調查（explanatory survey）。決定的標準仍然視你的研究問題而定。如果你只是想單純瞭解喜歡上Facebook或LINE

---

[1] 部分內容參考自Manheim and Rich, 1995, pp. 132-133。

的人有多少？是男性還是女性比較喜歡？是年輕族群還是年紀較大的人？那麼，這類的調查研究屬於敘述性調查。而如果你想更深入瞭解一個人喜歡上Facebook或LINE之後對於他的交友、人際網路、隱私以及工作會有何種關聯與影響？為什麼會如此？這就比較偏向於解釋性調查。因為需要獲得較多的資訊，所以在問卷設計上，解釋性調查也必須更詳盡些。

(二)橫斷面調查或是長期調查？

其次，你也要決定做橫斷面（cross-sectional）或是長期（longitudinal）調查？橫斷面調查是只做一次調查就結束了，而長期調查則是打算每隔一段時間做一次相同主題的調查，觀察你所要調查的現象或行為長期的變化趨勢。同樣的，橫斷面或是長期調查的決定標準也是基於你所提出的研究問題而定。長期調查一般來說又可分為以下三種（這個部分牽涉到抽樣，我們後面會討論，讀者盡可能閱讀，嘗試瞭解看看，如果不懂，稍後在講解完抽樣方法之後再回過頭來閱讀）：

◆趨勢調查（trend studies）

在不同時間點從事調查，而從相同的母群體（population）當中抽出樣本，以便觀察樣本的變化。前後不同時間點所抽出的樣本也許不同，但是都代表同一個母群體在某項特質的趨勢變化。例如：你以台北市擁有投票權的民眾為母群體，你想要觀察民眾每年政治意向的改變情形。這個母群體可能每年都有變化，因為每年有人移出，有人遷入，有人離開人間，有人因為年齡增長而進入擁有投票權之列。你每年都是從這個母群體當中抽出樣本，每年所抽出的樣本可能不同，但是通通都代表台北市擁有投票權的民眾。

◆世代調查（cohort studies）

這種方法特別著重於相同而且特定的母群體跨時間的改變。它跟趨

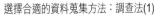

勢調查不同，趨勢調查每一次抽樣的母群體內部的樣本可能不同（例如台北市擁有投票權的民眾也許年年增加），但是世代調查在第一次調查之後，就會以當時抽樣的母群體內部的結構為依據，不再改變，原來這個母群體的人數如果增加，則還是維持原來第一次的母群體，除非這個母群體的人數減少（例如屬於原來母群體的人遷出或死亡）。如果原先第一次的母群體人數減少，就以減少之後的母群體做為抽樣的依據。

◆定群追蹤調查（panel studies）

在不同時間點的問卷調查，都只觀察第一次問卷調查時所抽出來的樣本，所以不論調查幾次，接受問卷調查的人都是一樣的樣本。定群追蹤調查的缺點是樣本容易流失，因為執行調查所需的時間相當長，我們比較難掌握樣本的遷徙或是其他因素的變動。

 ## 第二節　問卷設計的基本觀念以及相關方法與技巧

一、問卷設計的基本觀念與方法

決定了要從事敘述性調查或解釋性調查，也決定了從事橫斷面或長期調查之後，接下來，你就要發展你的調查工具，也就是設計問卷。問卷設計的內容必須跟隨著你的研究問題以及理論建構與假設而來，也就是說你想透過問卷得到什麼訊息，才能驗證你的假設，回答你的研究問題？所以，問卷設計必須是一套從研究主題、研究問題、理論建構、假設、概念操作化到測量的一段嚴謹過程。

你還記得我們在第四章概念操作化的部分所舉的政治疏離感例子嗎？在那個例子當中，政治疏離感這個概念透過概念成分、概念型定義一直到操作型定義，就形成了一組一組的問卷題目，這就是問卷設計的基

本觀念與方法。當然，你的研究可能不只是關心政治疏離感這個概念而已，你可能還關心其他不同的現象或行為，而這些現象與行為都跟政治疏離感密切相關。我們就利用這個例子進一步說明。

比方說，我的研究問題是台灣民眾目前政治疏離感嚴重的程度如何？影響台灣民眾政治疏離感的因素有哪些？政治疏離感會引起什麼樣的後果？分析單位是個人。經過我閱讀相關的理論與過去的研究結果之後，我發現有幾個因素影響政治疏離感的高低，同時政治疏離感也會對個人造成一些影響。以下我列出的這幾個因素以及它們與政治疏離感之間的特定關係，都是為了講解方便而已，這只是假設，是需要驗證的。

第一個因素是教育背景，過去的研究顯示學習自然科學的人比社會科學背景的人，有較高的政治疏離感。第二個因素是性別，女性的政治疏離感比男性來得高。第三個因素是對他人的信任感，對他人的信任感越低，政治疏離感會越高。除此之外，從過去的文獻也發現，當個人的政治疏離感越高時，參與公共事務的意願也就越低。這個研究涉及了幾個重要概念，分別是「性別」、「教育背景」、「對他人的信任感」、「政治疏離感」及「公共事務參與意願」。如果你畫成圖形，就會呈現如圖5-1的情況。在這個圖形中，你可以說「性別」、「教育背景」與「對他人的信任感」是自變數，「政治疏離感」是中介變數，而「公共事務參與意

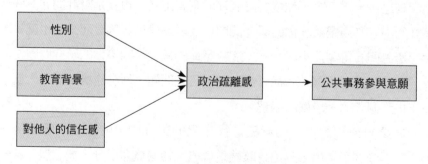

圖5-1　政治疏離感相關因素圖

願」則是依變數。

　　當確認了各個不同變數（其實就是概念）以及各變數之間的關係之後，你就可以分別加以操作化了。性別與教育背景的操作化很容易，它們屬於事實。性別的操作型定義就是男與女，你只要確認要指派何種數值給男性，何種數值給女性即可，不要忘記這是一個類別尺度的變數。教育背景的操作化也是一樣，這個研究關心的是學習自然科學背景出身或是社會科學背景出身，你只要決定要指派哪種數值給自然科學背景出身的人，哪種數值給社會科學背景出身的人即可，這也是類別變數。接下來，「對他人的信任感」、「政治疏離感」及「公共事務參與意願」是屬於感受或態度，因此必須以態度量表的方式界定其操作型定義。仿照「政治疏離感」的操作化方式，分別操作化「對他人的信任感」與「公共事務參與意願」，就會成為一組一組的問卷題目。

二、問卷應該包含哪些項目？一份完整問卷應該如何排列這些項目？

　　接下來的問題是：一份完整的問卷應該包含哪些項目？而當問卷題目全部都設計好了之後，要如何將它們排列在一份正式的問卷裡面呢？

　　首先，一份問卷通常會包含三個部分：第一個部分是所謂的卷頭語，它的內容是很有禮貌的告訴你的研究對象，這份問卷的目的是什麼，希望受訪者放心作答之類的內容。通常我們將它們放在問卷的最前面；第二個部分是受訪對象的基本資料，例如性別、教育程度、年齡、居住地區（問卷通常都會包含這些題項，原因是為了後續要檢驗樣本結構與母群體結構的一致性），以及其他與你的研究相關的個人事實基本資料；第三個部分就是問卷主體，可能包含屬於態度或意見的相關問題或是其他事實的問題。

其次，我們來決定上面那個例子的問卷題目如何在一份問卷當中呈現出來。你注意看一下**圖5-1**，「性別」與「教育背景」是屬於個人的基本資料，我們就將它們放在第二部分。「對他人的信任感」、「政治疏離感」及「公共事務參與意願」的態度量表就依序放在第三部分問卷主體當中。每一個概念就是一個題組（就是一大題），所有的題組就構成問卷的主體。未來問卷回收之後，就可利用統計方法計算概念所代表的數值，以及概念與概念之間的關係（現象與現象或行為與行為之間的關係），而來驗證假設並回答研究問題。

三、問卷形式：封閉或開放？

一般情況下，問卷的形式大部分都會呈現所謂封閉式的問卷，簡單的說就是「選擇題」，也就是由研究者限定受訪者在固定的選項中勾選。有時候我們也會設計開放式問卷。簡單地說，開放式問卷就是「問答題」，研究者不限定受訪者答題的範圍，讓受訪者自由地發表看法。

封閉式問卷因為比較結構化，因此方便我們未來所做的統計分析；開放式問卷則恰恰相反。封閉式問卷的設計會牽涉到尺度（scaling）的問題。其實尺度就是刻度，我們用尺來量兩個物體的長度之後，我們憑什麼說A比B長？那是基於尺度，這個尺度可能是公分或公尺。而在社會科學研究當中，在大部分情況下，我們並沒有客觀測量的工具，因此為了要測度某個人在某件事情上的想法或態度的強弱時，我們就必須設定一個大家都統一的尺度，藉著每個人在這個尺度上的相對位置，進而比較每個人看法或態度上的強弱差異。

對於態度或看法上的測量，我們最常用李克特尺度法（Likert Scaling）。例如當我們測量某種態度，問卷題目選項區分為五個尺度，分別為非常同意、同意、無意見、不同意、非常不同意。你可以設定非

常同意為5分，同意為4分，依此類推；你也可以反方向設定非常同意為1
分，同意為2分，依此類推。如果是前者，則分數越高代表越同意；如果
是後者，則分數越高代表越不同意。這類的尺度是屬於我們在第四章提過
的順序尺度（ordinal scale）。當然，這個部分的問卷設計有時候也相當
彈性，有的研究在測量某種態度或意見的強度時，也可能會以1～10的區
間，請受訪者根據自己的感受來給予分數。另外，在封閉式問卷偶爾也會
設計屬於類別尺度（nominal scale）的題目，這個時候你所關心的可能就
不是程度的差別，而是屬於「是或否」或者是「有或無」的兩種情況。

四、設計問卷的技巧

接下來，你就會問，我要如何設計每一道問卷題目呢？老實說，很
難鉅細靡遺的告訴你。因為這會隨著不同情況而異，不過至少有一些基本
原則可以掌握[2]。

1. 問題內容一定要簡潔，讓受訪者一聽或一看內容就知道你在問什
麼。同時要避免流行術語，例如「殺很大」、「就醬子」、「灑狗
血」、「吼」、「拍勢」或是火星文之類的詞彙。

2. 避免與研究主題無關的題目，題目如果完全扣緊你的研究所關心的
變數（概念），應該就不會有這種情形發生。

3. 避免受訪者無法答覆的問題，這種情況大多發生在明明受訪者沒有
這樣的經驗，你偏偏要他表示看法，例如你要受訪者回答使用某種
品牌化妝品的經驗，可是他卻沒有使用過；或是例如你要一位從未
使用過電腦的老人家回答使用網路銀行的滿意程度。

4. 避免受訪者不願回答的問題，例如政治立場（如有必要，應該要技

---

[2] 部分內容來自楊國樞等編（1987）。《社會及行為科學研究法》。台北：東華書
局。

巧的設計問題），或是侵犯隱私或社會禁忌，例如問人家第一次性
經驗是何時？小時候有沒有偷過別人的東西？這些都應該避免。

5. 避免暗示的題目，例如抽菸是不好的，所以如何如何？受訪者心裡
會想，你都已經說抽菸不好了，我能說什麼？

6. 一道問卷題目只表達單一事物，否則你會讓受訪者無所適從。例
如：堅強的意志力與體恤部屬是一個成功領導者必備的，你同意
嗎？如果有人認為堅強的意志力就夠了，或者有人認為能夠體恤部
屬就夠了，你這道問題讓受訪者怎麼回答呢？

7. 避免情緒化的字句。例如「這種人邪惡極了！」、「簡直不是
人！」、「樂翻天！」等等。

8. 不用雙重否定句。例如「我想你不會不同意吧？」這會讓受訪者困
惑你究竟在問什麼？因為他還得用負負得正的數學邏輯去瞭解你想
問什麼。

9. 正向題與負向題可以搭配。正向題是以正面方式問受訪者，例如你
問受訪者「你的主管凡事都會尊重部屬意見」？而負向題則是「你
的主管獨斷獨行」？通常我們會以正向題為主，偶爾搭配一兩道負
向題。主要的用意在於，如果受訪者看到都是正向題，他一路答下
來可能毫不思考，甚至於後面的題目根本是虛應。偶爾設計一兩道
負向題，可以讓問卷內容不會顯得單調，同時也避免受訪者虛應。
當然，你會說，我們徹底一點，以正負正負正負的排列方式一路設
計下來。千萬不可！如果你這樣做，受訪者答到第五題，可能就已
經七孔流血了！因為他受不了問題的邏輯一直在變動。

10. 問卷的長度到底多長？不一定，看你的研究需要，但是即使你的
研究複雜，你也要盡可能的控制，讓受訪者的答題時間不要超過
二十分鐘，否則真的會影響問卷的信度。

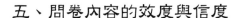

五、問卷內容的效度與信度

剛剛我們說過，問卷設計的好壞與你是否充分瞭解理論內涵有關，也會與你設計問卷的經驗有關。但是，我究竟要如何維持問卷設計一定程度的品質呢？這就牽涉到問卷這個測量工具的效度與信度。

(一)效度

首先，就效度來說，我們在第四章所討論的表面效度與內容效度是問卷設計在效度要求上最基本的依循標準。前者是透過專業社群成員的判斷，確認我們所設計的問卷真的能夠測量我們想要測量的現象或行為。後者則是確認我們所設計的問卷是否依循理論，涵蓋了我們所要測度的概念當中所有的概念成分。除此之外，也有人利用問卷回收之後受訪者的填答結果，透過所謂的「因素分析」（Factor Analysis）來檢測問卷的建構效度（建構效度的內容在第四章有討論），並將之視為單一的評估標準。透過因素分析來評估問卷的效度是可以做為輔助參考之用，但是如果將它視為單一的評斷標準，其實仍有許多爭議（陳文學，2012：166-171）。畢竟效度指的是問卷這項測量工具與研究者想要測量的現象或行為之間的契合程度，而這不應該是受測樣本填答完問卷之後的結果能夠回推決定的。

(二)信度

其次，除了必須處理效度之外，也要處理問卷的信度。通常我們利用「內在一致信度」（internal consistency reliability）來檢測，這就是我們常常看到的Cronbach's α值，它所要檢測的是受訪者在問卷填答結果的同質性（一致性或是穩定程度）。計算公式如以下所示：

$$\alpha = \frac{k}{k\text{-}1}\left[1-\left(\frac{\Sigma S_i^2}{S_t^2}\right)\right]$$

k：問卷題數

S_i^2：每一題分數的變異量（變異量會在本書第八章講解）

S_t^2：所有問卷題目總分的變異量

Cronbach's α值可以由一般的統計軟體直接計算出來（例如SPSS），它的值介於0與1之間，通常如果能夠達到0.7，則可稱為信度不錯的測量工具。一旦信度達到標準，每一個概念成分下的問卷題目就可以加總取平均值來代表這個概念成分。

CHAPTER

6

選擇合適的資料蒐集
方法：調查法(2)

第一節　抽樣

　　問卷設計好之後該怎麼辦呢？當然是找人來答問卷囉！找什麼人呢？那要看你的研究對象而定。如果你的研究是針對大學生，大學生就是你要找的對象；如果你的研究對象是退休公務員，那就去找退休公務員。但是你馬上面臨一個問題：我要把所有的人都找來回答問卷嗎？其實我也不反對，可是問題是你有多少資源可以這樣做？你想想，如果你的研究對象是大學生，目前在學的大學生假設有50萬人（這是假設的數據），你將自己所設計的問卷印出來，假設有兩頁，所以每份影印的成本約1.5元，50萬份，剛好75萬元。然後，你郵寄問卷，每份平信郵資5元加上回郵5元共10元，50萬份，總共500萬元……我不用算下去了吧！

　　其實，我們如果按照嚴謹的抽樣程序，就能夠在這50萬位大學生當中抽取一部分，而這些抽出來的一部分大學生就可以代表這50萬的大學生了。當然，這中間會有誤差，不過我們會想辦法將這些誤差降至最低。這50萬人在抽樣原理當中，稱之為母群體（population）；抽出一部分的這些大學生，我們稱之為樣本（sample）；這個抽取的過程，稱之為抽樣（sampling）。

　　討論抽樣，我們必須回答三個問題，第一，什麼才是具有代表性的樣本？第二，要如何抽樣才能抽出代表性的樣本？第三，到底要抽幾個樣本才能形成所謂代表性的樣本？

一、代表性樣本

　　首先，什麼才是具有代表性的樣本（representative sample）？樣本的特質與母群體的特質相差無幾，就可稱之為代表性的樣本。

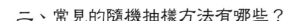

二、常見的隨機抽樣方法有哪些？

其次，要如何抽樣才能抽出代表性的樣本？我們可以依循隨機（random）的原則，也就是母群體當中的每個分析單位被抽中的機會通通相等，依循這樣的原則，抽出代表性樣本的機會就大得多了。常見的隨機方法有以下幾種：

(一)簡單隨機抽樣

簡單隨機抽樣用俗話說，就是將母群體當中所有的人編號碼，然後再來抽獎。你也可以借用亂數表輔助抽取樣本。你可以去看看有的統計或是研究方法的書籍附錄都有亂數表，亂數表的數值都是隨機編排，有的是三位數，有的是五位數，或是本書附錄表六亂數表當中有七位數。你可以依照需要選擇不同位數的亂數表。例如我想以台灣有工作經驗（含打工）的人口為母群體，假設有1,000萬人（這是假設的數字），我想抽出2,000個樣本，如果我想利用本書附錄表六亂數表來抽樣，我的實際作法是這樣：亂數表當中有好幾個行與列，我先決定要從某一行與某一列交集的那個亂數開始抽起，這是自由式（free style），任何一個位置開始都可以，你高興就好！然後你可以決定要先往下，到了底之後換行再往上，或是其他方式均可，只要不重複即可。每碰到一個亂數，就回去母群體當中，將亂數號碼所對應的那個樣本抽出來（所以母群體當中的各個樣本也必須預先標號），一直抽到你的樣本數足夠為止。

簡單隨機抽樣法使用的前提是，當母群體內的個體之間差異性不大時適合用此法。如果母群體內的個體之間差異性很大時，你抽出的樣本很有可能都會偏向某一種特質，這種情況出現的機會並不低。你買過樂透彩吧？是不是常看到搖出的號碼是：01、02、07、08、09、17，全體偏向於一邊的號碼？如果號碼都偏向一邊，而這些號碼所對應的樣本剛好都具有

類似特質，可是實際上整個母群體還有其他各種不同性質的樣本沒有被抽中。這個時候，使用簡單隨機抽樣就很冒險。如果（假設）剛剛搖出的樂透彩號碼所對應的剛好是某小學班上的座號，號碼小代表這些同學身材比較袖珍，那麼，班上身材中等或是個頭大的同學就會被這個簡單隨機抽樣方法給忽略掉了。

(二)系統抽樣（systematic sampling）或是稱為等距抽樣（interval sampling）

當母群體的規模很大，或者是想要抽取的樣本很多，同時母群體內的個體之間差異性很大時可採用此法。實務操作上，我先隨機抽取第一個樣本，隨後每隔 K（K＝N／n，N 代表母群體總數，n 代表所要抽取的樣本總數）抽取1個，一直到樣本數抽滿為止。例如母群體總數100,000，你想抽2,000份樣本，所以 K 值等於50。假設第一個隨機樣本抽出來是106號，所以第二個樣本就是106＋50，也就是156號樣本，第三個樣本是156＋50，依此類推。用這種方法，抽樣流程會穿越（go through）母群體當中的每個號碼，在這種情況下，就不會出現抽中的樣本都固定集中在某一個號碼區間。

當然，這種抽樣方法仍然會有潛在的偏差。我舉個例子來說明。我小學的時候每一次月考過後，老師就要重新編排一次座位，成績好的同學往後坐，成績差的同學往前坐（老師認為學生成績差是因為坐在後面會不專心）。所以最靠近講台第一橫排的同學都是班上成績最差的同學。那個時候，班上的座位有八個橫排，八個縱列，總共64位同學。座號1號就是第一橫排與第一縱列交集的位置，2號同學就是第二橫排與第一縱列交集的位置，8號同學就是第八橫排與第一縱列交集的位置，9號同學就是第一橫排與第二縱列交集的位置。

好，你發現沒？座號1、9、17、25、33、41、49、57的同學通通都是

第一橫排的同學，通通都是成績不佳的同學。假設我要針對這個班級從事問卷調查，調查的主題是「自尊心」。然後，我用系統隨機抽樣，我打算抽8個樣本，所以 K＝64 / 8＝8。我開始隨機抽第一個樣本，真巧，我抽到9號，所以我接下來抽出的樣本就是17、25、33、41、49、57、1號座號的同學。想想看，這群同學是屬於成績不佳的人。有些人固然成績會進步，隔一次月考就換到後面座位，可是我的經驗告訴我，大部分的同學都是長期蹲在這一區，面對其他同學或是老師的異樣眼光，雖然彼此培養出革命情感，但是自尊心老早就被傷害了。結果我抽取的樣本通通都是自尊心受損的「極端樣本」。你說這樣的研究結果可以代表這一班的平均特質嗎？

(三)分層抽樣（stratified sampling）

如果母群體包含一些次級團體，而這些次級團體之間的異質性也存在，這個時候使用分層抽樣法，可以確保樣本足以代表母群體中的不同次級團體。首先，我們依研究需要將母群體區分為若干組，每一組稱之為層，然後在各層當中隨機抽出所需的樣本。每一層所需要抽出的樣本數是總樣本數乘以該層人數占母群體人數的比例。我舉我在2006年春天曾經做過的全國調查所使用的分層抽樣法來做實例說明。這個調查是想瞭解合格選民對於立法委員的期待。我認為隨著選民所屬的選區不同，對於立法委員應該會有不同的期待。因此我以選區做為分層抽樣法的「層」，以中央選舉委員會公布的第六屆立法委員選舉人數的母群體，預計抽出1,068份樣本。例如當時台北縣一選區的選舉人數是783,824人，占母群體的4.82%，因此我們在台北縣一選區隨機抽取1,068×4.82%，亦即51份的樣本，依此類推（**表**6-1）。

(四)集體抽樣（cluster sampling）

這種抽樣方法適用於大規模的研究，可以節省相當多的成本。我直

表6-1 戶籍地選區的樣本數

選區	選舉人數	百分比（%）	應完成樣本數
台北縣一選區	783,824	4.82%	51
台北縣二選區	981,318	6.04%	64
台北縣三選區	914,628	5.63%	60
宜蘭縣	329,857	2.03%	22
桃園縣	1,263,071	7.77%	83
新竹縣	315,470	1.94%	21
苗栗縣	402,651	2.48%	26
台中縣	1,068,959	6.57%	70
彰化縣	950,566	5.85%	62
南投縣	379,609	2.33%	25
雲林縣	551,467	3.39%	36
嘉義縣	417,378	2.57%	27
台南縣	825,961	5.08%	54
高雄縣	910,134	5.60%	60
屏東縣	631,058	3.88%	41
台東縣	121,819	0.75%	8
花蓮縣	197,038	1.21%	12
澎湖縣	69,339	0.43%	5
基隆市	285,671	1.76%	19
新竹市	272,074	1.67%	18
台中市	712,274	4.38%	47
嘉義市	193,209	1.19%	13
台南市	550,411	3.39%	36
台北市一選區	1,003,742	6.17%	66
台北市二選區	961,544	5.91%	63
高雄市一選區	635,837	3.91%	42
高雄市二選區	476,664	2.93%	31
金門縣	46,449	0.29%	3
連江縣	6,957	0.04%	1
總計	16,258,979	100.00%	1,068

接用例子來說明。各位記得你在唸國中的時候，教育局常常會突然宣布要來抽考國文、英文或數學嗎？假設你是台北市某國中的校長，突然有個13號星期五的一大早，你接到台北市教育局長的電話，要求你當天下午兩點到市政府開會。當然，台北市其他國中的校長也接到同樣的電話。假設台北市十二個行政區有240所國中，240位校長當天下午就齊集在市府大禮堂。教育局長宣布說：「各位校長，我們在下週一早上，打算舉行國中數學抽考，我們今天要來抽籤決定到底哪些學校要接受抽考。我們先決定抽出六個行政區，然後每個行政區抽出兩個學校。請這些被抽中學校的校長下午回去告訴同學與老師，下週一要舉行數學抽考，但是暫時還不知道是幾年級會被抽中？也不知道哪個班級會被抽中？下週一早上各駐區督學會到貴校抽籤決定。所以請全校師生全力以赴，利用這個週末好好努力。」

好啦！你的運氣真是超好的，第一支籤就抽中位於中山區的貴校。你當然趕忙回學校，向全校師生宣布這個「好消息」，請大家提高警覺！隔週週一一大早，駐區督學準時出現，校長將所有年級同學集中在操場等候督學抽籤。督學上台，告訴全校師生，首先我們來決定哪個年級參加抽考，督學一抽，結果是二年級。所以二年級請留下來，一年級與三年級同學請退場。二年級師生非常不開心，一、三年級師生歡聲雷動！接下來，督學要在二年級總共十班當中抽出兩班來參加抽考。結果督學一抽，二年三班與二年八班中籤，請這兩班所有同學立刻進教室準備應考。

這就是集體抽樣，抽樣的過程都是集體集體的抽（行政區、國中、年級、班級），但是最終受測的樣本是個人（二年三班與二年八班的全體同學）。由於經歷多階段的抽樣過程，所以又稱之為多階段集體抽樣。這個地方特別要注意，進行這種抽樣方法的基本前提在於這個學校各班之間的成績差異很小，但是班內學生之間成績有差異，班內學生之間成績的差異情形最好就像學校所有同學成績分布的縮影，所以我們抽到的任何一個班都能代表這個學校。

　　然而，實務上執行這種抽樣方法時，「班」就能代表學校的情況並不常見。所以，集體抽樣進入到「班」之後，則必須進一步針對班內的「學生」進行隨機抽樣，這樣才能確保班內學生是隨機抽中的受測對象，受測的結果才能反映學校整體的成績表現。最後要提醒讀者，因為在這種抽樣方法之下，我們進行每一次抽樣的步驟都可能會產生誤差，所以越多階段的抽樣，代表著誤差也會隨著增加。所以選擇適度的抽樣階段（次數）也是使用這種抽樣方法必須考慮的因素。

三、樣本規模（大小）的決定

　　最後，我們必須決定到底要抽取多少樣本？既然是抽樣，勢必會有所謂的抽樣誤差（sampling error）。但是我們必須將誤差控制在可以容忍的範圍內。統計學家幫我們推導出一個公式，讓我們可以很方便的決定在可容忍誤差之內的樣本規模（Dillman, 2000, p. 206）[1]。

$$N_s = \frac{(N_p)\,(p)\,(1-p)}{(N_p-1)\,(B/C)^2 + (p)(1-p)}$$

N_s：所須完成的樣本數

N_p：母群體規模

$(p)(1-p)$：母群體異質性程度

B：可容忍的抽樣誤差，一般訂在0.03，亦即±3%

C：可接受的信賴區間95%，所對應的Z分數，亦即1.96（後續會講解）

---

[1] Don A. Dillman (2000). *Mail and Internet Surveys: The Tailored Design Method*, New York: John Wiley & Sons.

　　就這個公式來說，N_s 代表需要的樣本數，N_p 代表母群體的規模。而 $(p)(1-p)$ 代表母群體異質性程度。其實母群體當中的個體之間差異有多大，我們並不清楚，這裡是採用最保守的方式，變異最大的情況就是母群體其中一半是一種型態，而另外一半則是另外一種型態，所以各占50%，亦即 $p=0.5$，$(1-p)=0.5$。B 是代表以我們所抽出的樣本來估計母群體真實的值所能容忍的誤差。C 是代表100次隨機抽樣當中有95次的機會，樣本的確是從這個母群體而來。C 以1.96帶入此公式。這個1.96的意思是：在標準常態分配下，平均值加減1.96個標準差，可以涵蓋95%次抽樣分配。這整段換成白話文來說就是：有95%的機會（或是說在95%的信心水準下）隨機樣本會從這個母群體而來，同時在這種情況下，由樣本估計母群體的值，其錯誤的機會不超過±3%（這個部分的統計概念，例如信心水準，抽樣分配等等在第十章會有詳細說明，目前先請讀者瞭解這個公式的運算即可）。

　　我們舉個例子來算算需要多少樣本規模。例如母群體的個數是800，在95%的信心水準，±3%的抽樣誤差下，需要多少樣本數呢？

$$N_s = \frac{(800)(0.5)(1-0.5)}{(800-1)(0.03/1.96)^2 + (0.5)(1-0.5)} = 458$$

　　如果按照這個公式來運算，在不同的情況下（母群體數量有多少），需要的樣本數如**表6-2**。例如當母群體數量是10,000,000，在95%的信心水準，±3%的抽樣誤差之下，需要的樣本為1,067個。而如果你抽出來的樣本數不到1,067個，而是900個，這個時候你可以透過原公式回推，求出B的值，這個B值就是在95%的信心水準之下，你只抽出900個樣本所產生的抽樣誤差，這個抽樣誤差一定會比±3%來得大。

表6-2 不同條件下所需的樣本規模

95%信賴水準			
母群體規模	±10%抽樣誤差	±5%抽樣誤差	±3%抽樣誤差
100	49	80	92
200	56	132	169
400	78	196	291
600	83	234	384
800	86	260	458
1,000	88	278	517
2,000	92	322	696
4,000	94	351	843
6,000	95	361	906
8,000	95	367	942
10,000	95	370	965
20,000	96	377	1,013
40,000	96	381	1,040
100,000	96	383	1,056
1,000,000	96	384	1,066
10,000,000	96	384	1,067

四、樣本代表性不足的補救辦法

雖然我們盡量透過合適的抽樣設計來抽取我們所需要的樣本，但是實務上我們常常會發生抽取回來的樣本與母群體的人口結構有所差異。例如我們將母群體的男女性別比例資料與樣本的男女性別比例資料進行統計上的卡方檢定（我們在第十三章第三節會討論），結果發現母群體與樣本之間有明顯差異，而這個差異我們稱之為樣本代表性不足。目前有許多方法來解決樣本代表性不足的問題，我們這裡介紹實務上較常見的兩種方法：事後分層加權法（post-stratification weighting）以及事後反覆多重加權法（raking）。不管是哪種加權方法，基本的想法與作法在於：如果某種特

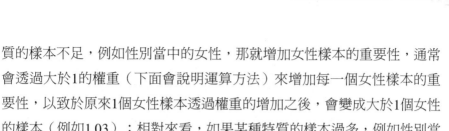
質的樣本不足，例如性別當中的女性，那就增加女性樣本的重要性，通常會透過大於1的權重（下面會說明運算方法）來增加每一個女性樣本的重要性，以致於原來1個女性樣本透過權重的增加之後，會變成大於1個女性的樣本（例如1.03）；相對來看，如果某種特質的樣本過多，例如性別當中的男性，那就減少男性樣本的重要性，通常會透過小於1的權重（下面會說明運算方法）來減少每一個男性樣本的重要性，以致於原來1個男性樣本透過權重的減少之後，會變成小於1個男性的樣本（例如0.97）。

(一)事後分層加權法

例如，我們想要透過抽樣的問卷調查瞭解某三個縣市有多少男性與女性贊成調漲健保費？如果要檢測樣本結構與母群體結構的一致性，以及一旦不符合一致性時要進行樣本加權，那麼我們手上就必須先獲得這三個縣市男女總人口數的交叉資料（亦即 A 縣市有多少男性人口？有多少女性人口？B 縣市有多少男性人口？有多少女性人口？C 縣市有多少男性人口？有多少女性人口？總共六組的交叉資料）。我們直接列舉**表6-3**的例子加以說明。**表6-3**顯示各縣市男性與女性總人口數、各縣市男性與女性應該要抽出的樣本數、各縣市男性與女性實際抽出的樣本數、實際受訪男女樣本當中回答贊成調漲健保費的人數、各分層加權的權值，各分層加權之後的樣本數，以及各分層實際受訪男女樣本經過加權之後的贊成調漲健保費人數。

假設我們要抽出300個樣本，從各分層（各縣市男性或女性人口數）占母群體的比例來說，縣市A男性實際上要抽出的樣本數應該是總樣本數300乘上10%（也就是1,000／10,000），換言之，應該是30個。其他各層依此類推應該是60、45、75、6、84。但是我們比照實際在各分層所抽出的樣本數（35、70、25、60、12、98）與應該抽取的樣本數之間有一定的差距。假設我們透過卡方檢定（我們在第十三章第三節會討論卡方檢

表6-3　事後分層加權法的假設實例

母群體	人數	應該要抽出的樣本數	實際抽出的樣本數	實際受訪樣本的贊成人數	權值	加權後的樣本數	實際受訪樣本加權後的贊成人數
縣市A 男性	1,000	30	35	5	(1,000 / 10,000)x(300 / 35) =0.8571	35x0.8571=29.9985	5x0.8571=4 （四捨五入）
縣市A 女性	2,000	60	70	10	(2,000 / 10,000)x(300 / 70) =0.8571	70x0.8571=59.997	10x0.8571=9
縣市B 男性	1,500	45	25	10	(1,500 / 10,000)x(300 / 25) =1.8	25x1.8=45	10x1.8=18
縣市B 女性	2,500	75	60	15	(2,500 / 10,000) x(300 / 60) =1.25	60x1.25=75	15x1.25=19
縣市C 男性	200	6	12	2	(200 / 10,000) x(300 / 12) =0.5	12x0.5=6	2x0.5=1
縣市C 女性	2,800	84	98	20	(2,800 / 10,000)x(300 / 98) =0.8571	98x0.8751=83.9958	20x0.8571=17
合計	10,000	300	300	62		300	68
估計母群體 贊成比例			62 / 300 =20.67%				68 / 300 =22.67%

定），發現所抽出的樣本結構與母群體在性別上的結構的確有明顯的差距，這就代表我們所抽出的這一組300人的樣本不具代表性，我們可以透過事後分層加權法來加以矯正。

首先，我們必須決定各分層加權的權值，各分層加權的權值運算公式如下：

各分層事後分層加權的權值
＝（母群體各分層實際的人數／母群體總人數）×（總樣本數／各分層實際抽出的樣本數）

其次，利用運算出來的各分層的權值乘上各分層實際受訪樣本的人數，就可以得出各分層在「加權之後」的樣本數（加權之後的總樣本數是不會變的，變動的只是各分層的樣本數）；利用運算出來的各分層的權值乘上各分層實際受訪樣本的贊成人數，就可以得出實際受訪樣本在加權後的贊成人數。**表**6-3顯示，例如未加權之前，縣市A男性實際被抽出的樣本數為35人，加權之後（權重為0.8571）的樣本數大約為30人（實際數字＝35×0.8571＝29.9985）；而原來受訪樣本的贊成人數是5人，經過加權之後四捨五入則變成4人（實際數字＝5×0.8571＝4.285）。又例如縣市A女性實際被抽出的樣本數為70人，加權之後（權重也是0.8571）的樣本數大約為60人（實際數字＝70×0.8571＝59.997）；而原來受訪樣本的贊成人數是10人，經過加權之後四捨五入則變成9人（實際數字＝10×0.8571＝8.571）。

縣市B的男性與女性、縣市C的男性與女性的各分層權重、各分層加權之後的樣本數，以及各分層加權之後贊成調漲健保費的人數都可以透過以上的程序逐一計算出來。總體來看，未加權之前，贊成調漲健保費的總比例是20.67%（亦即62／300），而因為樣本結構與母群體結構不一致，經過加權之後的贊成比例則為22.67%（亦即68／300）。

(二)事後反覆多重加權法

　　事後反覆多重加權法是目前調查研究當中，最常被使用的方法。例如我們知道母群體在性別、年齡與教育程度的分布情形。假設母群體在這三種特性上的分布與我們所獲得的樣本在這三種特質上的分布都有明顯的差異（我們利用卡方檢定加以檢測）。究竟我們應該如何進行事後反覆多重加權呢？首先，我們先在所獲得的樣本當中，針對性別這個特質來做加權，然後進行統計上的卡方檢定，同時比較樣本在這三個特質的分布與母群體的分布有無差異？照理說，性別剛剛加權完畢，所以性別一定是符合母群體分布。但是年齡與教育程度可能仍然不符合母群體分布。所以接下來我們針對年齡這個特質加權，然後進行統計上的卡方檢定，同時也比較這三個特質的樣本分布與母群體分布有無差異？年齡剛加權完，所以一定沒有差異，但是性別這個特質有可能因為加權了年齡，反而又讓它與母群體的分布有了顯著的差異。而教育程度這個特質，我們也還沒加權，所以應該也跟母群體有所差異。暫時不管這些，我們按部就班來做，先針對教育程度加權，完成之後，再針對性別進行加權。我們不斷地重複同樣的步驟，一直到三個特質在樣本的分布與母群體分布達到一致為止。**表**6-4是進行事後反覆多重加權時可能的流程。

　　「事後反覆多重加權法」的權值與之前所討論的「事後分層加權法」是一樣的，權值就等於（母群體各分層的人數／母群體總人數）×（總樣本數／各分層實際抽出的樣本數）。這兩種加權方法的差別在於「事後反覆多重加權」的分層是根據母群體的屬性一個一個分別加權，而「事後分層加權」則是進行屬性交叉分層，一次加權到位。我們同樣以**表**6-3為例子，但是修改實際抽出的樣本結構，使得樣本在性別與不同縣市人口這兩個特質的分布比例呈現如**表**6-5。

　　透過我們將在第十三章所討論的卡方檢定，我們發現實際抽出的

表6-4　進行事後反覆多重加權時可能的流程

	操作方法	樣本與母群體統計檢定結果
步驟一	比較樣本分布與母群體分布在性別、年齡、教育程度三個特質上有無明顯差異	性別、年齡、教育程度三者都有差異
步驟二	任選一個屬性，例如以性別開始，對性別這個特質加權	性別無差異，年齡、教育程度有差異
步驟三	根據性別加權後的資料，針對年齡進行加權	年齡無差異，性別、教育程度有差異
步驟四	根據年齡加權後的資料，針對教育程度進行加權	教育程度無差異，年齡無差異，但是性別有差異
步驟五	根據教育程度加權後的資料，針對性別進行加權	三者都無差異
完成事後反覆多重加權		

表6-5　事後反覆多重加權法的假設實例

		母群體人數	實際抽出的樣本數
性別	男性	2,700	137
	女性	7,300	163
縣市	縣市A	3,000	105
	縣市B	4,000	85
	縣市C	3,000	110
總人數		10,000	300

樣本，在性別與縣市這兩個特質的人數分布上，與母群體之間有顯著差異。所以，我們接下來就以性別與縣市的順序進行反覆多重加權。首先，我們先來加權性別。根據加權公式計算男女性別的權值分別如下：

當性別為男性時，權值＝(2,700 / 10,000)×(300 / 137)＝0.5912

當性別為女性時，權值＝(7,300 / 10,000)×(300 / 163)＝1.3436

我們用白話文來解釋一下透過加權公式所算出來的權值之功能。就性別這個特質來說，母群體當中的男性占總人數的27%（也就是2,700除

以10,000），但是實際抽出的男性樣本數卻占總樣本數的45.7%（也就是137除以300），很明顯的，男性樣本太多。此時，透過加權公式所計算出來小於1的權值可以抑制男性的樣本數來合理反映母群體實際的男性比例。既然如此，我們就用原來未加權之前的男性樣本137乘以男性樣本權值0.5912就會大約等於81，81就是性別加權之後的男性樣本數。同樣的，母群體當中的女性占總人數的73%（也就是7,300除以10,000），但是實際抽出的女性樣本數卻只占總樣本數的54.3%（也就是163除以300），很明顯的，女性樣本太少。此時，透過加權公式所計算出來大於1的權值可以擴充女性的樣本數來合理反映母群體實際的女性比例。既然如此，我們就用原來未加權之前的女性樣本163乘以女性樣本權值1.3436就會等於219，219就是性別加權之後的女性樣本數。進行性別這項特質加權之後的樣本分布狀況如**表6-6**，經過卡方檢定也可以知道樣本結構與母群體結構在性別這個特質上的分布並無明顯差異。

讀者一定會覺得很奇怪，明明實際抽出來的樣本就是男生137位，女生163位。加權之後男女樣本互有增減，難道是要我們把男生樣本刪除至81個，女生樣本增加至219個嗎？讀者如果有這種想法是正常的（也許讀者在閱讀事後分層加權法的時候就已經有這樣的疑問了！）。當然我們不是去刪除男性樣本數或是再去增加女性樣本數，我們只能在事後透過已經抽出來的樣本結構，利用加權公式計算出來的權數，來減少男性樣本在所有

表6-6　進行性別變項加權後的樣本分布狀況

		母群體人數	實際抽出的樣本數	性別加權後的樣本數
性別	男性	2,700	137	81
	女性	7,300	163	219
縣市	縣市A	3,000	105	104
	縣市B	4,000	85	85
	縣市C	3,000	110	111
總人數		10,000	300	300

樣本結構上的比重；同樣的，利用加權公式計算出來的權數來增加女性樣本在所有樣本結構上的比重。更白話地來說，經過性別加權之後的任何一位男性，他在整體樣本結構的比重會由1降為0.5912（也就是1位男性樣本已經變為0.5912位）；經過性別加權之後的任何一位女性，她在整體樣本結構的比重會由1升高至1.3436（也就是1位女性樣本已經變為1.3436位）。

男女的比重經過加權之後會有什麼樣的結果？這才是事後加權的真正重點。我們來舉例看看，例如在這次的調查當中（總樣本數為300，實際上你抽出來的是男137，女163），假設男性贊成調漲全民健保費用有100人。如果你不加權，在所有的樣本當中，男生贊成的比例約有33.33%（也就是100除以300）。但是我們知道男生的樣本過多，並不能反映母群體當中男生的比例。所以我們做事後加權，經過加權公式運算得知男生權重為0.5912。所以實際上，加權之後贊成調升全民健保費用的男性就不是100人了，而是100人乘上0.5912，大約59人；所以在所有的樣本當中，男生贊成的比例就不是33.33%了，而是大約19.67%（也就是59除以300）。至於女性也是同樣的情況，假設女性贊成調漲全民健保費用有80人，如果你不加權，在所有的樣本當中，女性贊成的比例約有26.67%（也就是80除以300）。但是我們知道女生的樣本過少，並不能反映母群體當中女生的比例。所以我們做事後加權，經過加權公式運算得知女生權重為1.3436。所以實際上，加權之後贊成調漲全民健保費用的女性就不是80人了，而是80人乘上1.3436，約107人；所以在所有的樣本當中，女生贊成的比例就不是26.67%了，而是大約35.67%（也就是107除以300）。

好，在性別這項特質上，經過加權後的樣本資料與母群體之間已無顯著差異了。但是經過卡方檢定，在縣市這個特質上，樣本資料與母群體之間的差異仍然存在。所以，我們接下來就要進行步驟二，針對縣市這項特質進行加權。

計算縣市這個特質的權值時要特別注意，縣市各分層的樣本數是要

使用性別已「加權之後」的樣本數為計算數值，因為在反覆多重加權的方法下，儘管只是加權性別這項特質，但是縣市這個特質的各個分層樣本數也會隨著加權而更動。為什麼會這樣呢？因為當我們加權性別這項特質時，既有樣本結構的男性樣本重要性減少，女性則增加。而每個縣市的樣本當然也包含了男性與女性，既然加權之後的男性與女性樣本數會有增減，當然加權之後也會影響到各縣市實際的樣本數。例如**表6-5**當中，性別未加權之前，縣市 A 樣本有105，縣市 B 有85，縣市 C 有110個樣本。而**表6-6**顯示，當經過性別加權後，縣市 A 樣本變成104，縣市 B 沒有變動仍為85，但是縣市 C 則變為111個樣本。所以當我們開始要加權縣市這項特質時，計算權重的公式當中，各縣市實際抽出的樣本數必須使用加權性別之後的各縣市樣本數，也就是104、85、111，而不是105、85、110。所以縣市這項特質的權值計算方式為：

當縣市為 A 時，權重＝(3,000 / 10,000)×(300 / 104)＝0.8654
當縣市為 B 時，權重＝(4,000 / 10,000)×(300 / 85)＝1.4118
當縣市為 C 時，權重＝(3,000 / 10,000)×(300 / 111)＝0.8108

獲得以上各縣市的權重之後，再以各縣市的權重乘以各縣市實際的樣本數，就會得出各縣市在加權之後個別的樣本數。例如在 A 縣市，權重為0.8654，實際抽出樣本數為105，加權之後的樣本數大約為105×0.8654＝91左右；其他縣市依此類推。加權縣市之後的樣本資料分布如**表6-7**所列，進行卡方檢定後也得知，樣本資料在性別與縣市的分布上已經與母群體之間無顯著差異，至此即可結束加權。如果縣市這項特質在加權之後進行卡方檢定，發現性別與母群體分布又出現不一致的狀況時，則必須再對性別進行一次加權的計算，依此類推，一直做到樣本在性別與縣市這兩項特質的分布與母群體的分布都沒有差異為止。

經過不斷的反覆加權，我們最後就可以得到每一個樣本最終的權

表6-7 進行性別與縣市這兩項特質加權後的樣本分布狀況

		母群體人數	實際抽出的樣本數	性別與縣市加權後的樣本數
性別	男性	2,700	137	81
	女性	7,300	163	219
縣市	縣市A	3,000	105	91
	縣市B	4,000	85	120
	縣市C	3,000	110	89
總人數		10,000	300	300

值。就我們舉的這個例子來說，性別與縣市各加權一次就達成樣本結構與母群體無差異情形，如果每一個樣本最終的權值稱之為 W_{ijk}（i＝1…300，j＝男或女，k＝縣市A、縣市B或縣市C），性別加權值為 W_{ij}（i＝1…300，j＝男或女），縣市加權值為 W_{ik}（i＝1…300，k＝縣市A、縣市B或縣市C），則 $W_{ijk}＝W_{ij}\cdot W_{ik}$（因為是反覆多重加權，所以最終權值是依照各種特質加權的順序累積相乘而得）。我們就可以利用這個最終的權值來賦予每個樣本在既有樣本結構當中的最終比重。

例如在這300個樣本當中，如果樣本是男性，住在縣市A，則這個樣本在既有樣本結構當中的最終比重＝0.5912×0.8654；如果某個樣本是女性，住在縣市B，則這個樣本在既有樣本結構當中的最終比重＝1.3436×1.4118。其他例如男性，住在縣市B或C；女性，住在縣市A或C的樣本在既有樣本結構當中的最終比重都可以透過相同的方式運算出來。一旦計算出每個樣本的最終比重，後續針對問卷內容的統計分析就能夠充分反映母群體的特質。

我們仍然沿用之前的例子來說明，例如總樣本數為300，實際上你抽出來的是男性137人，女性163人，這是未加權之前的樣本分布，每個樣本在既有樣本結構的權重都是1。而在這300個樣本當中，假設未加權之前，男性贊成調漲全民健保費用有100人；如果只加權性別，則我們知道實際上男性贊成調漲的只有59人（亦即100×0.5912＝大約59人）；但是我們

現在同時加權性別與縣市，假設在這些贊成的100位男性當中，住在縣市 A 的有30位、住在縣市 B 的有50位、住在縣市 C 的有20位，這個時候我們計算贊成調漲健保費用的男性人數就大約會是67人，計算式如下：

$$30(0.5912 \times 0.8654) + 50(0.5912 \times 1.4118) + 20(0.5912 \times 0.8108)$$
$$= 15.35 + 41.73 + 9.59$$
$$= 67（四捨五入）$$

各位可以看看，同樣基於實際抽出來的既有樣本結構，未加權時，男生贊成人數為100人；但是當加權性別時，贊成的男性成為59人；當同時加權性別與縣市之後，贊成的男性變為67人。

繼續再舉個例子來看看，如果有一道問卷題目是李克特量表形式的問題，詢問受訪的300位樣本之意見，其中回答「非常同意」有40人，「同意」有80人，「無意見」有60人，「不同意」有100人，「非常不同意」有20人。在這些回答「非常同意」的40人當中，有20位男性，其中住在縣市 A 有10位、縣市 B 有5位、縣市 C 有5位；其他有20位女性，其中住在縣市 A 有8位、縣市 B 有12位、縣市 C 有0位。所以加權性別與縣市之後，回答「非常同意」的實際人數到底是多少人呢？運算式如下：

$$〔10(0.5912 \times 0.8654) + 5(0.5912 \times 1.4118) + 5(0.5912 \times 0.8108)〕$$
$$+ 〔8(1.3436 \times 0.8654) + 12(1.3436 \times 1.4118) + 0(1.3436 \times 0.8108)〕$$
$$= (5.12 + 4.17 + 2.40) + (9.30 + 22.76 + 0)$$
$$= 11.69 + 32.06$$
$$= 44（四捨五入）$$

所以，經過性別與縣市別的事後反覆多重加權之後，對於這一道題回答「非常同意」的人數應該是44人，而不是未加權之前的40人。**表6-8** 顯示我們舉的這個例子當中，不同性別的權值、不同縣市的權值、未加權

表6-8　回答「非常同意」之人數的加權變化情形

性別權值	縣市權值	未加權人數	同時加權性別與縣市之後的人數
男性　$W_{ij}=0.5912$	縣市A　$W_{ik}=0.8654$	10	5.12
	縣市B　$W_{ik}=1.4118$	5	4.17
	縣市C　$W_{ik}=0.8108$	5	2.40
女性　$W_{ij}=1.3436$	縣市A　$W_{ik}=0.8654$	8	9.30
	縣市B　$W_{ik}=1.4118$	12	22.76
	縣市C　$W_{ik}=0.8108$	0	0
總和		40	43.75（四捨五入約44）

的人數以及同時加權性別與縣市之後的人數。其他回答同意、無意見、不同意以及非常不同意的人數均可依此方式類推。以上就是事後反覆多重加權抽樣的實際內容，希望讀者瞭解這個方法的原理。當然，我們可以藉助於統計套裝軟體幫我們做事後反覆多重加權。不過，你得先知道這個原理的來龍去脈，日後使用統計軟體才能得心應手。

 第二節　訓練訪員、前測與實際問卷調查施測

一、訓練訪員與前測

當你決定了所需要的樣本規模（大小），並且也決定了抽樣方法，也找到了樣本，接下來就是要實際執行調查了。但是大規模的問卷調查恐怕無法全靠自己，必須仰賴訪員協助。因此，如果你是利用面訪或是電話調查，你應該事先訓練協助你的訪員們，讓他們知道這個研究的目的何在，要探索何種問題，每題問卷題目的意義，過程中如果出現什麼問題應該如何解決等等。一旦完成訪員訓練，我們會實施前測（pretest），預先施測小規模的樣本，觀察測量工具與施測過程的準確度。這個步驟非常重

要，很多預先沒有想到的問題都可以在這個階段呈現出來，以方便我們在
大規模執行調查之前，預先排除可以避免的問題。

二、調查施測的方式：面訪、郵寄問卷、電話訪問、電子網頁問卷

接下來就是問卷正式施測了，施測的方式可以是面訪、郵寄問卷、
電話訪問、電子網頁問卷等等。我們依序來說明：

(一)面訪

面訪是最傳統的問卷調查方式，訪員帶著問卷親自找上受訪樣本，
逐一調查。在實施面訪時，有一些必須注意的地方[2]：

◆訪談情境的掌握很重要

時間上來說，一定要受訪者有空，所以能夠預先約好時間那是最好
不過的。訪談地點當然是干擾最低最好，盡可能不要有第三者在場，否則
很容易影響受訪者願不願意說實話的情緒。例如你想知道受訪者如何看待
他的上司，結果他的上司就站在他旁邊，你叫他如何回答下去？

◆事先拜會

如果你是針對一個區域的人口做抽樣面訪，事前最好拜會這個社群
的重要意見領袖，例如鄉長、村里長、鄉鎮市民代表會等等，一來讓他們
知道你這個研究的目的，二來也可以讓他們在訪談過程當中協助你，三來
你也可以預先瞭解這個社群的特質與態度。

---

[2] 部分內容參考台灣大學社會工作系林萬億教授於1996年12月在中興大學法商學院公
共政策研究所為面訪訪員訓練的教材內容。

◆在實際面訪過程中，必須注意的一些技巧

1.訪員必須注意形象：在台灣尤其要避免穿戴有政黨符號的衣帽進行面訪，也要避免穿戴不適宜的衣著，例如你明明就是到鄉下面訪，卻穿著西裝領帶，這會讓受訪者不安的認為你究竟是哪個單位派來的？又例如你明明要去台北市民生東路面訪金融界主管，你卻穿著日本火腿棒球隊陽岱鋼的棒球服。

2.瞭解受訪者的作息時間，以免突兀造訪：我曾經到過一個屬於農業地區的鄉下地方從事問卷調查的面訪，當地人的作息時間是一大早七點多出門做農事，十一點回來吃飯睡午覺，下午兩點出門，五點回來吃晚飯，晚上九點就寢。我們千萬不要以夜貓子的生活型態去約時間。

3.注意禮貌並掌握氣氛：一接觸到受訪樣本，一定要先說明來意，出示足以證明自己的證件，例如學生證。現在詐騙集團那麼多，取信於人的確比以前困難許多，我們常感嘆在台灣做問卷調查相較於過去越來越困難。通常在問卷調查正式開始之前，我們會跟受訪樣本稍微簡單話家常一下以減少阻力，並讓受訪者在輕鬆的氣氛下進行（你千萬不要表現得比受訪者還要緊張！），也許談談天氣；談談畢業學校，說不定受訪者是你的學弟或學長；談談受訪者的故鄉，說不定他跟你一樣來自鹿港小鎮；看到受訪者家中牆壁掛著子女的碩博士照，或是他自己的獎盃獎牌或匾額，請不要吝於稱讚。

4.被拒絕的處理：問卷調查經常會被拒絕，訪員可以利用一些技巧，例如以溫情技巧說服受訪樣本接受面訪。我在唸大學的時候，曾經幫一家市場調查公司做過調查，當時我是與另一位女同學搭配去面訪受訪者。記得有一次面對受訪樣本的拒絕時，突然之間，我這位女同學熱淚盈眶，哽咽了起來，一直喃喃自語請受訪樣本回答問卷（好像是說如果問卷沒完成，她就會因此而如何如何……），不要

說受訪者手足無措，就連我都不知道如何是好。最後，受訪者答應接受問卷調查，事後我問這位女同學，她是如何辦到的？她很嚴肅的告訴我，其實她也不知道會這樣，反正就是一時悲從中來，她還說這是真情流露呢！我啞口無言。

另外，我有一位碩士班同期同學曾經因為面訪被拒絕，但是透過特殊艱苦的方法讓受訪者完成問卷填答。根據我這位同學轉述，面訪時碰巧受訪者正在吃飯喝米酒。受訪者原先拒絕受訪，後來受訪者突然要求：如果我這位同學喝半杯米酒，他就回答一題。聽說那份問卷有三十道題！為了這份問卷，我這位同學醉到用爬的出去。這是我同學轉述的，不知道可信度有多高，他告訴我，這就是年輕人應該要有的工作倫理——誓死達成任務！

不管如何，當你用盡各種方法嘗試說服受訪者，但是若仍被拒絕時，切勿口出惡言，仍然必須謝謝人家，這是最起碼的禮貌。

(二)郵寄問卷

郵寄問卷是將問卷直接寄達受訪樣本的手中，由受訪者答完之後寄回。這個方法的優點是可以節省成本，但是仍有兩個缺點，一個是回收率低，因為對於受訪樣本來說，並沒有立即的時間壓力（沒有訪員在旁邊），一旦受訪樣本沒有即刻處理，隨著時間漸漸淡忘，你可能一輩子也收不到他的問卷；另一個缺點是你永遠也不知道問卷是不是受訪樣本親自回答，說不定受訪樣本叫他讀小學三年級的兒子填答這份問卷，你真的很難知道。通常郵寄問卷寄出去兩週之後，如果沒有寄回來，我們會再寄一次，提醒受訪樣本，甚至於會有第二次提醒的追蹤問卷。如果連第二次追蹤問卷也沒回來，恐怕就永遠不會回來了。這個時候，備份的樣本就需要派上用場了。有時候，你的研究主題可能是針對某一個企業、某政府機關，或是立法委員

做問卷調查，如果郵寄問卷遲遲沒有回來，在寄出第一次追蹤問卷的同時，你可以透過各種人際關係（例如你有熟識的朋友就在這家企業或政府機關工作，或者你這位朋友就是立法委員），間接的提醒受訪樣本回答問卷。最後必須注意的是，你一定要記得在郵件中附上回郵信封，如果受訪樣本還要自己花錢寄回問卷，你這輩子恐怕也很難收到問卷。

(三)CATI電話訪問[3]

近二十年來資訊科技不斷發展，使得電腦成為各領域不可或缺的一項工具，電話訪問也因為電腦技術的運用而脫胎換骨。電腦輔助電話訪問系統（Computer-assisted Telephone Interviewing System, CATI）便是電話訪問技術改革下的產物。和傳統電話訪問相比，CATI仍保持了省時效、省成本，以及相較於面對面訪問，更能詢問敏感問題等優點。不僅如此，有了CATI這套輔助系統，更能夠避免傳統電話訪問可能產生的種種問題。

對於現場督導或研究人員來說，主要的工作內容包括題目的呈現及說明、訪員訪問情形的監控、資料的分析等三大部分。而CATI系統在這三大部分皆有其輔助功能。首先，研究者可直接將想要詢問的所有問題鍵入系統裡，關於題目跳題、複選等傳統電話訪問需要人為操作的部分都直接由系統控制，藉以減少信度上的問題。問卷題目若需要做任何修正，也可隨時在系統做更改，修正後的問卷題目也會直接顯示在訪員的螢幕當中，省去人員告知或不斷重新影印新問卷的麻煩。在抽樣方面，研究人員僅須在系統上選取研究的縣市或鄉鎮範圍，電腦會自動以區域範圍中的電話末幾碼隨機的方式抽樣，選擇受訪家戶。因此，CATI所抽出的樣本會依照各區域的比例做分配。如此，減少許多人工查詢區域碼、抽樣，並依人口比例控制樣本數的時間。

---

[3] CATI電話訪問的內容是由當時的台北大學選舉研究中心督導謝瑩蒔小姐協助撰寫（目前她是台北大學公共行政暨政策學系的助教）。

再者，研究者更可以利用CATI的監聽系統，在不妨礙訪員進行訪問的狀況下，對訪員進行問卷訪問過程進行即時的監控，若發現沒有按照題目訪問或勾選錯誤答案等情形，可立即與訪員進行溝通說明，以避免在後續的訪問過程中出現同樣的錯誤。或者，若有任何與題目相關的提示，也可藉由系統將提示內容登打之後，立即傳送給線上所有的訪員，這項功能同時達到與訪員溝通，及免去研究人員或現場督導疲於來回電訪室與監聽室兩項益處。除此之外，CATI的查修功能，讓研究人員或現場督導可隨時將傳送到資料庫裡的訪問結果（特別是開放題的部分）進行確認及修正，一方面檢查受訪者的回答能否切合題目的詢問，另一方面也可再次確認訪員對題目的理解是否有錯誤。

最後，CATI對於資料分析方面的輔助功能，可說是給予研究者最大的幫助。因為CATI立即將訪問結果傳輸於資料庫的功能，讓研究人員能隨時取得即時的訪問資料檔。此項功能除了減少人工登錄資料的費時及登錄錯誤的機率，更重要的是幫助研究人員做立即的分析。

對於訪員來說，其主要的任務便是將問卷題目正確的傳達給受訪者，並將受訪者的回答正確無誤的勾選或登打，以及在訪問過程中注意自己的口齒與禮貌。有了CATI的輔助，每位經過訓練的訪員，只要戴著雙耳式耳機，坐在電腦前面，不須對照著電話名單親自撥打電話，只要進行一些簡單的操作，CATI所抽出的電話號碼會自動由電腦撥打出去，且調查問卷也直接於電腦螢幕中顯示。進行訪問時，訪員僅須針對螢幕上依序出現的問題進行訪問，並登打受訪者的回答或以滑鼠勾選相對應的答案選項，CATI便會將訪問結果即時寫入資料庫。

然而，即使CATI對於研究人員或訪員而言有上述的功能，尚有仍待解決的缺點：第一，系統抽樣後的結果無可避免的會造成空號比例過高的問題；第二，詐騙集團盛行的今日，許多家戶受訪者往往不等訪員自我介紹及說明完該問卷的主旨，便急於掛掉電話，使得電話訪問的拒訪率提

高不少；第三，電話訪問多半利用晚間六點之後家中人口較多的時間進行，面對沒有事先預約而突如其來的電訪訪問，即使受訪者願意接受訪問，但是問卷題數如果過多，也容易提高拒訪率。而且相較於訪員當面進行的面對面調查，也就是受訪者礙於情面難以輕易將訪問員趕走，可是面對CATI的電話訪問，受訪者僅需要一個動作——將電話掛掉，即可將惱人的對話結束。

(四)電子網頁問卷[4]

隨著網際網路的普及，利用網頁問卷逐漸成為常見的資料蒐集方式。你應該常常在幾個重要的入口網站上看到簡單的選舉民意調查，例如說：「如果明天選台北市長，請問您要投給誰？」當你點選某個候選人之後，還可以直接看到所有參與網路投票的人的最後統計結果。網路上面經常有民意調查公司或是市場調查公司利用網頁問卷的方式，即時取得對某事件的看法，或是快速得到消費者使用某項產品的經驗資料。學生要交量化研究報告的時候，也常常看到他們利用網頁問卷快速獲得一定數量的回覆資料。各入口網站也幾乎天天對每日發生的重要事件進行意見調查。例如：南韓NAVER網站針對2006年洋基隊最熱門的投手王建民進行調查：「王建民是否會拿到洋基隊勝投王？」在my3q的網站或是中華電信研究所網路問卷e點靈，也可以看到各種不同主題的問卷調查，例如：「火星文對青少年有何影響？」、「線上遊戲玩家喜好調查」，或者是「3G手機消費市場之關鍵成功因素」等等問卷。

使用網頁問卷的優點在於蒐集資料快速、大量及低成本，而且在問卷設計及資料處理上很具彈性。不過仍然有它的缺點，例如網路調查在母體的涵蓋率不確定、缺乏樣本的代表性、網頁設計及系統產生的測量誤

---

[4] 電子網頁問卷的討論內容是由元智大學資訊社會學研究所曾淑芬教授所提供。

差，與回覆率偏低等等的問題，也使得研究者憂心忡忡。其實有不少的研究無視於網頁問卷在抽樣及推論上的限制，仍然認為網路調查的結果等同於其他方式的資料蒐集方式，這頗讓人擔心。許多研究網路問卷方法的專家紛紛提出警訊，提醒我們一方面在擁抱網頁問卷調查方式所帶來的方便時，另一方面也要瞭解網頁問卷與其他調查方法上的差異，以及使用這種方式所會產生的各種誤差。

例如Dillman和他的研究團隊[5]提出許多網頁問卷的設計原則，以降低使用這種蒐集資料方法所產生的各種誤差，不過他們也同時呼籲，應該要有更多的實證研究來確定這些原則的影響及重要性。另外，Dillman也認為以目前網路調查尚未有效解決涵蓋率、代表性等誤差的情況下，將網頁調查視為多元型態（mixed-mode），而與其他調查並用的方法是一個可行的發展趨勢。

除此之外，Couper及其研究團隊[6]則從人機互動的觀點，提出許多設

---

[5] D. A. Dillman (2000). *Mail and Internet Surveys: The Tailored Design Method,* New York: John Wiley & Sons.

D. A. Dillman (2002). "Navigating the Rapids of Change: Some Observations on Survey Methodology in the Early 21st Century", presidential address to the American Association for Public Opinion Research.

D. A. Dillman and D. K. Bowker (2001). "The Web Questionnaire Challenge to Survey Methodologists", at http://survey.sesrc.wsu.edu/dillman/zuma_paper_dillman_bowker.pdf.

D. A. Dillman, R. D. Tortora, and D. Bowker (1998). "Principle for Constructing Web Surveys", Pullman, Washington. SESRC Technical Report 98-50, at http://survey.sesrc.wsu.edu/dillman/papers/websurveyppr.pdf.

[6] M. P. Couper (2000). "Web Surveys a Review of Issues and Approaches", *Public Opinion Quarterly, 164*(4): 464-481.

M. P. Couper, R. Tourangeau and F. G. Conrad (2004). "What They See Is What We Get", *Social Science Computer Review, 22*(1): 111-127.

F. G. Conrad, M. P. Couper, and R. Tourangeau (2003). "Interactive Features in Web Survey", presented at the Joint Meetings of the American Statistical Association.

F. G. Conrad, M. P. Couper, R. Tourangeau and A. Peytchev (2006). "Use and Nonuse of Clarification Features in Web Surveys", *Journal of Official Statistics, 22*(2), in Press.

計網頁問卷的原則並進行實際的測量。例如，他們測量在網頁問卷當中使用進度指標（progress indicator）這種設計的效果。進度指標這種設計是當你在點選網路問卷時，系統會告訴你目前的填答進度，因為網頁問卷是一頁一頁出現，填答人不知道還要多久才會結束，所以可能會影響填答的意願而造成跳出網頁拒答的情形。他們發現，進度指標如果讓填答人在開始填答後覺得填答的速度很快，因此產生激勵效果，那麼填答者把問卷填完的比例就很高。但是如果是在網頁問卷的後半段才鼓勵填答者，讓他覺得快要填完問卷，這樣所產生的激勵作用遠遠不如前者。另外，常常讓網頁問卷設計者引以為豪的設計彈性，例如受試者可以自選的彈出視窗（pop up introduction）設計，也就是當填答者發現自己不明瞭問卷中某個詞彙的意義時，系統設計可以讓填答者點選該詞彙，並出現詞彙的意義解釋。他們的研究結果發現，使用這項功能的填答者非常少數。所以，如何運用人機互動及介面的優勢讓網頁問卷減少測量及回覆誤差，這是目前這個學術研究團隊積極進行的研究工作。

 ## 第三節　編碼

　　當問卷回收之後就要開始編碼（coding）以利後續的統計分析。所謂的編碼就是將回收的每份問卷的答題內容轉換成數字碼。不管你是用面訪、郵寄問卷、電話訪問或是電子網頁問卷，在施測之前，你就必須決定問卷各道題的編碼方式。電話訪問或是電子網頁問卷通常在受測樣本回答的同時或幾乎同時，每一道題就會透過電話訪員或是電腦編碼轉換成數字。而面訪或是郵寄問卷就必須等問卷一份一份回收之後，再來編碼。

　　以下用我在2006年所執行的CATI問卷調查實例來說明編碼的方法。為了講解方便，**表6-9**只是選擇當時我們所調查問卷的一部分內容，

同時題號6也是為了講解方便所加進去的,當時問卷內容並沒有這道題。

接下來我們來實際操作編碼。各位可以看到,問卷每一道題的各種選項都有一個數值。這個數值代表一旦受訪者在某一道題填答某個選項時,你就給它這個數值。通常我們會利用EXCEL的活頁簿來登錄,或者直接利用統計軟體例如SPSS當中的活頁簿來建檔。**表6-10**是一張活頁簿,資料建立起來之後就是編碼表,我習慣稱它為統計資料檔或是資料矩陣(data matrix),因為之後要進行的統計分析都是基於這個資料矩陣來運算的,不管是手算或是利用電腦統計軟體皆然。

表6-10的第一橫行是放置「變數」,例如V1、V2依此類推。當然你用中文書寫變數名稱也可以。最左邊第一縱列以及往右的各個縱列是各樣本以及各樣本在每個變數的答題情形。好,我們現在要編碼了。首先假設第一份回收樣本是國中以下學歷,所以編號001樣本在V1的數值就是「01」,實際上就是「1」;是女性,所以001樣本在V2的數值就是「02」,實際上就是「2」;她選立委時非常重視立委形象,所以給了「10分」,所以001樣本在V3-1的數值就是「10」;至於「政黨」因素,她沒那麼在乎,所以給了「3分」,所以001樣本在V3-2的數值就是「3」;她有感受到立委爭取補助預算繁榮地方,也感受到立委爭取補助利益保護選區,所以V4-1與V4-2都是「1」;她也極為認同爭取補助預算繁榮地方與保護選區都是立委的基本責任,所以V5-1與V5-2都是「1」(這兩題都是李克特量表,我們設定分數越低越同意);而她認為河川疏濬是議員與立委的功勞,所以V6-1、V6-2、V6-3、V6-4全部為「0」,而V6-5與V6-6則為「1」。

接下來,再以同樣的方法編碼第二份問卷,第三份問卷,依此類推。有時候你回收的樣本在某一道題漏答,我們會給它遺失值,習慣上會編碼為「99」,日後利用統計軟體運算時,一旦我們告訴電腦這個變數遺失值是「99」,則在運算這個變數時,電腦統計軟體會自動捨棄這個樣

表6-9 台灣選民對於立法委員期待的問卷調查部分內容

～訪問主題：選民期待
～訪問開頭語：先生／小姐您好：這裡是台北大學民調中心，我們正在幫學校老師進行一項有關「立委服務選區」的學術研究，打擾您幾分鐘時間，簡單請教您一些問題，謝謝！ 過濾：請問您是否年滿20歲（是否具有投票權）？
～題號：1 您的教育程度（最高學歷）是？ 01 國中以下　02 高中（職）　03 大專　04 研究所及以上　98 拒答
～題號：2 受訪者性別？ 01 男　02 女
～題號：3 一般來說立委選舉投票時可能會考量許多因素，以下有幾個選項，請您依照過去投票時所占的重要性來打個分數，從0分到10分，分數越高代表該因素越重要，您分別會給予幾分？
～題號：3-1 「形象」（意指長相、過去學經歷、個人特質……等等）這個因素，對您過去立委投票考量的重要性，您會給予幾分？ 00 0分　01 1分　02 2分　03 3分　04 4分　05 5分　06 6分　07 7分　08 8分 09 9分　10 10分　96 不知道／無意見　98 拒答
～題號：3-2 「政黨」這個因素，對您過去立委投票考量的重要性，您會給予幾分？ 00 0分　01 1分　02 2分　03 3分　04 4分　05 5分　06 6分　07 7分　08 8分 09 9分　10 10分　96 不知道／無意見　98 拒答
～題號：4 接下來想瞭解您對立委經營選區的實際感受。
～題號：4-1 您的選區立委有沒有向中央爭取補助經費來繁榮地方（例如道路、橋樑、學校、圖書館、防洪排水的建設經費）？ 01 有　02 沒有　98 拒答
～題號：4-2 您的選區立委有沒有向中央爭取補助經費保護選區的利益（例如農業補助、災害補助、寒害補助）？ 01 有　02 沒有　98 拒答
～題號：5 接下來想要瞭解您對於立法委員為選區爭取補助利益的期許。
～題號：5-1 您同不同意向中央爭取補助經費來保護我們選區利益（例如農業補助、災害補助、寒害補助）是立委最起碼的責任？ 01 非常同意　02 有點同意　03 不知道／無意見　04 不太同意　05 非常不同意 98 拒答

（續）表6-9　台灣選民對於立法委員期待的問卷調查部分內容

～題號：5-2
您同不同意向中央爭取補助經費來繁榮地方（例如道路、橋樑、學校、圖書館、防洪排水的建設經費）是立委最起碼的責任？ 01 非常同意　02 有點同意　03 不知道／無意見　04 不太同意　05 非常不同意 98 拒答

～題號：6
如果您住家附近的一條重要河川正在積極處理疏濬工程，您認為這是誰的功勞（可複選）？ ～題號6-1 村里長　　　　00 否　01是 ～題號6-2 鄉鎮市長　　　00 否　01是 ～題號6-3 鄉鎮市民代表　00 否　01是 ～題號6-4 縣市長　　　　00 否　01是 ～題號6-5 縣市議員　　　00 否　01是 ～題號6-6 立法委員　　　00 否　01是

表6-10　問卷編碼表

樣本	V1	V2	V3-1	V3-2	V4-1	V4-2	V5-1	V5-2	V6-1	V6-2	V6-3	V6-4	V6-5	V6-6
001	1	2	10	3	1	1	1	1	0	0	0	0	1	1
002	2	1	6	5	0	1	3	2	1	1	0	0	0	0
003	3	1	4	6	1	1	4	4	1	1	1	1	1	1
004	2	2	5	4	0	1	5	4	0	0	0	1	1	1
005	4	2	4	8	0	0	1	2	1	1	1	1	1	1
006	2	1	7	9	1	1	2	2	0	0	0	0	1	1
007	≈	≈	≈	≈	≈	≈	≈	≈	≈	≈	≈	≈	≈	≈
≈	≈	≈	≈	≈	≈	≈	≈	≈	≈	≈	≈	≈	≈	≈
≈	≈	≈	≈	≈	≈	≈	≈	≈	≈	≈	≈	≈	≈	≈
≈	≈	≈	≈	≈	≈	≈	≈	≈	≈	≈	≈	≈	≈	≈
099	1	2	6	6	1	1	1	2	1	0	1	1	0	1
100	2	1	5	4	1	0	4	3	1	0	0	1	1	0

本。例如，如果樣本有100個，而在某個變數出現兩個「遺失值」，則計算這個變數的百分比也好或是其他統計值也好，都會以98個樣本來當作運算基礎。

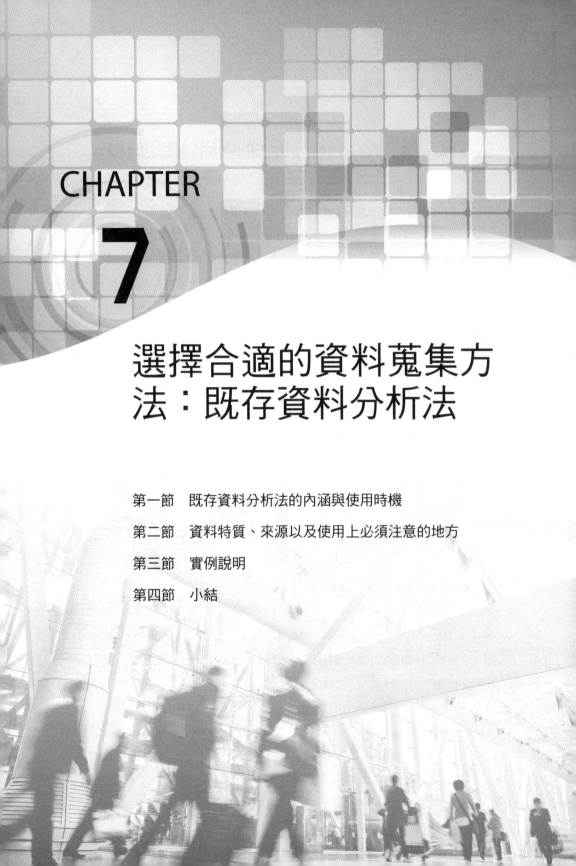

CHAPTER

7

選擇合適的資料蒐集方法：既存資料分析法

第一節 既存資料分析法的內涵與使用時機

一、既存資料分析法的特點與使用時機

　　量化研究所蒐集的統計資料只要不是研究者自行透過問卷調查法蒐集資料，而是從已經存在的資料來源當中獲取資料並從事統計分析的方法，通通都可以稱為既存資料分析法。使用既存資料分析法的分析單位可以是個人，也可以是團體，例如縣市、國家、公司、利益團體等等。

　　之前我們已經知道使用問卷調查法的前提在於分析單位必須是個人；但是，以個人為分析單位的量化研究不見得都得利用問卷調查法。例如我的分析單位是立法委員個人，我的研究問題是：決定立法委員在制訂「促進產業升級條例」有關稅捐減免內容，持贊成或反對立場的因素有哪些？是立法委員的黨籍嗎？是立法委員的教育程度嗎？是立法委員過去的工商業界資歷嗎？是立法委員接受企業政治獻金的多寡嗎？你會發現，這個量化研究是以個人為分析單位，而所需要的資料並不是問卷調查法所關心的態度或是意見強度的資料，而是客觀存在的個人特質，這些資料可以（必須）透過立法院以及監察院加以取得[1]。

　　不過在大部分的情況下，既存資料法的量化分析常常探索屬於「團體」或是由個人所聚合起來至團體的現象或行為，這些團體可能是大學、公司、村或里、鄉鎮市、縣市，或是國家。用量化研究的術語來說，分析單位就是大學、村或里、鄉鎮市、縣市，或是國家。隨著研究問題的不同，分析單位也會不一樣（反之亦然，亦即隨著分析單位的不

---

[1] 有些教科書將非研究者個人所做的問卷調查資料庫的使用也視為既存資料分析法的一種，例如使用台灣選舉與民主化調查（Taiwan's election and democratization studies, TEDS）。

同，研究問題的形式也會不一樣）。例如我的研究問題是：台灣各個縣市的經濟成長程度會受什麼因素所影響？分析單位就是台灣各個縣市；如果我的研究問題是：一個國家的民主化程度與這個國家利益團體活動的自由程度有無關聯？那麼我的分析單位就是世界各個國家；如果我的研究問題是：台灣各個大學的學術品質受到什麼因素的影響？分析單位就是台灣各個大學。

為了研究這些團體，我們必須從已經存在的資料來源當中（例如中央選委會、教育部、財政部、各級政府預算書、世界銀行或聯合國的資料庫），蒐集各種統計資料來代表各個團體的特質，而這些特質是你在你的量化研究當中所關心的。例如大學的師生比、村或里的人口數、鄉鎮市的歲出預算規模、縣市首長的黨籍、國家的資訊公開程度、公司的營業額等等。

二、使用既存統計資料分析的優點

使用既存統計資料分析的優點在於：(1)它是屬於非侵犯的測量（nonreactive measurement），因此可以避免誤差。它不像問卷調查法會隨著訪員非標準化的訪談技巧、不理想的訪談情境，以及因為叨擾受訪者而造成問卷回答的誤差；(2)利用既存統計資料可以分析較大的分析單位，問卷調查法以個人為分析單位，而既存的聚合資料分析允許研究者分析家庭、縣市、國家等等較大的社會單位；(3)通常既存資料都會以多年期資料呈現，例如政府的統計資料（例如普查資料），或是跨國的統計資料等等，通常可以持續數十年之久。因此研究者可以研究過去迄今的歷史發展，以瞭解社會變遷，也可以研究跨區域、跨國、跨文化的差異；(4)既存資料分析不像問卷調查耗時費力，可以節省可觀的研究成本。

第二節　資料特質、來源以及使用上必須注意的地方

一、資料特質

通常既存的統計資料可區分為兩類，第一種是將團體中的個人特質資料聚合（aggregate），成為團體特質的量化資料，例如國家人口、縣市人口、出生率或離婚率等等，都是從國家內的個人特質中一一組合起來聚合至國家層次。如果用測量尺度來說，這些都是屬於等距以上變數。第二種是將團體質化的特質轉換為團體量化特質的資料，例如政府的型態分為民主或非民主的政府，這個指標並非聚合個人特質而來，也就是說，它只關心政府整體的特質。又例如台灣各縣市政府是由什麼黨執政？是民進黨？國民黨？親民黨？台聯？新黨？或是無黨籍？如果用測量尺度來說，這些都是屬於類別變數。

二、資料來源

既存的統計資料來源非常多，一般來說，量化研究最常使用的資料來源是組織的統計資料（organizational statistics），例如你要做跨國研究，你可以到世界銀行、世界衛生組織、歐盟或是聯合國等等相關國際機構的網站上面搜尋跨國資料。你如果想做台灣相關的研究（也許跨縣市，也許跨鄉鎮市，也許是針對某一社會或政策問題），你可以到中央選舉委員會、行政院主計總處、行政院各部會、監察院、考試院、司法院、立法院以及各級政府的網站搜尋相關統計資料，其中的內容可能包括選舉資料、人口普查資料、工商普查資料、預算資料、產業發展資料、社

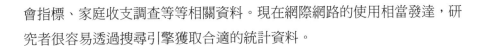
會指標、家庭收支調查等等相關資料。現在網際網路的使用相當發達，研究者很容易透過搜尋引擎獲取合適的統計資料。

三、資料使用必須注意的地方

使用這些既存資料需要注意幾個地方：

第一，有時候這些統計資料的內容與品質值得商榷，因此使用上務必小心，如果有不同資料來源可以比對，那就再好不過了。

第二，資料蒐集過程當中必須注意每一種變數資料的定義，有時候跨年度的資料，在不同年分的定義可能不同，如果你不注意而直接做跨年度比較將會產生誤差。例如我國中央政府總預算當中的社區發展支出項目，早期是涵蓋環境保護支出，後來才將環境保護支出獨立出去。

第三，量化研究在使用既存統計資料所面臨的最大挑戰，在於資料不見得直接與研究所要測量的概念相關，因此大部分的情況都必須做資料轉換的工作。研究者必須將這些聚合的粗資料（raw data）轉變成理論或方法上均站得住腳的測量。例如你的量化研究其中有個概念是農產品出口量，可是你蒐集到的變數只有水果出口量、棉花出口量、稻米出口量等三個變數，這個時候為了表達農產品出口量，你就必須將這三個變數加總代表農產品的出口量，這在量化研究裡，稱為相加指數（additive index）。又例如你在從事一項有關民主化的跨國量化研究，其中有一項概念（變數）是各國民眾暴動的嚴重程度。統計資料來源也許並沒有這個變數，只有每年各國民眾參與暴動的人數與每年各國平均每次暴動持續的時間。此時，你可以將這兩個變數相乘，來代表各國民眾暴動的嚴重程度，這個變數可以稱為相乘指數（multiplicative index）。而在這個民主化跨國量化研究當中，我們以反政府示威的人數除以該國的人口數代表政府正當性的一項指標。在這個指標當中，我們利用人口數來加權（weight）示威

人數,形成一個加權指數(weighted index)。因為每個國家的總人數不同,如果只是呈現反政府示威人數並不足以精準的反映政府的正當性,除以總人口數,利用比例來代表政府正當性的效度,要高過於用絕對數值(Manheim and Rich, 1995, pp. 229-230)。

四、既存統計資料庫的重要性

不知道你信不信,但至少我是這樣認為:一個國家現代化的程度在於這個國家各種統計資料庫完備與否。因為資料庫可以幫助政策制訂者或是研究者精準的掌握社會脈動與應有的政府政策作為。缺乏這些資料庫,或甚至於缺乏即時更新的資料庫,你不免懷疑政策究竟是基於何種經驗基礎所做出來的,你當然也會懷疑學術界所做出來的研究是否反映真實世界。

我幾年前曾經在《數位時代》這個雜誌的廣告欄當中看到一篇廣告。某家專門在做資料處理的公司宣傳他們如何幫企業賺錢。他們說,美國九一一恐怖攻擊事件之後的一段時間,美國境內小國旗賣得很好,因為恐怖攻擊事件激起了美國人的愛國主義。當時發了一筆國難財,賣國旗賣到不斷貨的是沃爾瑪(Walmart),這是一家連鎖的超級市場,它的資料處理就是交由這家資料公司處理。在台灣,如果要買國旗,大概是在文具店;在美國,國旗,尤其小國旗,是在大型超商一堆一堆的賣。九一一恐怖攻擊事件發生之後,全美沃爾瑪小國旗的銷售量直線上升,透過條碼的銷售量管理,每隔一段很短的時間,資料庫便會自動分析一次。當公司管理層發現小國旗銷售量的數據非比尋常的遽增時,他們可以在第一時間通知庫存補貨;如果依然供不應求,這個時候,可以立即通知製造廠商即時生產,於是沃爾瑪便在即時資料庫分析的支援下,即時補貨,也即時賺到一筆可觀的財富。

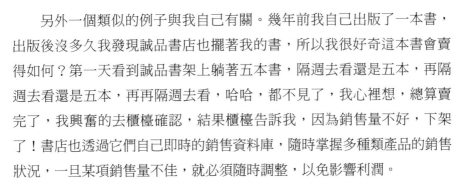

　　另外一個類似的例子與我自己有關。幾年前我自己出版了一本書，出版後沒多久我發現誠品書店也擺著我的書，所以我很好奇這本書會賣得如何？第一天看到誠品書架上躺著五本書，隔週去看還是五本，再隔週去看還是五本，再再隔週去看，哈哈，都不見了，我心裡想，總算賣完了，我興奮的去櫃檯確認，結果櫃檯告訴我，因為銷售量不好，下架了！書店也透過它們自己即時的銷售資料庫，隨時掌握多種類產品的銷售狀況，一旦某項銷售量不佳，就必須隨時調整，以免影響利潤。

　　最後一個例子是美國職棒大聯盟以及美國國家籃球協會（NBA）對於每位球員以及每支球隊表現所建立的琳瑯滿目資料庫。例如某位棒球打擊者面對某位投手的打擊率是多少？例如籃球大帝Michael Jordan過去在芝加哥公牛隊面臨落後情況下，有多少次在比賽結束幾秒鐘前投籃逆轉局勢（beat the buzzer）？這些客觀的分析可以看出球員的能耐，也可以提供各隊作戰的策略。如果沒有完整的資料庫，我們根本無法做分析。

　　從這些例子我們發現即時（real time）的資料庫扮演多麼重要的角色（這就是近年來流行的大數據分析或巨量資料分析）。當然，從事政策分析所依賴的政府機關資料庫的性質，可能無法像私部門一樣達到即時更新的功能，但是至少也須盡可能的縮短時間更新資料。同時，資料庫涵蓋的範圍與種類也應該要廣，如此才能對各種政策領域的分析以及學術研究工作有所幫助。例如幾年前我接觸過一些實務上的環境影響評估研究，大部分的評估研究所面臨的限制也都在於欠缺某些基礎的生態資料，或者有些資料庫已經好久沒有更新，以至於降低了環境影響評估的準確性。

 **第三節　實例說明**

　　我舉一個我曾經做過的研究，利用既存資料分析法的量化研究流

程:從研究主題、研究問題、理論建構、假設、操作化與測量,一直到蒐集資料與編碼的過程,讓讀者瞭解實務上到底如何操作。

我一直都是在從事分配政策與政治主題的研究。正如我在之前有約略提過,分配政策與政治研究特別關心上級政府分配給地方政府轄區的政策利益(補助款),除了受到地方政府地理轄區客觀的政策需求影響之外,到底還有沒有一些政治因素影響政策利益分配的結果?這是分配政策與政治研究最主要的研究問題。這個領域的學者透過過去許多量化的研究發現,幾個重要因素影響補助款分配:第一,政策客觀需求,例如農業政策利益大多分配至以農業為主要產業的地方政府轄區。第二,地方政府轄區所選出來的議員如果是議會重要常設委員會委員,則該轄區可以分配到超額利益。第三,地方政府轄區的議員如果資深程度高,則代表他們在議會的影響力大,所屬轄區獲得超額補助款的機會就很高。第四,如果議員屬於議會多數黨,則獲得超額利益的機會就會提高。第五,如果地方政府行政首長與上級政府執政黨的黨籍相同,則該行政轄區獲得超額補助款的機會也會增加。以上是理論建構的部分,也是一些相關的假設。接下來,我應該操作化這套理論以及假設當中的概念。我們先將這套理論與假設以圖7-1的架構圖顯示,代表所要觀察的現象與現象之間的關係。

我打算以95年度中央政府分配給25個縣市的補助款做為研究案例,分析單位是縣市。我先來操作化依變數「地方政府地理轄區所獲得的補助款」,這個變數的操作型定義就是各縣市每人每年所獲得的補助款金額。這個變數是總補助金額除以人口數,主要原因是補助款很多情況下是以人口數做為分配標準;換言之,有些縣市獲得較多的補助款總金額是因為它的人口數較多,而不是國會議員的政治影響力。因此總補助金額除以人口數可以預先排除這個問題(讀者有沒有發現,我們正在轉換這些既存統計資料,讓它們符合所謂的「效度」)。

其次,我們再來操作化這五個自變數。第一個自變數「客觀需求」

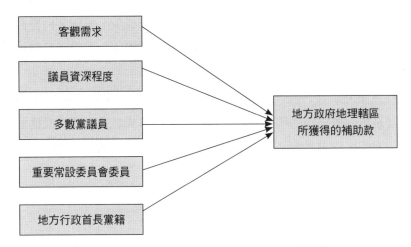

圖7-1　政策利益分配影響因素的架構圖

的操作型定義就是該年度各縣市的自有財源比例，也就是自有財源金額占
歲入總計之比例。很多補助款的分配就是基於各縣市的財政狀況，窮的縣
市會獲得較多的補助款，這也是補助款制度最原始的目的。第二個自變數
是「議員資深程度」，操作型定義就是各縣市所選出來第六屆立委過去所
擔任立法委員屆數相加之後除以各縣市立委人數。第三個自變數是「多
數黨議員」，操作型定義是第六屆各縣市立法委員當中屬於泛藍（或泛
綠）立委人數除以該縣市立委的人數。第四個自變數「重要常設委員會委
員」的操作型定義是各縣市所選出來的立法委員在94年下半年擔任預算委
員會委員的人數（第六屆第二會期），因為預算委員會在補助款的撥發過
程中扮演重要角色，同時中央政府95年度預算是在立法院第六屆第二會期
審查。第五個自變數「地方行政首長黨籍」的操作型定義是縣市長的黨籍
是否與中央政府的執政黨（也就是民進黨）相同，如果相同，這個縣市就
編碼為「1」，如果不是就編碼為「0」，這是類別尺度的變數。

　　概念操作化之後，我們就開始蒐集這些既存的統計資料。依變數資
料可以從財政部、主計總處或者是各縣市政府的預算書蒐集。第一個自變

數自有財源比例可以從財政部或主計總處獲得，第二個至第四個自變數的
資料可以從立法院網站蒐集，第五個變數則可以透過中央選舉委員會獲得
資料。

　　資料蒐集完成後，接下來就要開始編碼了。既存資料分析的編碼最
直接，就是將你蒐集到的統計資料直接放進活頁簿或是資料檔（或稱為資
料矩陣）當中，除非像縣市長黨籍的類別變數必須預先界定。**表7-1**就是
這個量化研究的資料檔或稱為資料矩陣。

🔧 第四節　小結

　　截至目前為止，我們已經很詳細的告訴大家如何選擇研究議題、發
展具體的研究問題、建構理論與推演假設、操作化抽象概念與測量、利用
問卷調查法或是既存統計資料分析法來蒐集資料。接下來我們在第八至第
十六章，就會基於編碼之後的資料檔或資料矩陣，利用統計方法來估算我
們所要觀察現象之間的關係或是行為之間的關係。實務上你當然可以利用
統計軟體來處理，但是瞭解統計分析的原理是使用統計軟體之前的必要任
務。

　　我常常一而再、再而三的告訴學習量化研究的同學或是朋友：一
旦我們談到各種研究議題的量化研究，腦海中就必須浮現出四種東西：
第一，確認你的研究當中的分析單位。這樣你才知道研究問題該如何提
問？要觀察或測量哪些對象？第二，要在你腦海中浮現的就是一個完整的
理論架構圖，這就是我們不斷強調的社會現象之間或是人類行為之間的關
係圖像；唯有清晰的圖像，你才會清楚知道你要在這個量化研究當中探索
何種事物。第三，一定要在你腦海中浮現的就是資料檔或是資料矩陣。因
為資料檔或是資料矩陣，是將現象或行為間的關係圖像裡的每一個部分操

表7-1　95年度中央政府分配給25縣市補助款的資料矩陣

縣市	每人每年補助款金額	自有財源比例	縣市立委平均屆數	縣市泛藍立委人數[2]	預算及決算委員會人數	各縣市長黨籍
台北市	1,267.76	96.83	1.95	10	1	0
高雄市	14,845.62	62.52	1.55	3	0	1
台北縣	4,777.09	70.02	2.18	16	3	1
宜蘭縣	24,648.42	34.76	2.67	1	0	1
桃園縣	9,931.68	55.10	2.38	8	1	0
新竹縣	30,894.17	30.79	1.67	2	0	0
苗栗縣	19,878.87	39.73	2.50	3	1	0
台中縣	13,406.07	43.88	2.27	6	2	0
彰化縣	9,901.75	47.82	2.00	5	2	1
南投縣	22,661.66	34.01	1.75	2	0	1
雲林縣	17,548.86	42.95	1.50	2	2	0
嘉義縣	17,902.36	30.97	2.50	1	2	1
台南縣	17,670.53	40.96	2.50	2	2	0
高雄縣	9,460.50	51.26	2.11	4	0	1
屏東縣	15,780.58	46.00	2.33	2	1	1
台東縣	26,409.70	31.38	2.00	1	0	0
花蓮縣	23,866.92	33.44	2.00	1	0	0
澎湖縣	45,552.96	27.10	4.00	0	0	0
基隆市	18,357.37	45.96	2.67	2	1	0
新竹市	11,003.49	65.83	2.67	2	1	0
台中市	6,251.59	68.30	2.63	4	0	0
嘉義市	15,805.75	47.91	4.00	1	0	1
台南市	8,064.77	62.36	2.67	3	0	1
金門縣	40,332.01	59.85	2.00	1	0	0
連江縣	177,800.80	19.55	4.00	1	0	0

---

[2] 這裡只是呈現各縣市泛藍立委人數，實際分析時必須再除以各縣市立委的總人數，才能得出泛藍立委的平均席次。

作化至測量指標之後的結果（當然要配合你的分析單位是什麼，才能決定測量的基準是個人？還是國家？）。如果你無法獲得完整的資料檔或資料矩陣，你又如何能夠利用統計方法來估算現象或行為之間的關係呢？第四，選擇合適的統計方法（這就是我們在本書後半段要學習的部分）。這四項缺一不可，請大家牢記在心！

量化研究的流程我們已經討論至資料蒐集的方法了。**表7-2**摘要量化研究流程當中各個步驟的要點內容，請讀者再仔細回顧一下。接下來，我們將從第八章開始一直到第十六章，進一步講解統計分析方法。第十七章與第十八章的內容則是告訴讀者如何詮釋統計分析的結果。最後，在第十九章，我們會告訴讀者如何處理量化研究的結論（包含研究發現與討論）。

表7-2　量化研究流程與相關重點內容

量化研究的步驟	留意的重點	細部內容
選擇研究主題	選擇有興趣的主題	視個人情況而定
	利用漏斗原則：由寬至窄	
	選擇主題的思考方向	・創造知識 ・既存的社會問題 ・社會上的鼓勵 ・親身經歷
擬出合適的研究問題	目的是在興建研究的燈塔	清晰具體的研究問題
	發展研究問題的方法	・自己的觀察 ・邏輯推理 ・統計報告 ・回顧過去的文獻
	利用好的研究問題呈現研究的顯著性	回答過去研究沒有回答或是回答不完整的問題
	量化研究問題的提問原則	What? Who? Why? Where? How?

（續）表7-2　量化研究流程與相關重點內容

量化研究的步驟	留意的重點	細部內容
理論的建構與假設的形成	理論的意義	將所要觀察的現象與行為利用圖像建構起來
	套用理論的方式	·直接套用既存完整的理論 ·建構符合自己研究需求的概念架構
	假設的意義	現象之間或行為之間被期待的關係
	假設的書寫方式	·如果……就 ·函數關係 ·連續陳述 ·差別陳述
理論概念操作化與測量	理論操作化與測量的意義	將抽象概念所代表的社會現象與行為轉換成數值的過程
	概念型定義與操作型定義	概念型定義是透過其他較不抽象的概念來描述某一個抽象概念；操作型定義是將概念型定義轉換成可以觀察與測量的層次，也就是告訴我們如何給某個概念適當的數值
	變數	·自變數是獨立影響某個變數的變數 ·依變數是受到某個變數變動影響之後才會改變的變數 ·中介變數是指會改變自變數與依變數之間關係的變數
	效度與信度	·效度指的是指標是否真的可以測量出你所想要測量的現象或行為，它與真實世界的符合程度 ·信度是指測量工具的穩定程度
	測量層次或尺度	·類別尺度 ·順序尺度 ·等距尺度 ·等比尺度

（續）表7-2　量化研究流程與相關重點內容

量化研究的步驟	留意的重點	細部內容
選擇合適的資料蒐集方法	問卷調查法	分析單位是個人時使用，利用問卷蒐集個人有關事實、意見或態度的資料
	既存統計資料分析法	分析單位可以是個人或團體，從官方或是研究機構蒐集已經存在的統計資料
統計資料分析	第八章至第十六章講解	第八章至第十六章講解
統計結果的分析與詮釋	第十七章與第十八章講解	第十七章與第十八章講解
結論：研究發現與討論	第十九章講解	摘要研究結果並討論蘊含的意義

CHAPTER

8

統計資料分析：
敘述統計(1)

　　我們知道量化研究是利用數值來表達現象或行為的特質，進而利用統計方法來探索現象與現象以及行為與行為之間的關係。所以，當我們透過問卷調查資料或是既存統計資料的蒐集來反映我們所關心的現象與行為，並編碼形成資料檔或資料矩陣之後，我們便可以開始進行統計分析了。而我們不僅觀察單一現象或行為，我們更關心現象與現象或是行為與行為之間的關係。用統計的術語來說，觀察單一現象或行為稱為單一變數分析；但是我們絕不會因此而滿足，我們更關心現象與現象以及行為與行為之間的關係，用統計術語來說，稱為雙變數分析或是多變數分析。從本章開始一直到第十六章為止，我們分別討論單一變數、雙變數以及多變數的分析。我們會在第八章與第九章先討論敘述統計，換言之，我們的討論內容暫時不牽涉到以樣本推估母群體的程序（推論統計）。瞭解了敘述統計主要的內容之後，我們再來討論推論統計（第十章之後再討論推論統計）。這一章，我們先討論敘述統計當中的單一變數分析。

 ## 第一節　單一變數分析

　　當我們蒐集到單一的社會現象或人類行為的數值資料時，最直覺的方法當然是依靠簡單的圖形或表格來呈現資料特質。但是很可惜的是，它也許並不能充分回答我們的研究問題，可能是因為我們的研究問題很複雜，或是準確度的考慮，單靠圖形或是表格無法達到我們的目的。所以必須利用統計方法來協助我們分析資料，以便回答我們的研究問題。

一、單一變數分析關心什麼？

　　任何統計分析都會從單一變數開始。還記得我們在第四章所討論的

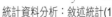
內容嗎？量化研究會直接利用「變數」來代替「概念」，而概念其實就是指涉真實世界當中的各種現象或行為。我們的好奇心通常都是從觀察真實世界的單一現象或單一行為開始，例如我們觀察到「台灣高速公路的交通擁擠狀況越來越糟」。接下來，我們總是會問：「到底有多糟？」例如我們觀察到「目前大學畢業生要找到合意的工作很困難」。接下來，我們總是會問：「到底有多難？」例如我們辦了一個公共事務研習營，來參加的人非常踴躍。接下來我們會問：都是哪些人來參加？哪些科系背景的人最多？哪些年齡層的人最多？這就是觀察單一現象。而如果我們要回答「有多糟？」、「有多難？」、「哪個年齡層參加的人數最多？」等等問題所做的統計分析，就稱為單一變數的分析。例如我們要回答「有多糟」，我們可以計算高速公路在某一段時間內的平均行車時速；回答「有多難」，我們可以計算每1,000位大學生在六個月之內找到合適工作的人數；如果要回答「哪個年齡層參加的人數最多」，我們可以計算參加人數的年齡分布次數最多的來判斷。

單一變數分析是所有統計分析最基本的部分。從統計的角度來說，當你蒐集到了一組資料之後，通常你會好奇究竟資料庫當中每一個變數的數值分布情形如何？有沒有特殊的分布情形？換言之，單一變數的統計方法可以幫助我們回答以下的問題：在我們的資料庫當中每一個變數的數值分配情形如何？數值分配的情形是否呈現獨特的型態？集中趨勢（central tendency）與分散（dispersion）的程度如何？集中或分散的型態是否夠明顯？

例如有個利用問卷調查法蒐集到100個受測樣本的學歷資料（變數為學歷），按照學歷高低區分為小學（編碼為1）、國中（編碼為2）、高中（編碼為3）、大學（編碼為4）、碩士（編碼為5）、博士（編碼為6）。如果我們從事單一變數分析，第一，我們會關心這些受測樣本學歷分布的情形如何？小學學歷占多少？國中占多少？高中占多少？依此類

推。第二，我們會關心分布的情況是否呈現高中學歷的人比例占多數？第三，如果是的話，那麼這種高中學歷比例占多數的型態是否明顯？也就是說，究竟高中學歷的人數與其他學歷的人數的差距是否夠大？如果夠大，高中學歷的人數比例占多數的這個陳述才有意義。這就是我們在從事單一變數分析時所關心的問題。

　　呈現第一與第二個問題的統計概念與方法稱之為集中趨勢（central tendency）的測量，也就是幫助我們認定最能代表這些觀察對象特質的平均數值。呈現第三個問題的統計概念與方法稱之為分散度（dispersion）的測量，也就是幫助我們確認是否我們所觀察變數的平均數值變動程度最小（也就是說，我們利用所計算出來的平均數值代表觀察對象是有意義的）；或者該變數的平均數值變動程度過大，因此我們所計算的平均數值並不足以代表整體的觀察對象。更簡單的來說，分散度的測量是為了評估集中趨勢測量的可信度。

二、隨著測量尺度不同，統計分析方法也不同

　　在使用統計分析時，我們必須考慮到變數不同的測量尺度（scale of measurement）或稱為測量層次，因為不同的測量尺度適用不同的統計方法。換言之，合適的統計方法必須視變數的測量尺度而定。請務必記住這點，這是一個相當重要的觀念。

(一)類別變數的分析（measures for nominal variables）

　　如果你所觀察的單一現象或行為是類別尺度的測量，例如以個人為分析單位的性別、黨籍、國籍、族群等等，或是以國家為分析單位的開發中國家或已開發國家，通常我們會利用次數分配（frequency distribution）來呈現類別變數的分布情形（上一段關於學歷分布就是很好的例子）。例

如以個人為分析單位的性別這個現象來說，我們關心男性占多少個數與比例，女性占多少個數與比例。而在類別測量尺度下，數值只是代表類別，因此這些數值的加減乘除運算並無意義。在這種情況下，單一變數的分析只能利用眾數（mode）來表達集中趨勢，利用變動比例（variation ratio）來測量分散度。

眾數是指大部分的研究觀察對象在某一個變數（類別變數）所呈現出來次數分配最高的數值，例如前面所舉過的例子，學歷變數屬於類別變數，如果我們發現100個受測對象當中，高中學歷共有60位，其他各種學歷的人數均低於此數目，則這個60所對應的編碼值，亦即3（高中學歷我們編碼為3），就是該變數的眾數。至於變動比例，則是將不屬於眾數的個數加總，再除以總樣本數。例如學歷這個例子的變動比例就是非屬眾數的個數40，除以100，等於0.4。這個數值越低代表分散程度越低，也就是說集中趨勢的測量可信度就越高。

(二)順序變數的分析（measures for ordinal variables）

當我們處理的資料屬於順序測量尺度（ordinal scale）時，我們從資料上所獲得的訊息會比類別變數多一些。順序尺度資料不僅可以代表類別，也顯示相對的位置（position）或是位階（ranking）。例如我們可以將工作滿足感區分為很滿意、滿意、不滿意、很不滿意四個等級，它們之間是有位階與程度上的差異。雖然如此，不過我們卻無法準確說出究竟各個位階之間的差異有多少。就滿意程度來看，「很滿意」的滿意程度大過於「滿意」，「滿意」的滿意程度大過於「不滿意」，「不滿意」的滿意程度大過於「很不滿意」；但是我們卻無法區辨究竟「很滿意」的滿意程度比「滿意」的滿意程度大多少。雖然實際研究時，我們也許會將「很滿意」編碼為4，「滿意」編碼為3，你也許會說4大於3啊，而且差距為1啊！是的，4大於3，但是彼此的差距卻不見得是1，因為這些數值是我們

為了統計分析所指定的數字，我們的確不知道真實世界當中「很滿意」的滿意程度比「滿意」的滿意程度大多少。這就是順序變數的本質。

測量順序尺度資料集中趨勢的統計方法是中數或中位數（median）的計算。所謂的中數是指當研究者將單一變數的數值分布按照數值高低加以排序時（由低至高或是由高至低均可），位在中間的那個數值就是中數。如果觀察對象的總數是單數時，例如15個，則中數落在從最低排至最高的第8位所對應的數值；如果觀察對象的總數是雙數時，例如16個，則中數落在從最低排至最高的第8位與第9位。如果第8位與第9位所對應的編碼數值相同，則此對應數值即為中數。如果第8位與第9位所對應的數值不同，則將此兩個對應數值相加除以2得到的數值即為中數（不過這個中間點的值在順序變數來說並無太大的意義，我們只是為了呈現中數的位置而已）。例如我們做15個人工作滿意度的調查，「很不滿意」（編碼為1）有2人，「不滿意」（編碼為2）有4人，「滿意」（編碼為3）有5人，「很滿意」（編碼為4）有4人，則中數落在由低至高的第8位觀察對象所對應的數值，也就是3。

至於分散程度的檢測，順序尺度資料分散度的測量通常利用五分位區間（quintile ranges）來加以計算。假設觀察對象有100個人，所謂的五分位區間是將所有觀察對象所對應的數值由小至大加以排列，然後區分為五等份。之後，研究者將排列在第81位觀察對象所對應的數值減去排列在第21位觀察對象所對應的數值。這個計算出來的數值的大小代表分散程度。如果這個值越小，代表所有觀察對象數值的分配集中於中數，則中數可以代表所有樣本獨特的分配情形；如果這個值越大，代表所有觀察對象所對應的數值分布相當分散，則原先計算出來的中數並不適合代表所有觀察對象獨特的分配情形。當然，也有人利用所謂的四分位區間分析（quartile analysis），它與五分位區間的差異只是在於區分為四等份，利用第76位樣本所對應的數值減去第26位對應的數值。同樣的，如果這個值

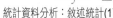
越小，代表所有樣本數值的分配集中於中數，則中數可以代表所有樣本獨特的分配情形；如果這個值越大，代表所有樣本數值的分配相當分散，則原先計算出來的中數並不適合代表所有樣本獨特的分配情形。

(三)等距以上變數的分析（measures for interval and ratio variables）

等距以上尺度資料集中程度的分析方法是計算觀察對象所對應數值的平均數（mean）。平均數的計算方法是先將各觀察樣本所對應的數值加總之後除以觀察值的個數。而計算分散度則是利用標準差（standard deviation，它是變異數的平方根）。所謂的標準差指的是每一個觀察值與平均數之間的平均距離。如果標準差越小，代表所有的觀察值集中於平均數；標準差越大，代表所有的觀察值分散於平均數。平均數、變異數與標準差的運算方法如以下公式：

平均數　$\overline{X} = \dfrac{\sum\limits_{i=1}^{n} X_i}{N}$

標準差　$S = \sqrt{\dfrac{\sum\limits_{i=1}^{n}\left(X_i - \overline{X}\right)^2}{N}}$

變異數　$S^2 = \dfrac{\sum\limits_{i=1}^{n}\left(X_i - \overline{X}\right)^2}{N}$

N：代表樣本個數

X_i：各觀察樣本

$\overline{X}$：平均數

S：標準差

S^2：變異數

這個地方必須特別說明的是：如果牽涉到推論統計時，也就是你要計算樣本資料的標準差或是變異數時，分母項是除以 $N-1$ 而不是除以 N。主要是因為從事量化研究的時候，通常我們觀察的是樣本，而非所有的母群體。既然如此，因為樣本的觀察數量總是少於母群體的數量，所以各樣本觀察值與觀察值之間的變異情形總是會稍大於母群體當中各觀察值與觀察值之間的變異情形。簡單的說，如果你要觀察母群體1萬人的薪資所得，這1萬人的薪資所得的種類一定很多，種類多就會讓每個觀察值之間的薪資所得差距較小的機會增加不少；而如果你只是觀察樣本100人薪資所得之間的差距，這100人薪資的種類少，種類少的話，每個觀察值之間的薪資所得差距較小的機會就會少一些。統計學家估計出，這中間的差異大概會是分母 N 與 $N-1$ 之間。分母是 N 的情況下所獲得的變異數或標準差的值（母群體），會小於分母是 $N-1$ 的情況下所獲得的變異數或標準差的值（樣本）。因為分母 $N-1$ 比N小，所以計算出來的數值會較大。這牽涉到所謂自由度的概念（degree of freedom）。簡單的說，利用 $N-1$ 可以產生對於母群體變異量的不偏估計值（unbiased estimator of a population variance）（Munro, 2005, p. 41）。

 ## 第二節　常態曲線與常態分配

接下來，我們來討論常態曲線與常態分配的概念。常態曲線或常態分配的觀念是我們在後續所要討論相關統計方法的重要基礎，請讀者特別留意這個部分的解說。為什麼要在這個地方討論呢？因為它牽涉到真實世界當中單一現象（變數）數值分布的特質（測量層次為等距以上變數）。讀者請先瞭解常態曲線與分配的意義，至於它有什麼用途，我會透過一些相關實例的解說，漸漸的你就會瞭解常態曲線相關的觀念究竟有什

麼用。

一、常態曲線是什麼？

人類社會自十八世紀中末期興起所謂的科學測量，特別是在天文物理方面的測量。高斯（Carl Friedrich Gauss）與其同事經常檢測天文測量的信度，他們發現，當利用某種測量工具重複測量某個你想測量的對象，將會產生許多不同的數值結果（那是因為誤差的關係）。進一步他們發現，如果不斷的測量，每次測量所得到的測量值如果用次數分配的方式來畫出圖形，將會呈現非常特殊的曲線，這個曲線就稱為常態曲線或高斯曲線。

我們舉個實例來說明常態曲線，例如**圖8-1**，假設我們要測量分別座落在兩個不同山頭上的兩座高壓電塔之間的距離（事實上我們不知道真實

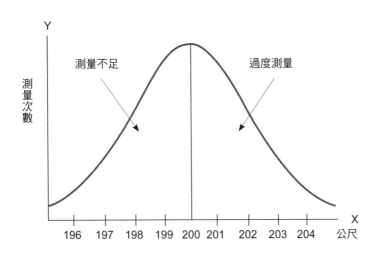

圖8-1　兩座電塔之間距離的測量：無數次測量之後各種實際測量值出現的頻率圖

資料來源：本圖形由Fielding and Gilbert, 2003, p. 140的例子修改而來。

的距離數值是多少），當我們測量無限多次的時候，將會出現各種不同的測量數值。而且這些測量數值也會重複出現，差別在於有的重複出現的次數比較多，有的重複出現的次數比較少。如果我們將重複出現的次數用垂直線段來表示，並表達在圖8-1的縱軸上面，那麼重複出現次數多的數值，線段就會比較長（在縱軸上的數值較大），重複出現次數少的數值，線段就會比較短（在縱軸上的數值較小），而因為各種測量數值都有可能出現（橫軸上的各種距離的數值），所以如果我們將代表各種數值出現次數多寡的垂直線段集合起來，就會變成如圖8-1形狀的圖形。兩座電塔之間的真實距離（數值）很有可能就是數值出現頻率最高的那一個值，也就是200公尺。從圖8-1當中我們發現，有些測量數值會「過度測量」真實的距離，也就是在200公尺的右手邊的測量數值（例如201、202、203……），但是它們重複出現的次數並沒有像200公尺那麼多，而且越往右邊，次數越少，也就是垂直線段越短；有些測量值則會「測量不足」真實的距離，也就是在200公尺的左手邊的測量數值（例如199、198、197……），但是它們重複出現的次數並沒有像200公尺那麼多，而且越往左邊，次數越少，也就是垂直線段越短。

這條曲線可以利用以下公式表達：

$$Y = \frac{1}{\sigma\sqrt{2\pi}}e^{-(x-\mu)^2/2\sigma^2}$$

$e = 2.71828$

$\pi = 3.14159$

Y 是任何一個 X 值所對應的曲線高度。因為 e 與 π 都是常數，所以 Y 的值受到 σ（所有測量值之間的標準差）與 μ（所有測量值的平均數，它極有可能與兩電塔之間真實距離的值一致）的影響（Fielding and Gilbert, 2003, pp. 139-140）。例如以兩個電塔之間的距離為例，如果我想求出距

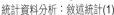
離199公尺的高度（出現頻率），我就可以將199當作是 *X* 的值，帶入該公式便可求得（當然我們必須同時知道 σ 與 μ 的數值）。

我們再找個比較貼近我們生活的例子。例如，我想測量我自己每天上班實際花的時間。我以前每天固定同一時間從家裡出發走高速公路去臺北大學民生東路校區上班，離譜的時候我曾經開了100分鐘車才到學校（下雨加上基隆關作業日），我也曾經以30分鐘直達民生東路校區（五一勞動節），但是這兩種情況都非常少。大部分的情形都是60分鐘左右。換言之，60分鐘出現的頻率最高，多於60分鐘或少於60分鐘的出現頻率都會越來越少，極端值出現的頻率最少。當然我也可以透過以上的公式估計60分鐘到達學校出現的頻率（**圖8-1**當中*Y*的高度）。

二、常態曲線的特質

真實世界當中會有各式各樣的常態曲線（因為你可能會測量各式各樣的事物，例如測量血壓、行車速度、長度等等）。每一次測量出來的數值之間標準差越大，曲線會越往左右分散，這代表你每次測量所獲得的數值之間離散程度很大；標準差越小越會往中間靠攏，這代表你每次測量所獲得的數值之間離散程度很小。常態曲線有其基本的特質（Fielding and Gilbert, 2003, p. 142）：

(一)呈現鐘形（bell-shaped）

也就是出現頻率最高的觀察值會出現在曲線的中點左右，這些數值是最有可能出現的結果。如果你並不知道真實的值是多少時，出現頻率最高的那個數值很有可能就是真實的值；而當往左右兩側移動時，這些觀察值出現的頻率將漸漸減少。

(二)左右對稱（symmetrical）

以常態曲線的中點為基準，左右兩區是對稱且面積相等。

(三)連續性（continuous）

連續性指的是當我們測量無限多次時，各種數值都有出現的機會。例如測量兩電塔之間的距離，雖然**圖8-1**我們用整數表示（只是為了圖示方便），但是199公尺與200公尺之間仍有各種數值出現的可能，例如199.12，199.85等等；而201公尺至202公尺之間也是一樣。同樣的，我上班的時間介於50～60分鐘之間的各種數值都有可能出現。進一步就圖形來說，例如兩電塔之間距離測量值是199公尺的次數分配比198公尺多，也就是說199公尺出現的機率比198公尺多，這就是機率分配的概念（distribution of probability）。如果我們想要求得測量值198～199公尺之間出現的機率，則必須將介於198～199公尺之間所有可能出現數值呈現的次數分配的垂直線段全部加起來（這就變成面積的概念），然後除以整個常態曲線所涵蓋的總面積（也就是你測量的總次數）。

(四)呈現漸近線（asymptotic）的現象

也就是說曲線的雙尾會貼近 X 軸，但是不會有交集，因為總會有極端值出現的機會，雖然它的機會很小。

(五)常態分配只是一個理論上的分配

測量次數必須無限多次時才能形成平滑的常態曲線。我們測量兩個電塔之間的距離不可能測無限多次，而我也不可能上無限多天的班。所以常態分配只是一個理論上的分配。

三、標準常態曲線

剛剛我們說過，真實世界中有許多各式各樣的現象轉成數值之後會呈現常態分配（曲線）（因為你可能會測量各式各樣的事物，例如測量血壓、行車速度、長度等等），可是有沒有辦法將各種常態分配（曲線）轉換成為一樣的基準來加以比較呢？可以，那就是所謂的標準常態分配（standard normal distribution）。標準常態分配曲線指的是將每次測量值所求出的平均值轉換為0，標準差轉換為1的曲線。數學家將各種常態曲線通通轉換成平均值為0，標準差為1的標準常態曲線之後，將此曲線所涵蓋的面積設定為「1」，利用微積分推導出在這個曲線之下，每一個間隔面積（例如平均值位置加減1個標準差的間隔）占整個常態曲線所涵蓋面積的比例是多少。**圖8-2**是標準常態分配與一般常態分配的比較圖形。

在標準常態分配曲線下，數學家將平均值與各個不同標準差之間的面積大小轉換成為標準常態分配表。因為平均值已經轉換成0，標準差已經轉換成1，所以標準常態曲線所涵蓋的區域就不再以 $\mu+1\sigma$ 或 $\mu+2\sigma$ 表示，而是直接轉換成以 $\mu+1$或 $\mu+2$表示，而μ又等於0，所以就以1與2來代表，1與2就稱為 Z 分數，又稱為標準分數，例如**圖8-2**右端所示。我們在第三節會說明如何將原始一般常態分配的觀察值轉化成Z分數。透過

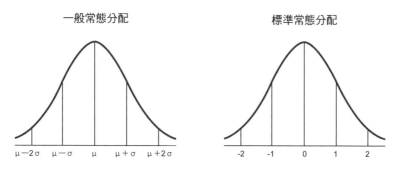

圖8-2　一般常態分配曲線與標準常態分配曲線圖形的比較

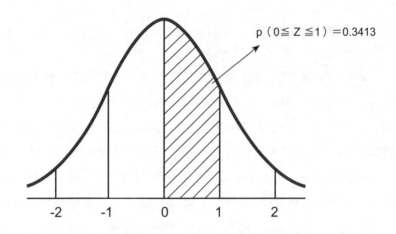

**圖8-3　標準常態分配下，平均值至右邊一個標準差的實際面積占常
態曲線總面積的百分比（機率）**

查閱標準常態分配表（請查閱本書附錄表一），我們可以查出 Z 的值在
多少的情況下，所占的面積有多大。例如**圖8-3**當中 $Z=1$，代表 $Z=0$ 到
$Z=1$ 之間的面積為0.3413；或者表達成為：$p\ (0\leq Z\leq 1)=0.3413$（$p$代表
數值出現機率）；或是說在無限多次的測量當中，有34.13%的實際測量
值會落在這個區域之間。

　　因為標準常態曲線是左右對稱的，所以有50%的觀察值會落在平均值
0以下（0的左邊），有50%的觀察值會落在平均值0以上（0的右邊）。所
以就**圖8-3**的例子來說，Z 分數小於1的面積占總面積的84.13%（因為50%
＋34.13%＝84.13%），也就是說，有15.87%的面積涵蓋 $Z>1$ 的測量值。
依照相同的邏輯，我們可以類推如**表8-1**。在實際從事統計分析時，我們
習慣用以下的表達方式：當我們測量某一事物無限多次時，有90%的測量
值會落在約 $Z=\pm 1.645$的區間；95%的觀察值會落在 $Z=\pm 1.96$的區間；
而99%的觀察值會落在 $Z=\pm 2.576$的區間。

表8-1　各種Z分數區間面積占總面積的比例

平均值與Z分數區間	數值出現機率（面積）
p（$0 \leqq Z \leqq 1$）	0.3413
p（$-1 \leqq Z \leqq 0$）	0.3413
p（$-1 \leqq Z \leqq 1$）	0.6826
p（$0 \leqq Z \leqq 2$）	0.4772
p（$-2 \leqq Z \leqq 0$）	0.4772
p（$-2 \leqq Z \leqq 2$）	0.9540
p（$0 \leqq Z \leqq 2.5$）	0.4938
p（$-2.5 \leqq Z \leqq 0$）	0.4938
p（$-2.5 \leqq Z \leqq 2.5$）	0.9900
p（$0 \leqq Z \leqq \infty$）	0.500
p（$-\infty \leqq Z \leqq 0$）	0.500

 ## 第三節　標準分數或Z分數

一、什麼是標準分數或Z分數？

　　我們接續上一節的討論內容，進一步說明標準分數的意義與功能。什麼是標準分數呢？標準分數就是當我們將原始測量值所形成的常態分配轉換成標準常態分配時（平均值為0，標準差為1的常態分配），每個原始測量值經過轉換之後，在這個標準常態分配曲線下的相對位置。這個相對位置是以標準差來表示，這些經過轉化成為以標準差為單位的數值就稱為標準分數或稱為 Z 分數。從此之後，大家再也不用原始的測量單位所測出來的數值來比較大小，而是以原始數值轉換成的標準差（Z 分數）來相互比較大小或是相對位置（大家都用標準分數 Z 來說話）。

　　我舉個例子來說明，讓讀者更容易瞭解標準化的目的與意義。例如

我的寶貝兒子從小就非常喜歡民航飛機模型，家裡幾乎近百架的飛機模型平均單價都差不多1,000元。小孩不見得對金錢的數量有概念（他現在已經大三了！），有一天他問我，20萬元究竟是有多少錢？我告訴他，20萬元是很多錢。他無法意會。可是當我告訴他，差不多是兩百架飛機模型的價錢時，他立刻心領神會。於是他就會開始比較，他的學費價值多少架飛機模型？去一趟日本泡溫泉加懷石料理的費用價值多少架飛機模型？買一雙新球鞋價值多少架飛機模型？到7-ELEVEN買個御飯團價值多少架飛機模型？請注意看看，我兒子將所有不同事物的金錢價值全部「標準化」成為飛機模型的價格，所有事物的金錢價值全部都用每一架飛機單價的倍數來加以比較，簡單省事。這就是標準化分數的基本概念。

因為標準常態分配的標準差是1，因此無限多次的原始測量值當中的某個測量值經過轉換之後，可能落在標準常態分配圖當中距離平均值0有1.8個標準差的位置（距離平均值0的右手邊1.8個標準差的位置），標準分數就是1.8；又例如某實際的觀察值轉換出來的標準分數是-2.1，也就是距離平均值0的左手邊2.1個標準差的位置。如果我將大學入學基本學測的分數轉換成標準常態分配，如果 Z 分數越高，代表這個測量數值（學測分數）是所有測量數值當中名列前茅的測量數值，因為它會落在這個標準常態分配曲線右邊的尾巴，所以考那麼高分數的人出現頻率也會相對較少；Z 分數低（負數），代表這個測量數值是所有測量數值當中敬陪末座的數值，也就是靠近常態分配的左邊尾巴。如果你要到美國留學，考托福或是GRE，成績單不僅會呈現你所考的分數，也會呈現你的 Z 分數，讓你知道你在所有報考人成績當中的相對位置。讀者可以參照**圖8-1**測量兩座電塔之間距離的例子來思考。

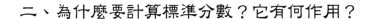

二、為什麼要計算標準分數？它有何作用？

Z 分數究竟有何作用？首先，我們可以利用 Z 分數來比較同一群團體在不同等距以上變數的差異，例如我們有一組100人觀察對象的統計資料庫，其中有各觀察對象的「薪資所得」與「教育程度」兩個變數。這兩個不同的變數會有不同的平均值與標準差，因為薪資所得與教育程度是不同的測量單位（所得水準是每月所賺的新台幣，教育程度是受教育的年數），而如果我們分別將它們轉換成 Z 分數之後（薪資所得與教育程度個別轉換成個別的標準常態分配），不論這兩個變數原始的平均值或標準差是多少，大家都會個別被轉換到個別變數相同的基準點上面來做比較，也就是大家將會以「標準分數」來比較彼此的差異，而不再是以原始的數值來比較。例如在這100當中的某個人的薪資所得落在1.1標準差位置（Z 分數＝1.1），而他的教育程度是落在1.2標準差的位置（Z 分數＝1.2），我們就可以容易地發現他的教育程度與薪資所得是呈現正向關係。但是我們如果用原始測量單位，例如這個人薪資所得是每月四萬元，教育程度十六年，相對來說，我們就比較難以判斷這個人在薪資與教育程度之間的關聯。

其次，我們也可以利用 Z 分數來比較不同團體在相同變數上的差異，特別是這個變數的測量標準不同的話。例如，我想比較 A、B 兩班大一同學研究方法的成績，假設這兩班學生的素質差不多，但是這兩班分別由不同的老師任教，從成績的絕對數值，我很難比較 A 班學期成績80分的某位同學與 B 班某位65分同學在程度上的差異，因為有的老師成績打得鬆，有的老師成績打得嚴。如果我分別將這兩班同學的分數全部轉換成為標準分數（A、B 兩班個別轉換），那麼我就可以看出這兩位同學實際的程度（可以計算出兩位同學在個別班上成績分布的位階，也就是利用標準分數來判斷這兩位同學所落在的位置來加以比較）。例如 A 班學期成

續80分的某位同學與 B 班某位65分同學在研究方法的程度上並沒有明顯差異，因為他們在個別班上的標準分數都是1.7左右。

三、如何計算標準分數？

瞭解標準化常態分配的特質與重要性之後，我們就會思考，如果將一般常態曲線標準化，那麼我們除了可以計算各種不同觀察值出現的機率（所占的面積）之外，同時，標準化常態分配也可以讓我們比較不同平均數的變數、不同標準差的變數，以及用不同原始計算單位測量所表達的數字。更白話的說，標準化的常態分配就是將所想要觀察的變數數值轉換成 Z 值，大家通通都用Z值來表達該觀察值在所有觀察值當中的相對位置以及可能出現的機率（面積大小）。

接下來的問題是：我們究竟要如何轉換成為標準常態分配呢？原始的觀察值如何轉換成 Z 分數呢？我們利用以下公式：

$$Z_i = \frac{X_i - \overline{X}}{S}$$

Z_i：該變數任何一個原始觀察值轉化成的 Z 分數

X_i：變數中任何一個觀察值

$\overline{X}$：該變數的平均值

S：該變數的標準差

我們舉例說明如何求得 Z 分數以及 Z 分數的應用。例如今天是我2015年上班的最後一天，我開車花了56分鐘到學校，回顧過去這一年我上班開車時間平均約52分鐘，標準差(S)＝4分鐘，所以我今天開車上班的時間換算成標準常態分配之後的 Z 分數＝(56－52)／4＝1。Z＝1代表我今天上班開車所花的時間在2015年當中的位置是高於平均數約34%的位置（查

表得知）。也就是說，我今天上班花的時間比一般時間花的時間多，同時它也代表如果我過去總共上班100天，這其中有84天左右所花的時間都比今天少，有16天左右比今天花的時間多。

CHAPTER

9

統計資料分析：
敘述統計(2)

社會科學的量化研究並不會以觀察單一現象為滿足，我們更關心現象與現象之間的關係，或是行為與行為之間的關係。因此，我們會關心兩個現象或是行為之間的關聯，我們更可能關心多個現象或是行為之間的關聯。我們先在本章討論雙變數之間的關係。

我們在上一章單一變數分析當中談過，統計方法的選擇會隨著你想觀察的現象或行為的測量尺度不同而異。雙變數之間關聯的分析也是一樣。本章依次將討論當兩個變數都是類別尺度時、當兩個變數都是順序尺度時、當兩個變數都是等距以上尺度時，變數與變數之間的關聯性如何求得？至於一個變數是類別尺度，而另一個變數是等距以上變數時的關聯度分析，因為牽涉到統計上的假設檢定，所以我們將在推論統計部分再來討論。

🔧 第一節 類別變數與類別變數以及順序變數與順序變數的關聯分析

當我們發現某一種有趣的社會現象或是行為時，並且利用統計方法呈現這個單一現象的特質之後，通常好奇心的驅使會讓我們進一步思索與分析到底這種現象或行為會跟哪一種現象或行為產生關聯？例如我在撰寫這一段文字時，大約是在2006年年底，也正逢台北富邦銀行大樂透最後一期開獎，頭彩金額20億元。開獎前許多媒體報導，根據過去中頭彩的獲獎人特質所做的統計分析，發現中獎人大多是開獎當天買的彩券，巨蟹座、金牛座與魔羯座中獎機率高等等。我們姑且不論這個分析的準確度，可是你有沒有發現，「中獎」這個現象已經被連結到另一種現象了，亦即「何時購買」或「中獎人的星座」，這就是所謂的雙變數分析。當你好奇中獎與否（類別變數）與「星座」（類別變數）之間的關係時，你就可以利用類別變數與類別變數之間關聯分析的統計方法來加以處

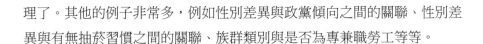
理了。其他的例子非常多，例如性別差異與政黨傾向之間的關聯、性別差異與有無抽菸習慣之間的關聯、族群類別與是否為專兼職勞工等等。

一、兩個二分類別變數之間的關聯

當兩個類別變數都是區分為兩類時，我們稱這種類別變數為二分類別變數（dichotomous categorical variable）。兩個二分類別變數之間關係的探索通常使用phi（ϕ），發音與pie相同。ϕ 的運算原理主要是觀察兩個二分類別變數交叉的「實際次數分布」與「預期它們之間無關聯的次數分布」之間的差異情形，藉以判斷這兩個類別變數之間的關聯度。如果「實際次數分布」與「預期它們之間無關聯的次數分布」差異非常大，我們是不是就可以說這兩個變數之間的確有關聯了呢？我們舉個大樂透的例子直接加以說明。

例如我在台北富邦銀行最後一期大樂透開獎之後，從買大樂透人口當中隨機抽取3,000人。我的研究問題是：開獎「當天買彩券」的人是不是比「非當天買彩券」的人更容易中獎（只要中4個或4個號碼以上的，均屬於中獎族）。我的分析單位是買大樂透的個人，實際調查的結果呈現如**表9-1**。這個表告訴我們，總樣本數3,000人，中獎人數2,240人（一定有讀者會說，怎麼可能？中獎人數那麼多！請見諒，這只是舉例，請無須太嚴肅），沒中獎人數760人，開獎當天買的人數1,601人，非開獎當天買的人數1,399人，當天買而且中獎的有1,463人，當天買但是沒中獎的人有138

表9-1　「是否當天買」與「是否中獎」人數的實際分布表

中獎情況	當天買	非當天買	總人數
中　獎	1,463	777	2,240
沒中獎	138	622	760
總人數	1,601	1,399	3,000

人，非當天買但是中獎的有777人，非當天買且沒中獎的有622人。

我們知道 ϕ 是要比較兩個二分類別變數交叉的「實際次數分布」與「預期它們之間無關聯的次數分布」之間的差異情形。而我們已經從**表9-1**當中知道了兩個類別變數實際交叉分布的次數，現在我們需要的是建構一個「預期它們之間無關聯的次數分布」的表格，然後再來比對**表9-1**實際的分布表。

如果我們說「是否開獎當天買彩券」與「有沒有中獎」兩者的分布無關聯的話，我們是不是會期待「當天買彩券中獎的人數占當天買彩券的總人數百分比」會等於「非當天買彩券中獎的人數占非當天買彩券總人數的百分比」。因為一旦這兩者沒有差異，是不是當天買彩券對於中獎與否就不是那麼重要了。好，我們現在就可以依照這個原則來建構這個「預期它們之間無關聯的次數分布」的表格。我們知道總中獎人數是2,240，占所有樣本的74.65%（也就是2,240 / 3,000）。如果當天買與非當天買的人當中，通通都是74.65%的人中獎，那麼我們是不是就可以說「是否當天買」與「是否中獎」無關聯。我們就用74.65%這個百分比來建構「預期它們之間無關聯的次數分布」的表格：

當天買而中獎的人數＝當天買的人數×74.65%

＝1,601×74.65%＝1,195

非當天買而中獎的人數＝非當天買的人數×74.65%

＝1,399×74.65%＝1,045

得出這兩個數值之後，我們就可以進一步算出「當天買沒中獎」與「非當天買沒中獎」的人數，因為我們已經知道「當天買」與「非當天買」個別的總人數，直接減去中獎人數即可得出，分別是406人與354人。所以期待兩者無關聯的分布情形應該如**表9-2**。

而 ϕ 的值，就是計算「實際觀察的次數分布」與「預期兩者無關聯

表9-2　預期「是否當天買」與「是否中獎」人數無差異的分布表

中獎情況	當天買	非當天買	總人數
中　獎	1,195	1,045	2,240
沒中獎	406	354	760
總人數	1,601	1,399	3,000

的次數分布」之間的差異程度，我們會利用以下公式計算：

$$\phi = \sqrt{\frac{\sum \frac{(實際次數 - 預期無關聯次數)^2}{預期無關聯次數}}{N}}$$

$$\phi = \sqrt{\frac{\frac{(1,463-1,195)^2}{1,195} + \frac{(777-1,045)^2}{1,045} + \frac{(138-406)^2}{406} + \frac{(622-354)^2}{354}}{3,000}}$$

$$= \sqrt{\frac{509}{3,000}} = \sqrt{0.17} = 0.41$$

ϕ 的值介於0～1之間，ϕ 的值越大，代表每個格子實際觀察的次數與預期彼此之間無差異的次數差別很大，這就代表「有差異」，就這個例子來說，就是指中不中獎的確會隨著是不是當天買彩券而有所差異。經過運算，$\phi = 0.41$可解釋為：開獎當天買彩券中獎的比例比較高，「是否當天買」與「是否中獎」之間呈中度相關。當然，即使 $\phi = 0.41$呈現中度相關，但是實際的次數分布情況也可能呈現非開獎當天買彩券中獎的比例比較高。所以當計算出 ϕ 之後，仍然必須根據實際次數交叉表格的情形來加以合理解釋。

二、超過2×2格數的類別變數相關：Cramer's V

當類別變數與類別變數的交叉表格超出2×2時，也就是兩個類別變數其中至少一個變數的類別是兩個以上。這個時候，我們可利用Cramer's V來代表兩者之間的關聯度，作法與ϕ一樣，但是公式就不除以總數N，而是除以$N \times (r-1) \times (c-1)$。$N$是總樣本數，$r$是橫行數，$c$是縱列數。例如：某次調查研究想要瞭解某一個國營事業機構員工對於該事業機構民營化的贊成或反對意見，各年齡層與意見之間究竟有無關聯（贊成或反對意見的強度是順序變數，年齡層屬於等距以上變數，因為高階的測量尺度可以低走，也就是我們可以將這兩種測量尺度定義成為類別尺度的變數，參閱第四章第五節）？如**表9-3**。

表9-3　各年齡層員工對於該國營事業機構民營化的實際意見差異表

	18-24	25-34	35-44	45-54	55-59	60-64	全部
強烈贊成	7	7	7	6	2	4	5.5
贊成	46	34	25	18	16	28	27.8
無意見	13	15	12	3	15	16	12.4
反對	27	25	36	43	25	28	30.7
強烈反對	7	19	20	30	42	24	23.6
百分比	100%	100%	100%	100%	100%	100%	100%
總數	(163)	(275)	(310)	(237)	(78)	(85)	(1,148)

表面上來看，全部的樣本當中33.3%贊成（贊成加上強烈贊成），54.3%反對（反對加上強烈反對）。但是我們仔細看看年齡層之間的意見其實是有差異的，25歲以下的人口中，有53%贊成；而在45-54歲以及55-59歲這兩層分別只有24%與18%贊成。這可能是因為這兩個年齡層員工已經過了他們事業生涯的一半，機構一旦民營化，他們進退維谷，距離退休年齡還有一段時間，立即離開該工作又會面臨中年失業的問題，因此這

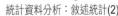

兩個年齡層的員工贊成的比例最低，而反對的比例也最高。因此大致上來看，我們認為年齡層與意見之間可能有所關聯，也就是說隨著受訪者年齡層的不同，他們的意見可能會有差異。而交叉類別的格數是6×5，並不適合用ϕ來運算，只適合用Cramer's V來估算兩者之間的關聯度。

Cramer's V的值與ϕ一樣也介於0～1之間，數值越大代表每一個格子「實際觀察的次數」與「預期彼此之間無差異的次數」差距很大，代表這兩個類別變數有相當程度的關聯，就此例來說，即國營事業員工贊成民營化的意見與年齡層有關。

三、以誤差減少比例途徑計算：λ（Lambda）

Lambda是利用誤差減少比例途徑（proportional reduction in error measures）來計算兩個類別變數彼此之間的關聯。所謂誤差減少比例是指，當我們引進第二個類別變數來預測第一個類別變數時，誤差發生的比例是否比不引進時來得少？如果是，則第二個類別變數對於預測第一個變數有所貢獻，也就是說，第二個類別變數與第一個類別變數之間的確有關聯。以下我們直接用例子加以說明（石計生、羅清俊等，2003：220）。

如**表9-4**，我們找到100個人，希望能夠找出他們個別的政黨認同。如果真實的情況是：認同民進黨50人，認同國民黨30人，認同親民黨20人，而我們事先並不知道這樣的政黨認同分配情形。如果我們純粹用瞎猜

表9-4　父親政黨認同與下一代政黨認同的次數分配情形

父親的政黨認同	受測者的政黨認同			
	民進黨	國民黨	親民黨	總數
民進黨	45	5	10	60
國民黨	2	23	5	30
親民黨	3	2	5	10
總數	50	30	20	100

的方式，經驗告訴我，我可能會猜全部的人是民進黨，或是猜全部的人是國民黨，或是猜全部的人是親民黨，這樣誤差說不定會少一些。還記得你過去曾經參加的考試，如果全部都是選擇題，每一題選擇題有ABCDE總共五個答案，如果你根本沒準備這次考試而打算用猜的，最保險的猜法是全部都猜A或全部都猜B，依此類推，這樣說不定還可以拿到最起碼的分數。好，我們就用這種方法來猜。如果我們全部瞎猜這100人全部都是民進黨時，我們會犯錯50次，因為認同國民黨與親民黨共有50個人；如果我們全部都猜他們是國民黨時，我們會犯錯70次，因為認同民進黨與親民黨共有70個人；而如果我們全部都猜他們是親民黨時，我們會犯錯80次，因為認同民進黨與國民黨共有80個人。在這樣的情況下我們會發現，當我們利用瞎猜的方式在這100個人當中判斷他們的政黨認同時，最準確的情況不過是50%的準確度（最高的是猜測民進黨的政黨認同，100人當中猜對了50人）。

因此我們開始思考，是否能夠另外找到一個變數，而這個變數能夠協助我們改進之前對於這100個人政黨認同的預測（瞎猜）準確度。假設我們找到了父親的政黨認同這個變數，因為很多文獻告訴我們，父親的政黨認同會影響下一代的政黨認同。所以在還沒預測這100個人的政黨認同之前，我們先一一詢問每個人父親的政黨認同。這些父親們的政黨認同分布是：民進黨60人，國民黨30人，親民黨10人。我們來試試看，當我們有了這些訊息之後，對於預測原先這100人的政黨認同是否會比純粹瞎猜要準確一些。例如我詢問第一位樣本，他的父親認同哪一個黨？如果他父親認同的是民進黨，那麼我就猜第一位樣本認同民進黨；接下來我詢問第二位樣本，他的父親認同哪一個黨？如果他父親認同的是國民黨，那麼我就猜第二位樣本認同國民黨。**表9-4**列出這些人的政黨認同與他們父親的政黨認同之交叉次數分配的情形。

現在我們依序來看。我們利用政黨認同是民進黨的60位父親來預測

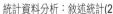

孩子的政黨認同，我們發現孩子也是民進黨的正確次數為45，錯誤的次數
為15（孩子是國民黨的有5位，孩子是親民黨的有10位）；我們利用政黨
認同是國民黨的30位父親來預測孩子的政黨認同，我們發現孩子也是國民
黨的正確次數為23，錯誤的次數為7（孩子是民進黨的有2位，孩子是親民
黨的有5位）；我們利用政黨認同是親民黨的10位父親來預測孩子的政黨
認同，我們發現孩子也是親民黨的正確次數為5，錯誤的次數為5（孩子是
民進黨的有3位，孩子是國民黨的有2位）。綜合來看，利用父親的政黨認
同來猜測孩子的政黨認同，正確的次數為73次（亦即45＋23＋5），錯誤
為27次（亦即15＋7＋5）。雖然錯誤的次數為27，但是總比完全瞎猜的準
確度改善許多，因為利用瞎猜的方式最好的情況也不過猜對50次（也就是
錯誤50次）。這個改善的程度就是λ值，也就是父親政黨認同與下一代政
黨認同之間的相關係數。這個相關係數的求法就是以父親政黨認同來預測
下一代的政黨認同所減少的錯誤次數（50次減去27次等於23次），除以原
先以瞎猜方式所犯的最少錯誤次數（也就是50次）。因此λ值為0.46（也
就是23除以50所得出的值）。λ值是介於0與1之間，越趨近於1，代表兩
個類別變數之間的相關程度越高。

　　以上是計算類別變數與類別變數之間關聯性的統計方法，當然還有
其他的方法我們並沒有在此講解，例如Goodman and Kruskal's Tau。有興
趣的讀者可以參考相關的書籍（Nachmias and Nachmias, 1981, p. 338）。

四、順序與順序變數之間的關聯分析：γ（Gamma）

　　順序變數與順序變數之間的關聯也可以利用誤差減少比例途徑
（proportional reduction in error measure）的方式來估算，也就是我們在這
裡所要討論的γ（Gamma）。同樣的，我們利用**表9-3**國營事業員工年齡
層與對於國營事業機構推動民營化意見的例子來說明，贊成程度是順序

變數,另外我們將等距以上變數的年齡層降階至順序變數(我們在**表9-3**
是將這兩個變數全部降階成為類別變數)。γ 是利用配對的觀念,我們在
所有受測樣本1,148人當中,任意找出2人,例如阿花與阿美,我們分別比
對她們的年齡層與意見強度。假使阿花年齡比阿美大,而且阿花贊成的
態度強過於阿美,則這個配對(pair)稱之為一致性配對(concordant);
或是阿花年齡比阿美小,而且阿花贊成的態度比阿美弱,則這個配對也
稱之為一致性配對。而如果阿花年齡比阿美大,但是阿花贊成的態度比阿
美弱,或是阿花年齡比阿美小,但是阿花贊成的態度比阿美強,則這個配
對稱之為不一致性配對(discordant)。接下來我們再找出阿花與阿土互
相比對,再來又找到阿花與阿部寬(日本演員)相互比較。等阿花與其他
所有人配對比較之後,接下來就是阿美與所有其他人的配對比較。接下來
就是阿部寬與其他所有人的配對比較,依此類推。我們在此介紹的 γ 值的
算法是排除所謂的「平手的配對」(tie pair),這包括年紀層相同而贊成
程度相同、年紀層相同但是贊成程度不同、年紀層不同但是贊成程度相
同。也就是說,我們只計算一致性配對與不一致性配對的次數。

簡言之:

年紀↑　贊成↑ 屬於一致性配對

年紀↓　贊成↓ 屬於一致性配對

年紀↑　贊成↓ 屬於不一致性配對

年紀↓　贊成↑ 屬於不一致性配對

$$\gamma = \frac{(\text{concordant} - \text{discordant})\,\text{pairs}}{(\text{concordant} + \text{discordant})\,\text{pairs}}$$

γ 值可以是正數(當一致性配對多過於不一致性配對),代表這兩
個變數之間呈現正相關,也就是年齡層越高,贊成程度越高;它也可以是
負數(當一致性配對少過於不一致性配對),代表年齡層越高,反對程度

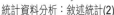
越高。γ 值介於＋1與－1之間，趨近於1屬於高度正相關，趨近於－1則屬於高度負相關。

　　γ 是計算順序變數與順序變數之間關聯性的統計方法，當然還有其他的方法我們並沒有在此講解，例如Kendall's Tau-b與Tau-c。同樣的，有興趣的讀者可以參考相關的書籍（Nachmias and Nachmias, 1981, pp. 347-348）。

　　以上所討論的Cramer's V、ϕ、Lambda以及Gamma，全部可以透過統計軟體SPSS直接做列聯表（crosstabs）計算這些關聯數值。附帶提及，我們在以上各種方法的運算前，已經將原始資料檔的資料轉換成完整的交叉表格，如之前討論 ϕ 呈現的**表9-1**。原始的資料檔呈現的應該是各個觀察樣本在類別或是順序變數最原始的編碼，例如**表9-5**。我為什麼要在這裡談這些呢？因為根據我過去的教學經驗，當我提供完整的交叉表格要求學生運算Cramer's V、ϕ 或Lambda時，大部分的同學都知道如何運算；可是我一旦轉個彎，不提供完整的交叉表格，而只呈現如**表9-5**的原始資料檔時，出乎我意料之外的是：會先從這個原始資料檔轉換成完整交叉表格之

表9-5　「是否中獎」與「是否開獎當天買彩券」雙類別變數的原始資料檔

樣本	是否中獎	是否當天買
0001	1	1
0002	0	1
0003	1	1
0004	0	0
0005	0	0
------	1	1
------	0	1
------	1	0
2999	0	0
3000	1	1

「是否中獎」以及「是否當天買」這兩個變數的編碼方式：「1」代表是，「0」代表不是。

後再運算的同學竟然寥寥可數！當然，統計軟體會很方便的將這些原始資料轉換成完整的交叉表格，但是讀者也應該要知道這中間的轉換過程。

第二節　等距以上與等距以上變數之間雙變數關係：相關與簡單迴歸分析

當我們所觀察的社會現象或人類行為是等距以上尺度所測量的變數，通常我們會以皮爾遜相關係數（Pearson product-moment correlation coefficient）來表示這兩個等距以上變數之間的關聯度。而理論上如果我們想要進一步設定兩個等距以上變數的因果關係時，我們會以簡單迴歸分析法（simple regression analysis）來觀察兩者之間的關係（簡單迴歸指的是一個自變數，一個依變數，如果自變數是兩個或兩個以上，則稱為多元迴歸或是複迴歸分析，這個部分我們留在推論統計的部分再來討論）。

一、皮爾遜相關係數的實例說明

假設我們在烏來隨機抽出十家溫泉飯店，並取得這十家溫泉飯店每個月的獲利率如**表9-6**。

就單一等距以上變數分析來說，我們會關心它的集中趨勢與分散程度，所以我們會計算這個變數的平均數與標準差：

$$平均數\ \overline{X} = 0.09\ （也就是9\%）$$
$$標準差\ S = 0.062$$

接下來我們關切可能會影響這些飯店獲利率的因素，因此我們引進第二個等距以上變數如**表9-7**：這些飯店平均每個月花了多少錢在做廣告

表9-6　十家烏來溫泉飯店每個月平均獲利率

飯店1	11%
飯店2	7%
飯店3	15%
飯店4	2%
飯店5	8%
飯店6	13%
飯店7	1%
飯店8	3%
飯店9	9%
飯店10	21%
平均值	9%

表9-7　十家烏來溫泉飯店平均每個月在廣告上的花費

（單位：萬元）

溫泉飯店	平均每月廣告花費
1	25
2	12
3	18
4	8
5	11
6	16
7	3
8	4
9	9
10	22
平均值	12.8

（單位是萬元）？我們的研究問題是：究竟這兩個等距變數之間有無關聯？

　　我們想要看看這兩個變數之間的關聯，最直接而且最簡單的方法是將獲利率與廣告花費，分別以圖形表示每家溫泉飯店在這兩個變數平均值上下的變動情形，再來觀察這兩個變數之間是否存在特殊的型態？十家飯

店獲利率的平均值是9%，十家飯店廣告費用的平均值是12.8萬元，如**圖 9-1**所示。

圖9-1當中各變數觀察值與平均值之間的差異稱之為離差（deviation），或誤差（error）。我們先來假設第一種極端的狀況，如果溫泉飯店的廣告花費與獲利率呈現近乎完美的「正相關」，那麼每一家飯店在這兩個變數的離差都會落在平均值的上方，或是每一家飯店在這兩個變數的離差都會落在平均值的下方。如果是這種情況，那麼如果我們將每個飯店在這兩個變數的離差相乘，然後加起來的話，它的數值就會是正數。因為每一家飯店如果在這兩個變數的離差都落在平均值的上方，則離差相乘就會是正數，因為正正得正；而每一家飯店如果在這兩個變數的離差都落在平均值的下方，則離差相乘也會是正數，因為負負得正；所以將這十家飯店的離差乘積相加就會是正數。而且正數的數值越大，正向關聯度就會越強。

我們再來假設第二種極端的狀況，如果溫泉飯店的廣告花費與獲利率呈現近乎完美的負相關，那麼當某一家飯店在廣告花費的離差落在平均值的上方，獲利率的離差就會落在平均值的下方；或是當某一家飯店在廣告花費的離差落在平均值的下方，獲利率的離差就會落在平均值的上方。如果是這種情況，當我們將每一個飯店在這兩個變數的離差相乘，然後加起來的話，它的數值就會是負數。因為每一家飯店在這兩個變數的離差乘積都會是負的，全部都是負的數值加起來就會是負數。而且當負數的絕對值越大時，負向關聯度就會越強。

而實際上，真實世界會發生的狀況通常都會是介於上述兩種極端狀況之間。有些飯店在這兩個變數離差的乘積是正，有些飯店有則是負的，加總起來之後可能是正數，也可能是負數。如果加總起來是正數，就代表溫泉飯店在這個變數之間的關係是正相關；如果加總起來是負數，就代表溫泉飯店在這兩個變數之間的關係是負相關。如果加總起來之後可能

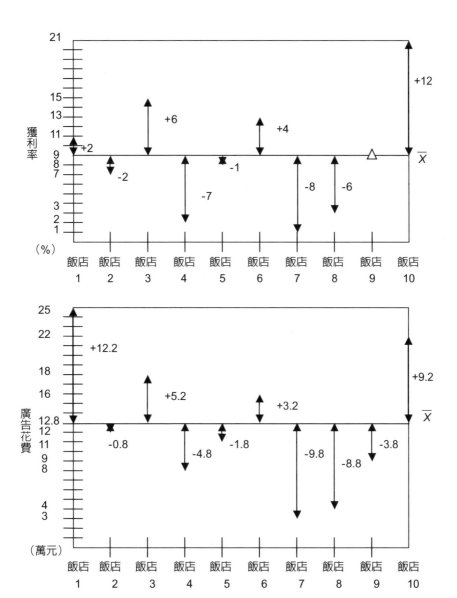

圖9-1 每家溫泉飯店在獲利率以及廣告花費相對於平均值的變動情形

抵銷至0或接近0，則溫泉飯店在這兩個變數之間的關係屬於無相關或是非常低度的正（或負）相關。

　　上面所說的離差乘積和的平均值稱之為共變數。共變數的公式如下：

$$Cov_{xy} = \frac{\sum (X_i - \overline{X})(Y_i - \overline{Y})}{N}$$

Cov_{XY}：X 與 Y 的共變數

X_i：第 i 個樣本的 X 值

$\overline{X}$：X 變數的平均值

Y_i：第 i 個樣本的 Y 值

$\overline{Y}$：Y 變數的平均值

N：樣本數

　　但是共變數有缺點，如果變數的測量單位增加10倍，共變數就會增加10倍，但是關係卻仍是一樣的（你自己可以試試看，如果將廣告花費的單位改成千元而不是萬元，你會發現共變數的數值增加許多，但是這兩個變數之間的關係並沒有改變喔）。為了解決這個問題，我們應該將共變數加以標準化。標準化的共變數，就是我們常用的皮爾遜相關係數，它所代表的意義是兩個變數之間的變動關係以標準差的方式呈現，而不用原始測量的絕對數值。換言之，皮爾遜相關係數指的是：當第一個變數變動一個標準差時，另一個變數變動多少個標準差？換算公式如下：

$$r = \frac{Cov_{XY}}{S_X S_Y} = \frac{\sum (X_i - \overline{X})(Y_i - \overline{Y})}{N} \times \frac{1}{S_X S_Y} = \frac{\sum (X_i - \overline{X})(Y_i - \overline{Y})}{N \cdot S_X \cdot S_Y}$$

S_X：代表 X 變數的標準差

S_Y：代表 Y 變數的標準差

r 的值介於 $+1$ 與 -1 之間。正值代表正相關，數值越大，代表正相關程度越大；負值代表負相關，負值越小（絕對值越大），代表負相關程度越高；數值趨近於 0，代表兩者之間關聯度很低。

延續上例，經過公式運算：

$$Cov_{XY} = 0.347$$

$$S_X（廣告花費的標準差）= 7.34$$

$$S_Y（獲利率的標準差）= 0.062$$

故 $r = \dfrac{0.347}{7.34 \times 0.062} = 0.763$，這是高度的正相關（因為趨近於 $+1$），代表飯店廣告花費越多，獲利率越高。

二、簡單迴歸分析

(一)定義

皮爾遜相關係數並未呈現變數之間的因果關係，理論上來說，如果要追究因果關係則可以進一步使用迴歸分析（regression analysis）。如果在迴歸分析當中放入一個自變數稱之為簡單迴歸分析，兩個或兩個以上自變數稱之為多元迴歸分析。我們在這個部分只介紹簡單迴歸分析，並且只討論敘述統計的部分。而簡單迴歸的推論統計、多元迴歸分析，以及多元迴歸分析的推論統計，我們留待第十四章再來討論。

(二)步驟

首先,我們必須檢視平面座標軸上自變數與依變數之間的關係。通常我們以橫軸(X軸)代表自變數,以縱軸(Y軸)代表依變數。每個觀察樣本在自變數都有一個值(x_i),同樣的,它也有一個相對應的依變數數值(y_i)。每個觀察樣本都可以在座標上形成一個點(x_i,y_i),所有樣本在座標平面上呈現出來的點可以幫助我們觀察這兩個變數之間的關係。基於前述的例子,溫泉飯店廣告費用越高(自變數),是否飯店的獲利率就越高呢(依變數)?在十家飯店的樣本當中,我們都有每家飯店廣告費用與獲利率的訊息。因此在平面座標軸上面,我們就可以點出10個點,每個點代表每個樣本在這兩個變數之間的關係,如圖9-2所示。從這10個點我們會發現自變數與依變數的關係似乎呈現線性關係,而且也是正向的關係,也就是說,當自變數 X 的值增加時,依變數 Y 的值也跟著增加。

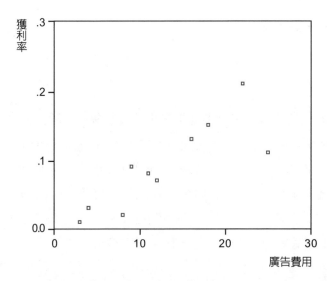

圖9-2 十家溫泉飯店每月廣告花費與獲利率在平面座標上的分布圖

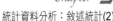

　　接下來，我們希望在這些實際觀察值所形成的「點分布圖」當中畫一條直線。也就是說，基於這十家溫泉飯店的資料，畫出一條直線（也就是建立一條估計出來的直線方程式）來代表 X 與 Y 的普遍性的關係或通則性的關係（general relationship）。一旦我們估計出這一條直線方程式來代表 X 與 Y 的通則性的關係時，那麼當我們找出第十一家、十二家或第十三家溫泉飯店，我只要知道它們每個月的廣告花費，我就可以預測它們的獲利率。

　　事實上，我們可以在這個「點分布圖」當中畫出無限多條直線出來，但是我們只會選擇一條線，讓這條直線能夠充分代表原始「點分布圖」當中，自變數與依變數的對應關係。既然要充分代表，那麼這條直線與每個（x_i , y_i）對應點的觀察值之間的距離一定要最小，因為產生的誤差才會最小嘛！這條直線我們通常稱為迴歸線（regression line）或是迴歸預測線。

　　為什麼稱之為迴歸線呢？我們簡單地來說明。既然這一條直線方程式是透過「估計」而來（因為我們不可能畫出一條直線同時通過**圖9-2**的每一個點，所以這條直線是透過估計而來），所以這十家溫泉飯店在 X 軸上的數值（廣告花費）所分別對應在這條估計直線上的 Y 值，就不盡然會與樣本實際上對應在 Y 軸的觀察值完全一致。所以我們要每一個 X_i 所對應的 Y_i 觀察值「迴歸」至這一條線來，這樣我們才能估計出這一條線的方程式。換言之，迴歸線上的點就是 X_i 值所對應 Y_i 觀察值的估計值（或稱預測值，它不是 Y_i 實際的觀察值。通常我們以 Y_i 來代表 Y 的觀察值，而以 $\hat{Y}_i$ 來代表 Y 的估計值）。迴歸線上的這個點 $\hat{Y}_i$ 與實際 X_i 所對應的 Y_i 之間可能會有誤差（或稱為殘差值），誤差如果是正，代表實際的 Y_i 觀察值在這條迴歸線的上方（$Y_i - \hat{Y}_i$ 大於0）；誤差如果是負的，代表實際 Y_i 的觀察值在這條線的下方（$Y_i - \hat{Y}_i$ 小於0）；誤差如果是0，代表實際 Y_i 的觀察值在這條迴歸線上（$Y_i - \hat{Y}_i$ 等於0）。但是無論如何，我們所

選擇這條線一定要是誤差最小的直線，讓 $\sum(Y_i - \hat{Y}_i)^2$ 的值趨於最小（也就是讓殘差值的平方和最小）。如此才能夠準確預測自變數與依變數的通則性關係，這種方法在統計學上稱為最小平方法（ordinary least squares, OLS）。

既然我們可以用直線方程式表達 X 與 Y 之間的關係（直線方程式 $Y = a + bX$，a 為截距，b 為斜率），隨著 a 與 b 的數值不同，迴歸線在座標平面的型態也會不同。圖9-3左上角的圖：直線的截距為正，斜率為正；右上角的圖：直線的截距為負，斜率為正；左下角的圖：直線的截距為正，斜率為負；右下角的圖：直線的截距為負，斜率為負。斜率如果是正值代表當X的觀察值增加時，Y 的值隨著增加；而當斜率是負值時，代表當 X 的觀察值增加時，Y 的值反而減少。

接下來，為了要求出這個迴歸直線方程式，我們必須計算出這條直線的斜率 b 與截距 a。我們仍然利用之前溫泉飯店廣告花費與獲利率之間關係的例子，利用以下公式計算出斜率 b 與截距 a 的數值：

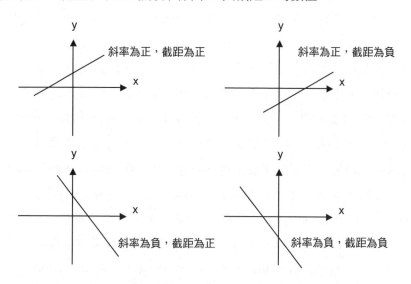

圖9-3　不同直線所代表正負值不同的截距與斜率

$$b = \frac{\sum (X_i - \overline{X})(Y_i - \overline{Y})}{\sum (X_i - \overline{X})^2} = \frac{3.47}{485.6} = 0.007145 \doteq 0.007$$

$$a = \overline{Y} - b\overline{X} \doteq -0.001$$

$\overline{X}$：自變數的平均值

X_i：自變數的各個觀察值

$\overline{Y}$：依變數的平均值

Y_i：依變數的各個觀察值

因此透過這個公式，我們得出的直線方程式是：$\hat{Y} = -0.001 +$ $0.007X$，如**圖9-4**所示。

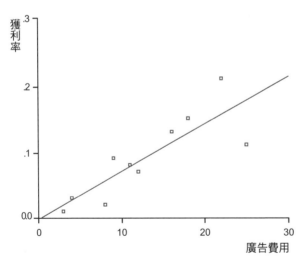

圖9-4 溫泉飯店廣告費用與獲利率直線迴歸方程式在座標平面上的圖形

(三)迴歸線的符合程度（goodness of fit）：R^2的估計

統計上我們會計算R^2來表達這條迴歸線符合實際觀察值的程度。R^2所代表的意義在於實際的觀察值是否集中（或分散）於這條迴歸線的周圍。我們比較「引進一個自變數的直線迴歸方程式之後的變異量（殘差）」與「只有依變數 Y 所產生的變異量（不引進自變數時的殘差）」之間的差異。如果變異量（殘差）的確有減少，就代表該直線的符合程度佳；如果變異量減少的比例很高，則代表這條迴歸線的符合程度極佳。R^2就是指變異量因為引進自變數之後而減少的比例。這個觀念與之前我們所討論類別變數與類別變數關係的 λ 值，所使用誤差減少比例的意義相同；亦即如果我們利用一個變數的數值來猜測另一個變數的數值時，其誤差是否因此而減少？減少比例有多少？

首先，如果我們不引進自變數，只觀察 Y 觀察值（前例當中溫泉飯店的獲利率），我們習慣上都會以平均數9%來代表這十家飯店平均每月的獲利率。而事實上以平均值來代表每家溫泉飯店的獲利率一定會有誤差，例如第一家溫泉飯店獲利率11%（0.11），而事實上我們是用平均值9%（0.09）來取代它，所以誤差就是＋2%（也就是＋0.02），依此類推。我們可以求出這十家溫泉飯店個別獲利率與平均值之間離差的平方和，統計上稱之為總變異量（total variance）。經過運算之後，它的值是0.035。

其次，當我們引進一個自變數 X，透過直線方程式來預測 Y 時，也就是利用飯店廣告費用來預測獲利率之後的變異量究竟是多少呢？誤差有沒有因此而減少呢？我們必須先計算出利用最小平方法所估計出來的迴歸方程式之下，所有觀察樣本殘差值的平方和，也就是$\Sigma(Y_i - \hat{Y}_i)^2$這個式子（$Y_i$：$X_i$ 對應的實際觀察值；$\hat{Y}_i$：X_i 所對應迴歸線上的預測值，可由迴歸方程式求得）。這個數值在統計上稱之為無法透過自變數所解釋的殘差（unexplained residuals）；也就是說，即使我引進了一個自變數，但是仍

表9-8　溫泉飯店廣告花費與獲利率迴歸方程式當中無法解釋變異量之運
算內容

溫泉飯店	Y_i	X_i	$\hat{Y}_i$	$(Y_i-\hat{Y}_i)$	$(Y_i-\hat{Y}_i)^2$
1	0.11	25	$-0.001+25(0.007)=0.174$	−.06718	.00451
2	0.07	12	.08428	−.01428	.00020
3	0.15	18	.12716	.02284	.00052
4	0.02	8	.05570	−.03570	.00127
5	0.08	11	.07714	.00286	.00001
6	0.13	16	.11287	.01713	.00029
7	0.01	3	.01997	−.00997	.00010
8	0.03	4	.02712	.00288	.00001
9	0.09	9	.06285	.02715	.00074
10	0.21	22	.15574	.05426	.00294
$\sum$	0.9	128	0.89683	0	0.011

表中的數字因為小數點取位的關係，所以會有一些誤差。

然存在這個自變數所無法解釋的殘差。利用**表9-8**，我們計算出無法透過
自變數所解釋的殘差值約等於0.011。

　　最後，我們可以開始來計算R^2了，看看這條迴歸線符合的程度。我
們知道，利用 Y 的平均數來代表各個Y觀察值的時候，總變異量是0.035。
而當我們引進自變數 X 來預測 Y 時，利用迴歸線預測的變異量是0.011，
因此自變數X在解釋變異量（減少殘差值）所發揮的功能等於0.035 −
0.011＝0.024，故減少了0.024的變異量，所以減少變異量的比例等於0.024
/ 0.035＝68.57%。這個比例就是 R^2，或稱之為迴歸方程式的判定係數
（coefficient of determination）。這個數值會介於0與1之間。當 R^2 等於1
時，代表因為引進自變數，殘差量（或稱之為變異量）減少了100%，換
言之，所有的觀察值都會在這條迴歸線上；當 R^2 等於0時，代表因為引進
自變數，殘差量並未絲毫減少，所以這個自變數對於我們解釋依變數來說
是毫無幫助的。

我們用簡單的式子來表示，就是：

$$R^2 = \frac{TSS - SSE}{TSS} = \frac{\sum(Y_i - \overline{Y})^2 - \sum(Y_i - \hat{Y}_i)^2}{\sum(Y_i - \overline{Y})^2}$$

TSS（Total Sum of Square）：總變異量

SSE（Sum of Square Error）：無法透過自變數所解釋的殘差

習慣上我們如何解釋這個判定係數呢？我們會說溫泉飯店的獲利率有68.57%的變異量可由溫泉飯店的廣告花費來解釋，剩下的31.43%是由其他變數或其他隨機產生的變異量來解釋。既然仍有殘差，因此簡單迴歸式的寫法便改成$y = a + bx + \varepsilon$，ε代表不能由x所解釋的變異量。

(四)使用迴歸分析的前提

雖然迴歸分析使用的範圍極廣，但是我們在使用時必須非常謹慎，因為OLS最小平方法的使用必須符合相當多的條件：

第一，依變數必須是等距以上測量變數（有人稱這個前提為測量的前提），理論上來說必須是沒有限制區間（unbounded）的連續性變數。

第二，所有的自變數與依變數之間均呈現線性相關的關係。我們在使用迴歸分析前可以先以圖形點出 X 值與 Y 值的對應關係是否呈現線性關係。如果不是線性關係，通常我們會想辦法轉換原始變數，然後再來觀察是否自變數與依變數呈現線性關係。例如針對某一個變數（可以是自變數，也可以是依變數）取它的自然對數（log）、平方根或立方根等等。究竟如何選擇轉換的方法？不一定，必須看資料的特質而定。例如，資料呈現的情形是當 X 的值增加時，Y 值增加的幅度超過 X 值的變化幅度，這時候取依變數的自然對數會很合適。另外要特別注意的是，轉換變數的值只是暫時讓資料符合變數之間呈現線性關係的需求而已。當直線迴歸方程

式估算出來，而要具體解釋數值意義時，不要忘記，我們必須倒轉回來到原始數值加以解釋才行。

第三，殘差的期望值為0（殘差值的和等於0）。

第四，每個自變數所對應的殘差值分布必須是常態分配，而且每一個自變數所對應的殘差值之變異數都必須一致（相等），這就是通稱的變異數齊一（homoscedasticity）前提。如**圖9-5**所示。請讀者參考本書第十五章。

第五，自變數所產生的殘差值彼此之間不能相關，也就是 $E(\varepsilon_i , \varepsilon_j)$ ＝0，稱之為無自我相關（non-autocorrelation）。請讀者參考本書第十五章。

第六，殘差值與自變數之間無相關，也就是 $E(\varepsilon_i , x_j)＝0$。

第七，自變數之間不能高度相關。

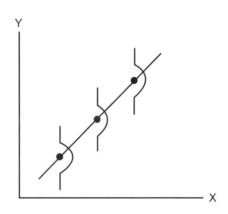

圖9-5　迴歸分析的變異數齊一的前提

CHAPTER

10

統計資料分析：
推論統計(1)

　　我們將在本章開始陸續討論推論統計的相關議題。所謂的推論統計是指我們如何基於統計上的方法與原理，判斷樣本特質與母群體特質之間是否相差無幾？或是南轅北轍？量化研究設計經常會使用抽樣，利用有限的樣本來推估母群體的特質，也因此我們相當依賴推論統計給我們協助。我們先在本章介紹抽樣與推論統計的基本觀念，包括隨機抽樣與代表性樣本、中央極限定理與信賴區間等等基本觀念。

第一節　抽樣與推論統計

一、隨機抽樣與代表性樣本

　　在量化研究設計當中，為了讓抽出的樣本可以反映母群體，我們通常會利用隨機的方式來抽樣。所謂隨機是指每一個抽樣單位被選中的機會均等（如果你是做台灣選民的投票行為調查，抽樣單位就是合格的選民）。例如你的母群體是台灣成年女性，這其中有41%專職，22%兼職，37%無給職。我們可以利用分層隨機抽樣法抽出100位女性，而抽出的100位女性中，也應該要反映這種專兼職百分比的結構特質。然而，即便如此，這些隨機樣本不必然就是代表性的樣本（representative sample）！因為所謂代表性的樣本不僅百分比的比例要與母群體的結構相似，而且各個樣本的特質也必須與母群體一致。這就很困難了！

　　不過，雖然隨機抽樣抽出來的樣本不見得能保證是代表性的樣本，但是統計原理卻可以告訴我們，我們所抽出來的這組樣本「嚴重不具代表性」的機會有多少。換言之，雖然不能從隨機樣本百分之百準確地推論母群體特質，但是至少我們會知道我們犯下嚴重錯誤的可能性有多高。當然，我們總是希望錯誤的可能性越低越好！

　　例如我們想要知道台灣已婚男人平均一年當中回家吃晚飯的天數到底有多少？因為資源限制，我們當然不可能逐一詢問台灣的已婚男人。因此我們以台灣已婚男人為母群體，在這母群體當中隨機抽取一組樣本（比方說1,067位已婚男人），我們可以得到一個平均值，例如平均值等於184天。接下來，我們就以這個數值來估計母群體中所有已婚男人平均一年回家吃晚飯的天數到底是多少。既然是用這組樣本來推估，必然會有誤差，這個誤差在統計上稱為抽樣誤差（sampling error），亦即從樣本所估計的數值與母群體真實數值之間的差異。

　　如果我們繼續抽取相同數額的另一組樣本（1,067位已婚男人），結果得的平均值可能是187天；我們也許可以再抽取相同數額的另外一組樣本，結果得到的平均值可能是165天。而當我們抽無限多次樣本組合時（每次都是1,067位），我們會發現，這些無限多次樣本組合的平均值出現頻率最高的數值（相同數值出現次數最多），會聚集在母群體平均值附近（如**圖10-1**所示），這就是抽樣分配（sampling distribution）的概念[1]。當抽樣次數趨於無限多次時，將各個不同樣本組合平均值出現的頻率利用垂直線段表示，並集中起來，就會呈現常態分配（請回頭參閱第八章的常態曲線說明）。我們可能抽出樣本組合的平均值是一年當中只有10天回家吃晚飯，我們也可能抽出樣本組合平均值是一年當中有300天回家吃晚飯，但是這些情形出現的頻率都非常低，它們會落在常態分配的兩個尾巴，而出現頻率最高的平均值就可能是母群體的平均值（事實上我們並不

---

[1] 一般人對於以下三種分配（或稱為分布）常常混淆不清：(1)母群體分配（population distribution）：指的是母群體內所有個體在某項特質的分布情況，事實上我們並不清楚母群體分配會長成什麼樣子；(2)樣本分配（sample distribution）：指的是當我們實際抽出一組樣本，這組樣本的數值分配長成什麼樣子；(3)抽樣分配（sampling distribution）：每次抽出一組樣本，得出一個你所關心特質的統計數，也許是這組樣本的平均值，也許是比例。當你抽取無限多次時，這些統計數出現頻率所呈現的分配究竟長成什麼樣子。

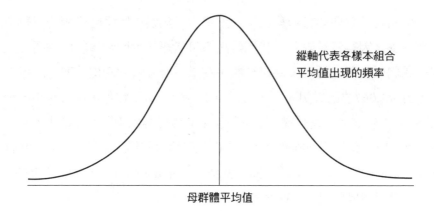

縱軸代表各樣本組合
平均值出現的頻率

母群體平均值

圖10-1　平均值的抽樣分配圖

知道準確的母群體平均值是多少）。

二、中央極限定理

　　以上我們詮釋了樣本平均值抽樣分配（sampling distribution）的
基本觀念與現象，這在統計學上就叫作中央極限定理（central limit
theorem）。我們可以再用精簡與比較正式的話來重述一次：當抽取的次
數夠多，同時每次抽出來的樣本數規模夠大時，則各個樣本組合平均值
出現頻率的分配將會逼近常態分配[2]。你所觀察的各種社會現象或人類
行為的樣本平均值抽樣分配都是常態分配，他們的長相都會是一樣（鐘

---

[2]　一般人也常常混淆「中央極限定理」與「大數法則」這兩種概念。所謂的大數法則
　　（law of large numbers）是用來描述如果抽樣的樣本數夠大時，樣本分配（sample
　　distribution）會接近母群體分配（population distribution），而樣本平均值也會接近母
　　群體平均值。所以，大數法則談的是樣本分配與母群體分配之間的關係（同時也談
　　樣本平均值與母群體平均值之間的關係）。但是中央極限定理所談的是平均值抽樣
　　分配與母群體平均值之間的關係，這兩者的概念是不同的。

型），差別在於平均值與標準差。這個地方所說的平均值指的是：每次抽樣出來的樣本組合都會有一個平均值，抽無限多次就會有無限多次的平均值，這些「無限多次的平均值的平均值」就是這個地方所說的平均值。這裡所謂的標準差指的是：我們可以從無限多次平均值之中求出這些平均值彼此之間的標準差，通常我們將這個標準差稱為「平均值的標準誤」（standard error of the mean）或稱為「平均值抽樣分配的標準誤」。平均值的標準誤會決定這個抽樣分配（常態分配）的峰寬到底是大還是小。平均值的標準誤越大，峰寬越大，反之則越小。平均值標準誤的計算方法如下：

$$SE\left(\overline{X}\right) = \frac{\sigma}{\sqrt{N}}$$

σ：母群體的標準差

N：樣本規模（每個樣本組合中的樣本個數）

我們不可能知道 σ，不過當樣本規模夠大時，樣本的標準差將近似於母群體的標準差，也就是 $\sigma \fallingdotseq S$。

 ## 第二節　信賴區間

一、信賴區間（confidence interval）的意義

基於中央極限定理，我們知道當抽取無限多次的樣本組合時，將各個不同樣本組合平均值出現的頻率利用垂直線段表示，並集中起來，就會呈現常態分配，而出現頻率最高的那個平均值將會貼近母群體平均值。但是，問題是我們做研究不可能抽取無限多次樣本組合，事實上我們只抽一

次樣本組合！既然如此，那麼我們要如何判斷抽出這一組僅有的樣本組合平均值的確與母群體平均值相差不遠？我們依循的方法是：我們先計算抽出的這一組樣本組合的平均值，然後判斷這個平均值到底有多少機會落在母群體平均值的附近？有多少機會可能會距離母群體平均值很遠？我們利用常態分配的面積觀念，可以計算出這個「機率」到底有多少？讀者還記得之前我們在談常態曲線時說過，如果將此曲線所涵蓋的面積設為「1」，利用微積分可以推導出在這個曲線下每一個間隔面積（例如平均值±1個標準差）占整個常態曲線所涵蓋面積的多少比例。既然如此，我們所要判斷的就是我們所抽出的這個樣本組合的平均值，究竟會落在這個常態分配的哪一個位置？

我們詳細地來說，因為我們知道平均值的抽樣分配是常態分配，所以母群體的平均值很有可能就是各個樣本組合平均值當中，出現頻率最高次數的那個數值。但是，如同前述，要判斷出現頻率最高的數值，非得要抽的次數夠多（例如100萬次）才會知道。然而，我們做研究只抽一次的樣本組合，它是抽樣100萬次當中的一次，我怎麼會知道它究竟距離出現頻率最高的那個數值是遠？還是近？沒關係，既然是常態分配，就應該有脈絡可循！我們知道100萬次的抽樣當中，出現頻率最高的那個平均值（很有可能就是母群體的平均值 μ）±1.96個平均值標準誤的區間會占整個常態曲線涵蓋面積的95%。它的意思是說，你抽樣100萬次，有大約95萬次的樣本平均值會落在這個區間。既然如此，你抽出來的這個唯一的樣本組合平均值落在這個區間的機率也會是95%。不過，因為我並不知道哪一個平均值出現頻率最高，所以我只能依靠抽出來的這一組樣本的平均值來推測母群體平均值可能的位置。怎麼推測呢？我們剛剛不是說過，任何一個樣本組合的平均值落在母群體平均值±1.96個平均值標準誤區間之內的機會有95%。我倒過來說也對，我說：有95%的機會，母群體平均值會落在我們所抽出這個樣本組合平均值±1.96個平均值標準誤的區間之內。

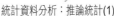

　　為什麼倒過來說也對呢？如果我們運氣好，最完美的情況就是我們所抽出的這一個樣本組合平均值剛剛好就是母群體的平均值，如果是這樣，那麼不管前面的說法或是後面的說法都容易理解。但是這種機會真的不大，最有可能出現的情況是我們這個唯一的樣本組合平均值落在母群體平均值的右邊或是左邊。可是問題是我們根本不知道真實的母群體平均值是多少？我們唯一掌握到的訊息就只有我們抽出來這組樣本的平均值以及平均值抽樣分配的相關知識而已。不過，這樣就夠了！因為未知的母群體平均值，跟我們所抽出來的這一個唯一樣本組合的平均值，都是屬於同一個抽樣分配（都屬於這100萬次抽樣），都有共同的平均值標準誤。所以，不管我有沒有誤判樣本組合平均值就是母群體的平均值，母群體平均值將會有95%的機會落在我們所抽出這個樣本組合平均值±1.96個平均值標準誤的區間之內。這就是為什麼倒過來說也正確的理由！

　　大家看一下**圖10-2**，第一次、第二次、第三次抽樣出來的樣本組合平均值±1.96個平均值標準誤都涵蓋到母群體的平均值 μ，也就是說樣本組合平均值並沒有偏離母群體平均值太遠。但是第四次與第五次抽樣出來的平均值就比較偏離了，所以他們個別的平均值±1.96個平均值標準誤的區間並無法涵蓋到母群體的平均值 μ。

　　我們再重複一次，**圖10-2**表示任何一個樣本組合的平均值落在母群體平均值 μ±1.96個平均值標準誤之內的機會有95%；反過來說，有95%的機會，母群體平均值會落在我們實際抽出這個樣本組合平均值±1.96個平均值標準誤的區間之內。這個區間在統計學上稱為信賴區間（confident interval）。換言之，計算信賴區間的目的其實就是告訴我們，利用這個區間來推估樣本特質與母群體特質之間的一致性到底要犯多少機會的錯誤？如果信賴區間是95%，那麼錯誤的機會將會是5%。依照慣例，95%的信賴區間是我們一般可以容忍的誤差。

　　回到之前的例子，我們抽出一組台灣已婚男人的樣本（1,067人），

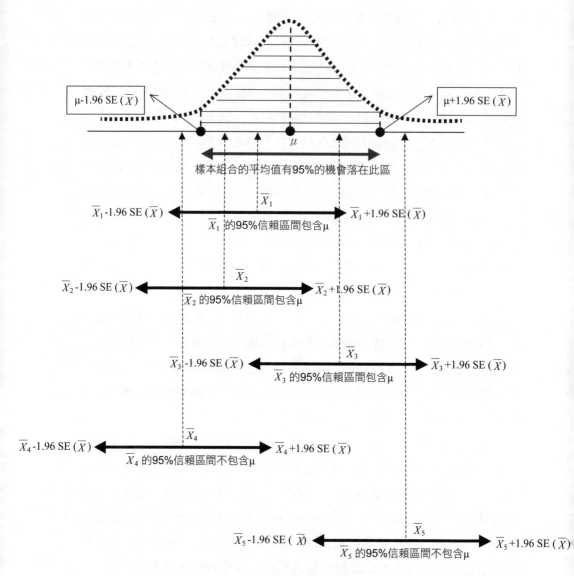

圖10-2　95%信賴區間的說明

資料來源：Agresti & Finlay (1999: 126).

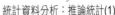
瞭解他們一年當中回家吃晚飯的天數。假設這組樣本的平均值是184天，我們可以說有95%的機會，台灣已婚男人平均一年回家吃晚飯的天數介於184±1.96平均值抽樣分配的標準誤之內，這個區間就叫作信賴區間。而實際上的區間是介於多少呢？我們非得計算出這一組樣本平均值的標準誤才行！這個例子當中的樣本平均值標準誤怎麼求得呢？我們利用以下公式：

$$SE\left(\overline{X}\right) = \frac{\sigma}{\sqrt{N}}$$

我們雖然知道樣本數 $N = 1,067$，可是實際上我們並不知道母群體的標準差。但是中央極限定理告訴我們，如果樣本數夠大，我就可以利用實際抽出來的這一組樣本的標準差 S 來替代母群體的標準差 σ。樣本標準差 S 的公式在第八章曾經說明過，假設我們求出來是90.72天，所以這個抽樣分配平均值標準誤就會是：

$$SE\left(\overline{X}\right) = \frac{\sigma}{\sqrt{N}} \fallingdotseq \frac{S}{\sqrt{N}} = \frac{90.72}{\sqrt{1,067}} = 2.78$$

而實際抽出樣本組合的平均值是184天，所以，95%的信賴區間代表有95%的機會，母群體平均值會介於以下區間：$184 - (1.96 \times 2.78)$至$184 + (1.96 \times 2.78)$，也就是178.55至189.44之間。如果用白話文來說，這個例子是指台灣有95%的已婚男人一年中回家吃晚飯的平均天數介於178.55至189.44天之間。當然，如果你願意將信賴區間設定在99%也可以，如果是這樣，那麼±1.96將會改變成±2.58左右（請查閱本書附錄表一標準常態分配表）。

二、影響信賴區間寬度的因素

從以上的討論，我們可以發現信賴區間的寬度與樣本平均值的標準誤密切相關。在同樣的95%要求下，當母群體的標準差越大（實際上我們用研究所抽出來這個樣本組合的標準差來代替），信賴區間就越寬，反之亦然。我們仔細來看看平均值標準誤的公式就可以明瞭：

$$SE\left(\overline{X}\right) = \frac{\sigma}{\sqrt{N}}$$

當 σ 越小時，也就是母群體的變動性越小，所以樣本平均值的標準誤就會越小，因此信賴區間寬度也會越窄，信賴區間越窄代表估計的準確度越高。而當樣本（N）越大時，樣本平均值的標準誤也會越小（因為分母變大了），所以信賴區間就越窄。故 N 越大，準確度也越高。

當信賴區間越窄，準確度就越高。例如我告訴同學：大家量化研究方法學期成績有95%的機會介於80～90分之間，或是我說大家量化研究方法學期分數有95%的機會介於50～90分之間，這兩種情況到底那一種的準確度較高？當然是第一種，因為同樣是95%的信賴區間，前者的區間比後者的區間窄了很多。

三、比例（proportion）的信賴區間

以上所討論的是平均值抽樣分配的相關特質，而基於這些特質我們可以求出平均值的信賴區間。另外一種情況也是我們常常遇到的，就是透過樣本來觀察某一種現象出現的比例。例如我們會關心台灣家戶擁有一部汽車以上的比例有多少？台灣12歲以上人口擁有行動電話的比例有多少？既然我們也是從隨機抽樣的樣本來推估，我們也就必須先知道這個抽樣分配

是不是與之前我們所討論的平均值抽樣分配一樣是呈現常態分配，然後我們才可以利用一樣的方法來推估「比例」的信賴區間。

統計學家經過不斷的實驗發現，比例的抽樣分配也是呈現常態分配。假設我們從500萬家戶這個母群體當中抽出1,000戶當作樣本，然後分別調查各戶家中是否擁有液晶螢幕的電視，結果其中有170戶擁有，換言之，樣本當中的17%家戶擁有液晶電視。接下來我們再從這500萬戶中另外再隨機抽出1,000戶，同樣找出擁有液晶螢幕電視的比例，我們不斷的抽，當抽出無限多次時，我們會發現各種不同比例出現的頻率會呈現常態分配，而且出現頻率最高的某個擁有液晶電視的比例，很有可能就是母群體當中擁有該項產品的家戶比例。

既然是常態分配，那事情就好辦了！當我們在從事實際研究，抽出任何一組樣本計算出你所關心的某一現象的比例之後，我們就可以像之前所討論的平均值一樣推估它的信賴區間。當然，我們必須先求出樣本比例分配的標準誤（standard error of distribution of sample proportions），這個標準誤就是我們每次抽出的樣本都可以算出比例，當抽出無限多次時，這些無限多次比例之間的標準差究竟是多少？運算的公式如下：

$$SE\ (p) = \sqrt{\frac{p(1-p)}{n}}$$

p：擁有液晶電視的比例

1−*p*：未擁有液晶電視的比例

我們直接用剛剛的例子來說明，樣本1,000家戶當中有170戶擁有液晶電視，故：

$$p = \frac{170}{1,000} = 0.17$$

　　而樣本比例抽樣分配的標準誤等於：

$$SE（p）= \sqrt{\frac{0.17(1-0.17)}{1,000}} = 0.0118$$

　　所以，95%的信賴區間是 $0.17 \pm 1.96 \times 0.0118 = 0.17 \pm 0.0231 = 0.1469$ ～0.1931。

　　基於這樣的結果，我們有95%的信心認為母群體當中擁有液晶電視的家戶比例介於0.1469與0.1931之間。

CHAPTER

11

統計資料分析：
推論統計(2)

　　第十章所談的都是推論統計的基本觀念，這些基本觀念將會應用在本章所討論的主軸：假設檢定（hypothesis testing）。所謂的假設檢定是指當我們在實際做量化研究時，抽出一組樣本，不管研究者關心的現象是哪些，可能是單一現象（單一變數），可能是兩種現象之間的關係（雙變數），或是多種現象之間的關係（多變數），研究者都必須從這一組樣本所計算出的數值來推估母群體是不是也存在這些現象，推估的結果要犯多少錯誤。這個推估的過程就是統計學上所稱的假設檢定。而我們在上一章所學到的信賴區間觀念對於我們從事假設檢定的幫助非常大，待會兒你就可以瞭解了。接下來，我們就一步一步來學習。首先，我們先舉個例子實際說明假設檢定的意義與步驟，然後我們討論社會科學研究裡各種常見的研究型態，一一解釋如何隨著你所要驗證的假設不同，而選擇不同的假設檢定方法。如果讀者能夠跨過這個門檻，我相信未來你對於量化研究就不會再害怕了。

第一節　假設檢定的實例說明

　　我想要回答台灣學術界當中（假想有四個學術次級領域），男性的比例是否與女性的比例相等。所以我從台灣學術界當中的四個學術次級領域，比方說文學、社會科學、醫學與工程等等領域，以分層隨機抽樣分別抽出170人、156人、42人與130人，總樣本數498人。各學術次級領域男性與女性的比例如**表11-1**所示。整體來說，我們發現樣本當中，學術界男性的比例為0.68左右，並不等於女性的0.32。因為我們是透過抽樣得到這個結果，所以我們很好奇，母群體是否也呈現男性比例不等於女性比例呢（這個例子屬於觀察單一變數的比例現象，與上一章我們在信賴區間所舉例的家戶擁有液晶電視比例的情況類似）？

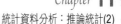
表11-1 台灣四種學術領域男性與女性分布的比例

學術領域	男	女	總數
文學	101	69	170
	59.41%	40.59%	100%
社會科學	118	38	156
	75.64%	24.36%	100%
醫學	29	13	42
	69.04%	30.96%	100%
工程	93	37	130
	71.53%	28.47%	100%
總數	341	157	498
	68.47 %	31.53%	100%

　　第一步驟，我們利用虛無假設（null hypothesis）的觀念來處理統計上的假設檢定。我們不直接去驗證母群體當中，男性比例不等於女性比例，而是去檢驗母群體當中，男性比例等於女性比例（這個假設是H_0，稱為虛無假設）。一旦我們可以證明H_0是偽，則男性比例不等於女性比例（稱之為對立假設）就可以成立。奇怪！為什麼要如此做？原因在於：否定一個假設比證明它要容易多了。例如我要證明某個人有罪，我需要無數的關鍵證據；但是我只要有些許的證據，就可以證明這個人無罪，例如不在場證明。所以，當我否定了虛無假設，我就順理成章接受了對立假設。

　　第二個步驟，我必須判斷我所觀察的現象之抽樣分配（sampling distribution）究竟是什麼樣的分配，同時也要決定所謂的顯著水準（significance level）。截至目前為止，我們所學到的抽樣分配只有一種，就是常態分配；而我們在討論信賴區間時也知道比例（proportion）的抽樣分配是常態分配。既然我們知道了它是常態分配，我們就可以利用面積的觀念，判斷某一事件出現的機率。這就是我們要判斷究竟是什麼抽樣分配的原因。此外，我們也必須選擇一個稱之為顯著水準的東西，通常我

們選擇5%，顯著水準的意義代表我們從樣本推估母體所犯的誤差在5%之內，就是我們在前一章所討論的95%信賴區間的意思。

第三個步驟是計算這個抽樣分配的標準誤。標準誤算出來，我們就可以求出信賴區間。例如本例的標準誤以 $SE(p)$ 來表示，而既然我們要去驗證虛無假設（男比例等於女比例），所以 $p=0.5$，利用之前學過的公式可以求出標準誤（樣本比例分配的標準誤）：

$$SE\,(p) = \sqrt{\frac{p(1-p)}{n}} = \sqrt{\frac{0.5(0.5)}{498}} = 0.0224$$

純粹以信賴區間的觀念來說，在5%的顯著水準之下，如果虛無假設成立，也就是男性與女性比例相等，都等於0.5，那麼95%的信賴區間會是 0.5 ± 1.96（0.0224）。如果我們所抽出的樣本當中男生比例超出這個範圍，那麼我們就可以拒絕 H_0，而接受對立假設。大家看看，男性與女性比例相等的95%信賴區間是0.456～0.544之間，也就是說，我們接受 H_0 的範圍是0.456～0.544。但是，我們抽出樣本當中男性比例是0.6847，並不在男性與女性比例相等的95%信賴區間內，因此這個樣本並不在 H_0 的接受區，因此我們可以拒絕 H_0，而接受對立假設。所以結論是：男性比例不等於女性比例。

請注意，實際上，我們常用的作法是直接計算「檢定統計數」（test statistic），而不用信賴區間（當然，信賴區間的觀念可以協助我們瞭解假設檢定的意義，你如果想用信賴區間來做假設檢定也可以）。比例的抽樣分配是常態分配，所以檢定統計數是 Z 分數（標準常態分配分數）。我們利用以下公式可求出這個檢定統計數：

$$Z = \frac{\hat{P} - P}{SE(p)}$$

$\hat{p}$：樣本實際的男生比例（0.68）

p：虛無假設的男生比例（0.5）

$$SE(p) = \sqrt{\frac{0.5(1-0.5)}{498}} = 0.0224$$

$$Z = \frac{0.68 - 0.5}{0.0224} = 8.035$$

　　就上面計算檢定統計數 Z 這個公式來說，（$\hat{P} - P$）的作用是要判斷實際上我們所抽出的樣本（男的比例是0.68，也就是 $\hat{P}$）距離虛無假設為真的情況（男的比例是0.5，就是 P）是否很遠？分母 $SE(p)$ 的作用是要將（$\hat{P} - P$）所得出來的數值轉換成為標準常態分配而得出標準分數 Z，藉由 Z 值就可以判斷實際上我們抽出來的樣本比例在這個虛無假設為真的常態分配之位置。如果算出來的檢定統計數 Z 的絕對值大過於1.96（Z 值大於1.96或小於 -1.96），那麼就代表這組樣本實際的男生比例（0.68）與虛無假設的男生比例（0.5）距離很遠，落在虛無假設為真的95%信賴區間之外。一般來說，如果我抽出來樣本的男生比例不在虛無假設為真的95%信賴區間之內，那麼我們就可以拒絕虛無假設，而接受對立假設了！而因為我們算出來的 Z 分數是8.035，遠遠超過接受虛無假設的1.96，因此我們拒絕虛無假設，而接受對立假設；也就是說，母群體當中的男性與女性在我們所要觀察的這個現象當中的比例並不相同。

　　不過，這個地方仍然要請讀者特別注意一點：雖然就這個例子來說，Z 分數大於1.96，也就是我們實際上所抽出樣本的男生比例，沒有落在虛無假設為真的95%信賴區間之內，但是它仍然還在虛無假設為真的常態曲線（分配）之下，只不過它是在非常邊陲的地帶（右邊尾巴），接受虛無假設的機會仍然有，只是非常非常的小。通常，只要小於5%的機會

（也就是在虛無假設為真的95%信賴區間之外），我們都可以拒絕虛無假設，而接受對立假設。

 ## 第二節　假設檢定的正式程序

我們在這個部分利用比較正式的方式重新來詮釋假設檢定的步驟，以下所用的例子是從樣本當中檢定比例或是檢定平均值是否與母群體相差不遠（也就是我們將會在第十二章跟大家進一步深入討論的單一變數檢定）。

一、前提

先確認你所獲得的樣本是大樣本還是小樣本。一般來說，樣本數大於30可稱為大樣本。當然也有人認為應該是100（理由參見Fielding & Gilbert, 2003, p. 254），不過大樣本設為30的定義似乎比較常見。隨著樣本大小，假設檢定所使用的檢定統計數會有不同，這個部分我們在第十二章會有詳細討論。

二、形成研究假設並界定統計上的虛無假設與對立假設

先從你的理論當中發展出你想驗證的假設，我們稱之為研究假設。然後再將所想要證明的研究假設反過來寫成虛無假設，希望透過證明虛無假設是偽，藉以接受對立假設。在界定虛無假設與對立假設時，會牽涉到所謂的單尾檢定與雙尾檢定。不管是雙尾檢定或單尾檢定，虛無假設總是會設為 A＝B，A 是你在研究中想要觀察的現象，B 是某個數值。至於對

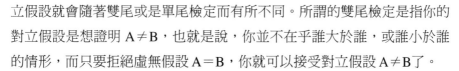

立假設就會隨著雙尾或是單尾檢定而有所不同。所謂的雙尾檢定是指你的對立假設是想證明 A≠B，也就是說，你並不在乎誰大於誰，或誰小於誰的情形，而只要拒絕虛無假設 A＝B，你就可以接受對立假設 A≠B了。

可是，如果你在乎方向性，也就是對立假設是 A＞B 或 A＜B 時，你就必須使用單尾檢定了。接下來你當然會問，實際操作上，單尾與雙尾檢定有何差別？也就是說，在雙尾檢定下，什麼情況才能拒絕虛無假設，接受對立假設？在單尾檢定的情況下，什麼情況才能拒絕虛無假設，接受對立假設？這個部分因為牽涉到臨界值的觀念，我們先將假設檢定的正式程序講完，待會兒再拉回來講解。

三、選擇檢定的判準

虛無假設與對立假設確立之後，你就必須找出你想要觀察變數的測量指標，然後以隨機抽樣找出樣本，再從這些樣本當中去計算你所關心的變數測量指標的數值，然後再開始來檢定它。通常我們會先判斷這個變數的抽樣分配長成什麼樣子，例如是不是我們所熟悉的標準常態 Z 分配？還是其他種類的抽樣分配（以後我們還會學習到不同的抽樣分配，例如 *t* 分配、*F* 分配、Chi-Square分配等等）？唯有如此，我們才可能據以選擇適當的檢定統計數（test statistic），進而基於它們抽樣分配的特質，透過面積的概念來計算接受或拒絕虛無假設的機率。

簡單的說，我們會在我們所蒐集的資料當中計算檢定統計數，然後基於這個檢定統計數所屬的抽樣分配之特質，判斷這個檢定統計數屬於虛無假設為真的機率有多少。也就是說，當檢定統計數算出來之後，必須與虛無假設為真的抽樣分配做比對，假如檢定統計數的數值落在虛無假設為真的95%信賴區間之外，就代表我們這筆資料與虛無假設為真的情形一致的機會很小，因此可以拒絕虛無假設。通常顯著水準就會設在0.05，意思

是說，樣本資料如果屬於虛無假設的機會小於0.05，那麼我們就有95%的信心拒絕虛無假設，並接受對立假設。

另外，假設檢定常會犯所謂的第一型錯誤（type I error）與第二型錯誤（type II error）。所謂第一型錯誤是指當虛無假設是真，而你卻拒絕它；第二型錯誤是指當虛無假設是偽，而你卻接受它。我們當然要避免犯這些錯誤。

四、選擇適用的檢定統計數

我們常見的檢定統計數包括 Z 分配、t 分配、卡方（Chi-Square）分配、F 分配、波松（Poisson）分配等等。統計學家告訴我們，隨著你在樣本當中所觀察現象的不同，它們的抽樣分配就會不同。統計學家透過不斷的數值實驗，進一步告訴我們各種抽樣分配所形成曲線之下面積的分布情形，藉著這個面積的分布，我們就可以判斷某一事件出現的機率，進而協助我們檢定樣本的某個特定數值是否能夠代表母群體的那種特定特質。我們在這個部分先討論與比例和平均值有關的檢定統計數，其他的部分我們後續再談。

(一)常態分配與Z分數

如果你所觀察現象的抽樣分配是常態分配，同時都是大樣本時（大於30），那麼它的檢定統計數就是 Z 分數，適用的時機在於研究者關心某一現象的比例（proportion），例如男性與女性在學術界工作人數的比例，或是某一種現象的平均值（mean），例如台灣已婚男人平均一年回家吃晚飯的天數。

(二) *t* 分配與 *t* 檢定統計數

圖11-1是 *Z* 分配與 *t* 分配的比較。*t* 分配是常態分配的親兄弟，它長得很像常態分配，只不過它的曲線比常態分配曲線扁平，這代表它的變異程度（variation）大過於常態分配。不過，當樣本數增加時，會使得變異量減少，因此 *t* 分配會漸漸趨近於常態分配。

當研究者觀察某一現象的平均值，而樣本數比較小時（小於30），則可以使用 *t* 分配來檢定。

五、計算出檢定統計數數值、對照臨界值、做決定、下結論

當我們要檢定平均數時，大樣本使用 *Z* 分配，小樣本使用 *t* 分配。*Z* 與 *t* 分配的檢定統計數運算方法相同：

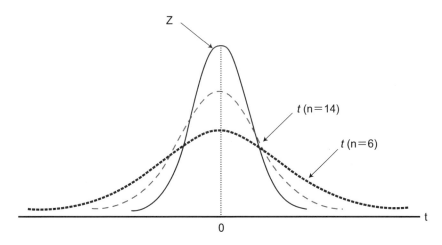

圖11-1　常態分配與 *t* 分配圖形的比較

$$Z = \frac{\overline{X} - \mu}{SE(\overline{X})}$$

$$t = \frac{\overline{X} - \mu}{SE(\overline{X})}$$

$$SE(\overline{X}) = \frac{\sigma}{\sqrt{n}} \doteqdot \frac{S}{\sqrt{n}}$$

$\overline{X}$：樣本的平均數

μ：虛無假設為真的母群體平均數

σ：母群體的標準差（當然我們不可能知道σ，不過當樣本規模夠大時，樣本的標準差將近似於母體的標準差，也就是$\sigma \doteqdot S$。這在 Z 的計算不成問題，但是在小樣本計算 t 值時，讀者會問，t 分配是在小樣本使用，這個時候 σ 還能用樣本的 S 來取代 σ 嗎？可以，因為它最終會反映在平均值標準誤數值上，也就是平均值標準誤會因為樣本規模小而變大。同時，拒絕虛無假設的臨界值在小樣本時要求門檻更高）

n：樣本規模（每個樣本組合中的樣本個數）

而當我們要檢定比例（proportion）時，同時也是大樣本的情況下，抽樣分配就會是常態分配，所以檢定統計數也是使用 Z 值，公式如下（這在第一節假設檢定的例子中已經討論過）：

$$Z = \frac{\hat{p} - p}{SE(p)} \qquad SE(p) = \sqrt{\frac{p(1-p)}{n}}$$

一旦我們計算出檢定統計數，我們必須與顯著水準的臨界值（critical value）來做比較。臨界值是以虛無假設為基準所定義出來的，如果我們計算出來的檢定統計數超出臨界值，代表我們所抽出的樣本並不屬於虛

無假設所界定的勢力範圍（通常是虛無假設為真的95%信賴區間，也就是0.05的顯著水準），既然如此，我們就可以拒絕虛無假設了。臨界值的大小除了決定於抽樣分配的種類（例如 Z 分配、t 分配、F 分配、卡方分配等等）之外，也決定於顯著水準（例如0.05、0.01、0.001），同時也決定於究竟是單尾還是雙尾檢定。

　　我們先來討論抽樣分配是 Z 分配時的單尾或雙尾情況下的假設檢定臨界值。我們之前提過，當對立假設無方向性時，例如我們要證明 A≠B，我們必須使用雙尾檢定。在虛無假設 A＝B，0.05的顯著水準之下，經過查表我們知道常態分配 Z 的臨界值是＋1.96與－1.96，也就是說，當我們計算出來的檢定統計數只要大過於＋1.96或小於－1.96，那麼我們就可以拒絕虛無假設，同時也接受了對立假設。

　　但是，一旦涉及有方向性的單尾檢定就不是這樣了。當對立假設有方向性時，例如A＞B或A＜B時，我們必須使用單尾檢定。例如我的對立假設是A＞B，虛無假設是A＝B，在0.05的顯著水準之下，經過查常態分配表，檢定統計數必須大於＋1.645，我才能接受對立假設A＞B，即使你所計算出來的檢定統計數小於－1.645，仍然無法接受對立假設。我們看一下平均值檢定 Z 分配公式的分子項 $X-\mu$ 的式子當中，前者其實就是這裡所謂的A，後者就是B。因為如果要證明A＞B，A－B當然必須是正值，也就是 $X-\mu$ 必須是正值。相對來說，如果你想證明的是A＜B，在0.05的顯著水準之下，檢定統計數必須小於－1.645才能接受對立假設。**圖11-2**比較常態分配雙尾與單尾檢定的差異。

　　其次，我們再來看看抽樣分配是 t 分配時的單尾與雙尾檢定。之前我們說過，小樣本平均值的抽樣分配呈現 t 分配。t 分配的臨界值會牽涉到自由度，檢定小樣本平均值 t 分配的自由度是樣本數減1（亦即 $n-1$）。我們可以依循自由度以及顯著水準在 t 分配表當中查到單尾與雙尾檢定的臨界值（請參照本書附錄表二與表三 t 分配表）。例如，樣本數是25，

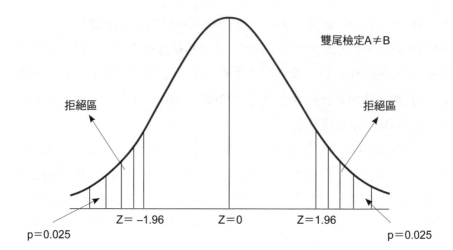

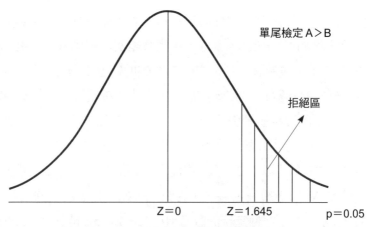

圖11-2 Z分配雙尾與單尾檢定圖示

所以自由度是24，顯著水準在0.05時，這個小樣本平均值的雙尾檢定臨界值是2.0639，單尾的臨界值是1.7108。所以，在0.05顯著水準的雙尾檢定下，臨界值大於＋2.0639或小於－2.0639均可以拒絕A＝B的虛無假設，並接受A≠B的對立假設。相對來看，在0.05顯著水準的單尾檢定下，臨界

值要大於＋1.7108，我們才可以同時拒絕虛無假設A＝B以及接受對立假設A＞B；而臨界值要小於－1.7108，我們才可以同時拒絕虛無假設A＝B以及接受對立假設A＜B。讀者在查 t 分配表時有沒有發現，當自由度增加並趨近於無窮大時，在任何顯著水準之下，t 分配的臨界值均與 Z 分配的臨界值相同。這就是我們之前提過的，當樣本數不斷增加時，t 分配其實會漸漸與 Z 分配一致。

CHAPTER

12

統計資料分析：
推論統計(3)

第十一章我們解說了假設檢定的程序與方法，接下來我們要面對的問題是如何處理各式各樣不同的假設檢定。所謂各式各樣不同的檢定，指的是我們在研究樣本當中所要觀察的各式各樣的現象或行為，而在母群體是不是也呈現這種現象或行為？既然如此，我們就可以依照究竟是要檢定單一變數、雙變數以及多變數之間關聯為主軸，分別加以討論。在單一變數方面，我們經常檢定平均數（mean）或是比例（proportion），檢定之前我們也要考慮是大樣本（樣本數超過30）或小樣本（樣本數小於30）的不同，因為它們個別的檢定方法不同。

在雙變數方面，有幾種檢定的情況：(1)類別變數與類別變數關聯性的檢定：我們使用卡方檢定（Chi-Square test）；(2)等距以上與等距以上變數關聯性的檢定：我們用 t 檢定來檢定皮爾遜相關係數；(3)類別變數與等距以上變數關聯性的檢定：這就稍微複雜一些了。類別變數是區分團體，如果是兩個團體，而你所要觀察的等距以上變數可能是某一現象的平均數，或某一現象的比例，或是大樣本，或是小樣本，這些情況下的檢定方法都不同。另外一種類別變數與等距以上變數關聯性的檢定稱之為變異數分析，這種情況下的類別變數區分的團體是三個（含）以上，檢定三個以上團體在某一等距以上變數的差異。而在多變數分析方面，我們會學習如何檢定多元迴歸方程式的迴歸係數與判定係數 R^2。我們先在本章討論單一變數的檢定。

第一節　單一變數的檢定：大樣本或小樣本平均值的檢定

當我們想要檢定樣本當中的某個變數的平均數，例如我們檢定台灣已婚男人一年當中回家吃晚飯的平均天數。正式的檢定程序我們在上一章

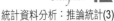

已經討論過了，我在這裡直接用一些例子，讓讀者瞭解當檢定的單一變數平均值是大樣本或是小樣本的情況下，究竟如何從事假設檢定。

一、檢定平均數為一特定值（無方向性）：雙尾檢定、大樣本

$H_1 : \mu \neq \mu_0$，μ_0為一特定值，屬於雙尾檢定

$H_0 : \mu = \mu_0$

例如：2010年台北市所逮捕的重刑犯的前科有2件（平均值），今年2015年我懷疑會有變化（可能增加，可能減少），所以我找了36個樣本來檢定（超過30稱之為大樣本）。我先列出虛無假設與對立假設如下：

$H_1 : \mu \neq 2$

$H_0 : \mu = 2$

在這36個樣本中，$\overline{X} = 2.8$，$S = 2$，所以

$$SE\left(\overline{X}\right) = \frac{\sigma}{\sqrt{n}} \doteqdot \frac{S}{\sqrt{n}} = \frac{2}{\sqrt{36}} = 0.33$$

$$Z = \frac{\overline{X} - \mu_0}{SE\left(\overline{X}\right)} = \frac{2.8 - 2}{0.33} = 2.42$$

如果以0.05為顯著水準來看（95%信賴區間），Z 值如果超出 ± 1.96 時，則可以拒絕 H_0，而我們運算出來的 Z 值為2.42，所以我們拒絕虛無假設，也就是說，2015年台北市重刑犯的前科平均值與2010年的平均值不同。在 Z 等於2.42的情況下，實際發生的機率（接受虛無假設的機率）經查常態分配表，右尾為0.0078，左尾為0.0078，故0.0078×2＝0.0156，也就是說，只有1.56%的機率 $\mu = 2$，或者說只有1.56%的機率接受虛無假設。因此我們拒絕虛無假設 H_0。如圖12-1所示。

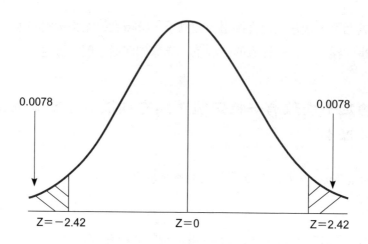

圖12-1　平均值的雙尾檢定圖

二、檢定平均數大於某一數值（有方向性）：單尾檢定、大樣本

同樣是上面的例子，但是我認為前科的平均值會增加，我之所以會做這樣的假設可能是基於樣本的特質，或是當前社會的狀況，所以：

$H_1 : \mu > 2$

$H_0 : \mu = 2$

同樣的方法求得 $Z=2.42$。換言之，從樣本的特質中，我們發現這組樣本已落在右尾尾端，因為是單尾檢定，不僅已經落在虛無假設為真的95%信賴區間之外（經查表單尾在0.05顯著水準下，1.645為臨界值），而且接受虛無假設的機率僅為0.0078。這個地方請特別注意，檢定統計數 Z 值一定要正數且大於拒絕虛無假設的臨界值，我們才能拒絕虛無假設。如**圖12-2**所示。

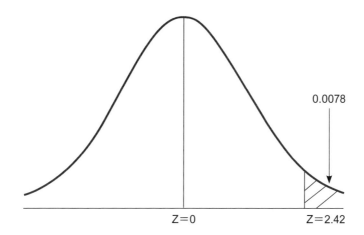

圖12-2 平均值的單尾檢定圖（右尾）

三、檢定平均數小於某一數值（有方向性）：單尾檢定、大樣本

例如：2010年擁有專職工作的男人平均28歲，而根據2015年的調查，我認為應該低於28歲：

$H_1 : \mu < 28$

$H_0 : \mu = 28$

我抽取2015年36個男人為樣本，結果$\overline{X} = 25$，$S=9$。

$$Z = \frac{\overline{X} - \mu}{SE(\overline{X})} = \frac{25 - 28}{\sigma / \sqrt{n}} = \frac{25 - 28}{9 / \sqrt{36}} = \frac{-3}{1.5} = -2$$

$Z = -2$，經查常態分配表，接受虛無假設的機率僅為0.0228。這個地方也請讀者注意，Z值如果為正且值很大，也無法拒絕虛無假設，因為這裡是單尾檢定，是有方向性的，而且對立假設是宣稱比28歲低，因此實

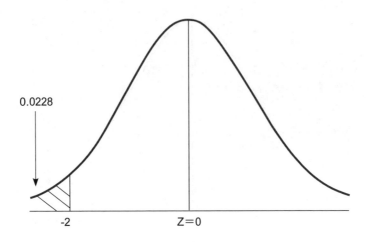

圖12-3　平均值的單尾檢定圖（左尾）

際抽樣計算出來年齡的平均值減去28歲要為負值，且 Z 值的絕對值要夠大，才能拒絕虛無假設。如**圖12-3**所示。

四、檢定平均數大於某一數值（有方向性）：單尾檢定、小樣本

例如：我在台北市某大型超級市場抽樣十五種各種包裝茶的價格，平均增加了3.01元，計算出來標準 $SE(\overline{X}) = 1.357$。我很好奇母群體是否也呈現一致的現象，也就是說，市場上所有的包裝茶平均價格是不是真的已經上漲？

$H_1 : \mu > 0$　（漲價）單尾檢定
$H_0 : \mu = 0$　（無漲價）

我們知道小樣本的樣本平均數的檢定統計數是 t 值，所以我們運算 t 值，看看能否拒絕虛無假設。

$$t = \frac{\overline{X} - \mu}{SE\left(\overline{X}\right)}$$

$$t = \frac{3.01 - 0}{1.357} = 2.22$$

$t = 2.22$，經過查 t 分配的表，本例的自由度是樣本數15－1，也就是14的情況下，0.05的顯著水準單尾檢定的 t 臨界值是1.7613。由於我們算出的 $t = 2.22 > 1.7613$，故拒絕H_0，接受H_1。讀者可能還是會困惑什麼是自由度？簡單的說，自由度是統計學家幫我們估算出來，目的是要能充分反映樣本變異的情形。小樣本平均值抽樣分配 t 分配的變異情況較標準常態分配 Z 分配來得大，因此必須考慮自由度才能反映小樣本的變異情形。各位注意看，在這個例子當中，樣本數是15個，自由度等於14，如果我的樣本數是14個，自由度就是13，這中間會有什麼差別？自由度等於14，0.05顯著水準的單尾檢定情況下，臨界值為1.7613；自由度13時，臨界值則為1.7709；也就是說，樣本數越小，拒絕虛無假設的條件更為嚴苛（檢定統計數必須更大）。不同自由度所對應的 t 分配臨界值可以反映出樣本數增減所造成的變異情形。

就這個例子來說，如果改成雙尾檢定，計算 t 檢定統計數的原理與單尾都相同，差別在於0.05的顯著水準之下，臨界值等於± 2.1447，t 值只要大於2.1447或小於－2.1447，均可拒絕虛無假設。

第二節　單一變數的檢定：大樣本或小樣本比例的檢定

一、檢定某一現象的比例等於某特定數值（無方向性）：雙尾檢定、大樣本

　　請讀者直接參照第十一章所舉的台灣男性與女性在學術界工作的比例這個例子，或是第十章台灣家戶擁有液晶電視比例的例子，我就不再贅述。至於單尾與雙尾檢定的作法，請讀者參照平均值的檢定，應該就可以瞭解，因為原理是一樣的。

二、檢定某一現象的比例等於某特定數值（無方向性）：雙尾檢定、小樣本

　　當我們要檢定比例，但是面臨小樣本時，我們應該利用所謂的二項分配檢定（Binomial Test）。二項分配檢定與先前檢定的方式有些許的差異。我直接用例子先解釋什麼叫作二項分配（Binomial Distribution），進一步再來說明它的檢定方法。例如行政院打算從一大群政府高階主管（男女的個數相當，同時他們的能力都差不多）當中選取10個人參加部會首長儲訓班的訓練。我們關心到底行政院在選拔時是不是會有性別上的差異？例如說女性被選中的機會比較小？還是以隨機的方式選擇，也就是男女被選中的機會都是0.5（既然大家能力一致，男女人數也相近，所以隨機選擇是合理的）？

　　10個樣本算是小樣本。在這10個樣本中，女性被抽中的可能性有：0位、1位、2位、3位……10位；相對來看，男性被抽中的可能性有：10

位、9位、8位、7位……0位。如果我們以女性為基準，女性被抽中 X 人的機會 $P(X)$ 會等於以下公式：

$$P(X) = \frac{n!}{X!(n-X)!} \pi^X (1-\pi)^{n-X}$$

n ：樣本數

$X = 0, 1, 2, 3, 4, 5, \cdots n$

$n!：1 \times 2 \times 3 \times 4 \times 5 \cdots n$

π：代表被抽中機率。如果是隨機，則 π 等於0.5，代表女性被抽中的機率

利用這個公式，我們可以計算出各種不同人數的女性被抽中的機率（男性的機率就是1－女性的機率），如**表12-1**。各位仔細看，這個機率分配也是呈現類似常態分配的形狀，例如隨著女性與男性被抽中人數的漸趨一致，則機率漸次增加而呈現常態分配。另外，這個常態分配也是左右對稱，例如女性被抽中0人的機率為0.001，會等於男性被抽中10人的機

表12-1 女性各種不同人數被抽中的機率：Binomial 分配

女性人數	機率
0	0.001
1	0.010
2	0.044
3	0.117
4	0.205
5	0.246
6	0.205
7	0.117
8	0.044
9	0.010
10	0.001

率;女性被抽中1人的機率為0.01,會等於男性被抽中9人的機率,依此類推。只不過,各種不同狀況下的機率之間並非連續,而是間斷的,這是因為樣本數少的關係,這種分配稱之為二項分配。

如果實際上行政院今年選訓名單10個人當中只有1位是女性,我們不免懷疑行政院到底是不是以隨機方式選擇受訓人員(隨機是指男女被抽中的機會均為0.5)?接下來,我們做二項分配的假設檢定:

對立假設　$H_1 : \pi \neq 0.5$

虛無假設　$H_0 : \pi = 0.5$

二項分配的檢定可以直接利用**表12-1**當中各種狀況出現的機率分布表來判斷(**表12-1**是以虛無假設為真的情況,也就是 $\pi = 0.5$ 帶進去上面的公式,然後一一算出女性被選中0位、1位、2位……10位的機率)。你有沒有注意到,這個機率分布圖是左右對稱的常態分配(只是因為機率分布不連續,所以不像標準的常態分配圖那麼平滑而已),而女性被抽中人數介於2~8人所占的機率,幾乎已經占了97.8%。剩下的機率是女性被抽中0人的機率是0.001,1人的機率0.010,以及女性被抽中10人的機率0.001,9人的機率0.010,這些機率的總和為0.022,就是2.2%。這是以虛無假設為真(男女被抽中機率等於0.5)的常態分配圖;換言之,樣本屬於虛無假設為真的機會只有2.2%(小於5%的顯著水準)。也就是說,行政院以隨機方式選擇受訓人員的機會(男女均為0.5)只有2.2%。所以我們拒絕虛無假設,接受對立假設!也就是選訓並非男女機會均等。

當然,如果實際上行政院今年選訓名單中有2位女性,則樣本屬於虛無假設的機會就上升至11%〔亦即 $2 \times (0.001 + 0.010 + 0.044)$〕。換言之,在5%的顯著水準之下,我們就無法拒絕虛無假設。

以上是雙尾檢定,單尾檢定的原理也是一樣。例如:如果對立假設是女性被選取的機會小於0.5,亦即 $H_1 : \pi < 0.5$。因為我們實際抽出的樣本當

中女性人數只有1位，所以接受虛無假設男女均等的機會只有1.1%（也就是女性0位0.001、女性1位0.010，兩個加起來）。因為接受虛無假設男女均等的機會只要小於5%就可以拒絕虛無假設，而目前接受虛無假設的機會為1.1%，所以我們拒絕虛無假設，而接受 $\pi < 0.5$ 的對立假設。

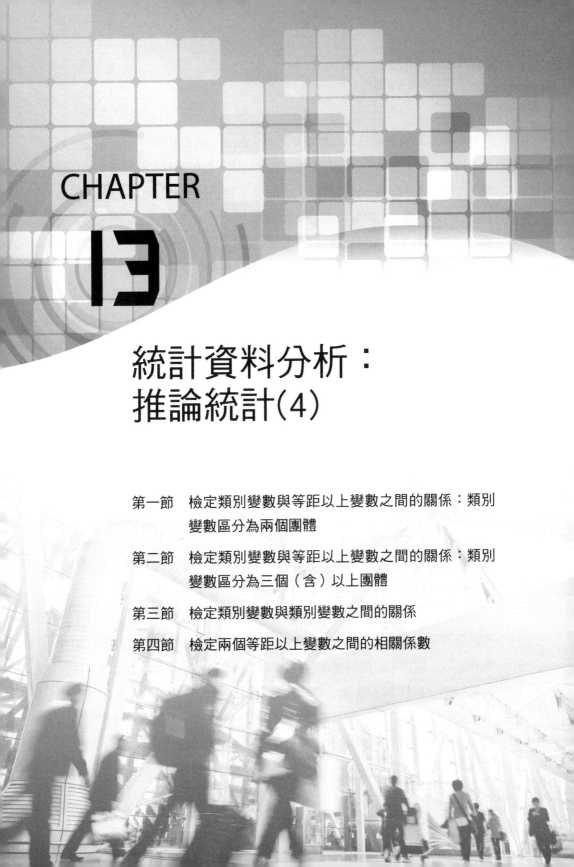

CHAPTER 13

統計資料分析：
推論統計(4)

第十二章我們討論單一變數平均數（mean）或是比例（proportion）的假設檢定，我們在本章討論雙變數關係的檢定。雙變數關係的檢定有幾種情況：(1)類別變數與類別變數關聯性的檢定：我們使用卡方檢定（Chi-Square Test）；(2)等距以上與等距以上變數關聯性的檢定：我們用 t 檢定來檢定皮爾遜相關係數；(3)類別變數與等距以上變數關聯性的檢定：這就稍微複雜一些了。類別變數是區分團體，如果是兩個團體，而你所要觀察的等距以上變數可能是某一現象的平均數，或某一現象的比例，或是大樣本，或是小樣本，這些情況下的檢定方法都不相同。另外一種類別變數與等距以上變數關聯性的檢定稱之為變異數分析，這種情況下的類別變數區分的團體是三個（含）以上，檢定三個以上團體在某一等距以上變數的差異。

🌑 第一節　檢定類別變數與等距以上變數之間的關係：類別變數區分為兩個團體

在量化研究當中，我們經常關心兩個不同團體在某項等距以上尺度的變數是否會有差異？例如男性與女性的平均年收入是否真的不一樣？美國職棒大聯盟吸引觀眾的人數真的比小聯盟多嗎？2014年民眾滿意政府施政品質的比例與2015年民眾的滿意比例真的會有差異嗎？這種檢定稱之為「兩組獨立樣本在等距以上變數的比較」。

所謂獨立的樣本指的是，第一組樣本的選取並不會受制於第二組樣本的選取；換言之，兩組樣本裡頭的樣本彼此之間是互斥的，也就是如果我屬於第一組樣本，我就不會屬於第二組樣本。通常兩組獨立樣本的比較，是將你的研究當中所有的樣本依照性別、族群，或是其他特質等等因素加以區分為兩個次級樣本。假使整體樣本是隨機抽取而來，那麼這些次級的樣本組合都可以視為獨立樣本。例如，我最近做了一個全國調查

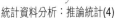

研究，總樣本數為1,071個。我可以依照受訪者的性別將這1,071個樣本加以區隔成兩個獨立樣本，我也可以按照受訪者居住在都會區或是非都會區，將他們區隔成另外兩個獨立的樣本，並進一步檢定這兩個獨立樣本在某個等距變數特質上的差異。

　　兩組獨立樣本的檢定，不管是平均數差異或是比例差異的檢定，與之前討論的單一變數檢定的邏輯是一致的，差別只是在於標準誤的計算公式不同。

一、兩組獨立樣本平均值差異的檢定：大樣本

　　如果我們對於兩個獨立大樣本（例如你將你的研究樣本區分為男女兩個團體，各團體的人數超過30人）的收入平均值差異感到興趣，因此我們的研究假設（對立假設）：收入有差異；虛無假設：收入相同。

　　兩組獨立大樣本平均值差異的抽樣分配也是常態分配；也就是說，我從男生母群體當中隨機抽出一組樣本計算它的平均值，我也從女生母群體當中隨機抽出一組樣本計算它的平均值，然後兩個相減得到一個男女平均值差異的數值。然後我以同樣的方法可以得出另一個平均值差異的數值，當我重複無限多次的時候，我可以得出無限多個平均值差異的數值，如果我將各個平均值差異的數值出現之頻率利用垂直線段集中起來，就會呈現常態分配。既然是常態分配，所以我們就可以計算檢定統計數 Z 分數來做假設檢定。

　　還記得我們在檢定單一變數的平均數時，必須先算出平均值抽樣分配的標準誤，才能算出檢定統計數 Z 值。同樣的，兩組獨立樣本平均值差異的檢定也要算出標準誤，不過我們不再計算平均值的標準誤，因為我們關心的是兩組獨立樣本平均值之間的差異，所以我們計算平均值差異的標準誤（standard error of the difference of the two means）。平均值差異標

準誤的運算方式如下：

$$SE\left(\overline{X}_1 - \overline{X}_2\right) = \sqrt{\frac{\sigma_1^2}{n_1} + \frac{\sigma_2^2}{n_2}} \doteq \sqrt{\frac{S_1^2}{n_1} + \frac{S_2^2}{n_2}}$$

σ_1^2：第一組樣本所屬母群體的變異數（實際上未知）

σ_2^2：第二組樣本所屬母群體的變異數（實際上未知）

S_1^2：第一組樣本的變異數

S_2^2：第二組樣本的變異數

n_1：第一組樣本個數

n_2：第二組樣本個數

平均值差異的標準誤計算出來之後，我們就可以利用下列公式得出檢定統計數Z的實際數值：

$$Z = \frac{\overline{X}_1 - \overline{X}_2}{SE\left(\overline{X}_1 - \overline{X}_2\right)} \quad 或 \quad \frac{\left(\overline{X}_1 - \overline{X}_2\right) - 0}{SE\left(\overline{X}_1 - \overline{X}_2\right)}$$

上面兩個公式的分子項意義是一樣的。虛無假設是兩組樣本平均值相同（沒有差異），所以0代表虛無假設為真的陳述，而 $(\overline{X}_1 - \overline{X}_2)$ 則是實際上我們抽出兩個獨立樣本平均值的差異。如果這個差異夠大，那麼它就會距離虛無假設為真的狀況（兩組樣本平均值相同，所以差距為0）非常遠，因此就會有機會得到較大的 Z 值（如果平均值差異標準誤也很小的話）。較大的 Z 值就有可能拒絕虛無假設而接受對立假設。

我們舉個實例來說明。例如：我們好奇來自於中產階級的家庭主婦會不會比來自於勞工階級的家庭主婦參與更多的義工團體？因為有方向性，所以這是單尾檢定，虛無與對立假設的寫法如下：

$H_1 : \mu_1 > \mu_2$ （或$\mu_1 - \mu_2 > 0$）

$H_0 : \mu_1 = \mu_2$ （或$\mu_1 - \mu_2 = 0$）

μ_1：母群體中產階級家庭主婦參與義工團體數量的平均值

μ_2：母群體勞工階級家庭主婦參與義工團體數量的平均值

樣本中產階級：$\overline{X}_1=3.4$　　$S_1=2.5$　　$n_1=50$

樣本勞工階級：$\overline{X}_2=2.2$　　$S_2=2.8$　　$n_2=47$

$$Z = \frac{3.4 - 2.2}{\sqrt{\dfrac{(2.5)^2}{50} + \dfrac{(2.8)^2}{47}}} = \frac{1.2}{0.54} = 2.22$$

因為是單尾檢定，經查常態分配表，在0.05顯著水準之下，如果 Z 超過1.645臨界值的話，就可以拒絕虛無假設。實際上我們計算出的 Z 值等於2.22，故拒絕 H_0。實際上因為 $Z=2.22$，$p=0.0132$，亦即只有1.32%的機會虛無假設為真。

二、兩組獨立樣本平均值差異檢定：小樣本

如果要檢定兩組獨立樣本平均值的差異，而兩組的樣本數都小於30，則平均值差異的抽樣分配為 t 分配，可以利用 t 值來檢定。檢定統計數 t 的運算方法如下：

$$t = \frac{\overline{X}_1 - \overline{X}_2}{SE\left(\overline{X}_1 - \overline{X}_2\right)}$$

$$SE\left(\overline{X}_1 - \overline{X}_2\right) = \sqrt{\frac{S^2}{n_1} + \frac{S^2}{n_2}} = S\sqrt{\frac{1}{n_1} + \frac{1}{n_2}}$$

$$S = \sqrt{\frac{\sum\left(X_{1i} - \overline{X}_1\right)^2 + \sum\left(X_{2i} - \overline{X}_2\right)^2}{n_1 + n_2 - 2}}$$

S：總標準差（grand standard deviation）

n_1：第一組樣本個數

n_2：第二組樣本個數

我們舉個例子來看看：例如有6位精神病患，其中有3位男性與3位女性。男性樣本的憂鬱分數分別是60、70、80；女性憂鬱分數分別是80、95、95（憂鬱分數介於0～100分，分數越高越憂鬱），究竟男女憂鬱分數的平均值有無差異？

H_1：$\mu_1 \neq \mu_2$

H_0：$\mu_1 = \mu_2$

$\overline{X_1} = 70 \quad \overline{X_2} = 90$

$$\sum\left(X_{1i} - \overline{X_1}\right)^2 = 200 \qquad \sum\left(X_{2i} - \overline{X_2}\right)^2 = 150$$

$$S = \sqrt{\frac{200 + 150}{n_1 + n_2 - 2}} = 9.354$$

所以 $SE\left(\overline{X_1} - \overline{X_2}\right) = 9.354\sqrt{\frac{1}{3} + \frac{1}{3}} = 7.64$

$$t = \frac{70 - 90}{7.64} = -2.62$$

經查 t 分配表，雙獨立小樣本平均值差異檢定的自由度 $df = n_1 + n_2 - 2 = 4$，雙尾檢定在0.05顯著水準下，t 的臨界值＝2.776，而我們從樣本當中所計算出來的 t 值必須大於2.776或小於－2.776，才能拒絕虛無假設。而我們實際上計算出來的 t 值為－2.62，因此必須接受虛無假設，也就是男女之間的憂鬱分數沒有差異。

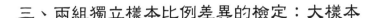

三、兩組獨立樣本比例差異的檢定：大樣本

兩組獨立樣本比例差異的檢定方法與單一變數比例的檢定邏輯相同，差別在於我們必須先求得比例差異的標準誤，公式如下：

$$SE(p_1 - p_2) = \sqrt{\frac{p_1(1-p_1)}{n_1} + \frac{p_2(1-p_2)}{n_2}}$$

p_1：所要觀察的變數在第一組樣本的比例

p_2：所要觀察的變數在第二組樣本的比例

n_1：第一組樣本個數

n_2：第二組樣本個數

兩組獨立樣本比例差異的抽樣分配也是常態分配，因此我們計算檢定統計數 Z 分數來從事假設檢定。檢定統計數 Z 值的運算方法如下：

$$Z = \frac{p_1 - p_2}{SE(p_1 - p_2)} \text{ 或 } \frac{(p_1 - p_2) - 0}{SE(p_1 - p_2)}$$

上面兩個公式的分子項所代表的意義一樣。虛無假設為真是兩組樣本的比例相同，沒有差異，亦即相減為0，所以0就是代表虛無假設為真的陳述。而（$p_1 - p_2$）則是實際兩組樣本比例的差異，如果這個差異夠大，那麼它就會距離虛無假設為真的狀況比較遠，因此有機會得到較大的 Z 值（如果比例差異的標準誤也很小的話）。Z 值夠大，就有機會拒絕虛無假設。

我們舉個例子來說明：例如2015年1月與2月各舉行一次民意調查，觀察民眾支持總統的比例，兩次調查的結果如**表13-1**，我們很好奇2月真的比1月的支持率高嗎？

表13-1　兩次民調支持總統的比例

	贊成總統	反對總統	樣本數	贊成比例
1月	656	944	1,600	0.410
2月	810	990	1,800	0.450

對立假設　$H_1 : P_{2月} > P_{1月}$　（單尾檢定）

虛無假設　$H_0 : P_{2月} = P_{1月}$

$$Z = \frac{(P_{2月} - P_{1月})}{SE(P_{2月} - P_{1月})} = \frac{(0.45 - 0.41)}{\sqrt{\frac{0.45(1 - 0.45)}{1800} + \frac{0.41(1 - 0.41)}{1600}}} = \frac{0.04}{0.017} = 2.35$$

我們求得的 Z 值等於2.35，因為是單尾檢定，Z 值只要大於1.645就可以拒絕虛無假設。而根據本書附錄常態分配表顯示，單尾檢定 Z 值等於2.35時接受虛無假設的機率很低，$p = 0.0094$。結論是：拒絕虛無假設，接受對立假設H_1，也就是說，2月真的比1月的支持率高。

四、兩組獨立樣本比例差異檢定：小樣本

如果要檢定兩組獨立樣本在某項比例上的差異，並且樣本數小於30的情況下，比例差異的抽樣分配並無法逼近標準的常態分配。在這種情況下，可以使用所謂的Fisher's Exact Test，這是統計學家Ronald A. Fisher發展出來的。計算的方法相當複雜，我們打算略過這個部分。統計軟體SAS也提供這種情況的檢測，有興趣的讀者可以查閱一下進階的統計書籍，應該都有相關的解釋（Agresti and Finlay, 1999, p. 224）。不過，我可以舉個例子來說明什麼狀況之下要使用這種檢定方法。例如有人想要瞭解母親如果罹患躁鬱症，會不會影響到子女也成為躁鬱症患者？24個樣本中，母親

是躁鬱症患者12人，非躁鬱症患者12人。這兩組樣本當中（一組母親是躁鬱症患者，另外一組母親是非躁鬱症患者，兩組都是小樣本），母親是躁鬱症患者，子女也是躁鬱症患者有2人，占2/12，也就是16.6%；而母親是非躁鬱症患者，子女是躁鬱症患者有1人，占1/12，也就是8.3%。虛無假設是這兩個比例無差異，對立假設則是前者的比例大過於後者，也就是母親是躁鬱症患者對於子女的影響程度大過母親是非躁鬱症患者。

第二節　檢定類別變數與等距以上變數之間的關係：類別變數區分為三個（含）以上團體[1]

　　檢定三個或三個以上團體（或是三組或三組以上獨立樣本）在某個等距以上變數的差異時，我們使用單因子變異數分析（One-Way Analysis of Variance, ANOVA）。例如，我們很好奇來自於台灣北部、中部、南部、東部的高中生，他們大學聯考的英文分數是否有顯著的不同？住在台灣北部、中部、南部、東部這個變數就是類別變數，它用來區分不同團體（或是不同的獨立樣本）；而英文分數就是等距以上變數。類似的例子很多，例如國民黨、民進黨、親民黨執政的不同縣市，其所在區域的家庭平均所得是否有所不同？台灣不同族群之間在教育程度上是否有顯著差異？不同的職業類別團體的平均所得是否有所差異？不同區域國家之間的經濟成長率是否有所不同？不同學系的畢業生是否畢業後第一年的薪資會有明顯的不同？

　　在進一步探究單因子變異數分析之前，讓我們先來回顧一下平均數

---

[1] 這個部分的主要內容來自石計生與羅清俊等著（2003）。《社會科學研究與SPSS資料分析》，頁291-294。台北：雙葉書廊有限公司。當時這部分的內容是由本人撰寫。

與變異數（或標準差）的基本觀念，因為變異數分析跟這些概念密切相關。讀者可以回想一下，我們在觀察單一變數時，特別會注意它的集中程度與離散程度，集中程度可以告訴我們所分析的現象具備某種特質，而離散程度可以告訴我們，這種特質是否有意義？例如某個團體成員的身高可以用平均數172公分來表示集中趨勢，而變異數的意義則表示資料離散的狀況。換句話說，我們可以利用變異數來描述到底各個觀察值與平均數差距多大？距離平均值是遠或近？變異數越大，表示各觀察值離平均值越遠，變異數越小，表示距離平均值越近。

我們舉個簡單的例子說明變異數分析。例如：我們想要比較不同系別的大一新生大學入學考試的英文分數有無差異，假設社會系新生77分，物理系新生67分，政治系新生71分。這三個不同團體的英文分數究竟有無顯著差異？我們先不管太多的統計原理，我們就用直覺加上平均數與變異數的基本概念想想看，如果這三個系大一新生的英文分數有顯著差異，那麼他們英文分數的資料究竟會呈現什麼樣子？我的直覺會告訴我，最完美的差異狀況是：第一，這三個系的同學平均分數差距應該會很明顯。第二，個別系內的同學分數的變異情形應該會很小。如果畫成圖形應該會呈現如**圖13-1**的資料型態。**圖13-1**的a代表這三個團體的英文分數有顯著差異，b則表示無顯著差異。

現在用比較正式的統計原理來解釋。顧名思義，變異數分析就是利用變異數的觀察來檢證不同團體在某項特質上的差異（某項特質是等距

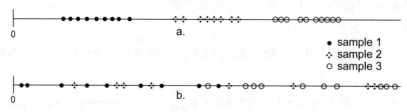

圖13-1　三個團體平均值有無顯著差異的比較

以上的測量層次）。我們繼續利用前面的例子。假設我們觀察100位來自社會系、政治系以及物理系大一同學的英文分數分布情形是否有明顯差異。在我們還沒將「系別」因素考慮進去加以分組之前，我們可以從這100位大一學生的英文分數當中計算出所有同學的平均值，同時也可以得出這100位學生英文分數的變異數。統計上，這個變異數我們稱之為總變異量（total variance）。

然後，我們依照研究目的將這100位大一學生按照系別來區分，發現又會出現兩種不同的變異量：第一種變異量是各系學生英文分數的平均值（三個系，個別有一個平均值）與不分組時全部學生英文分數平均值之間的變異量，這個變異量我們稱之為組間變異量（variance between groups）。第二種變異量是當我們進入個別的系當中，每個系的大一學生分數之間也可求出該系內大一學生的平均值與變異量，這個變異量我們稱之為組內變異量（variance within group）。

我們很好奇，這三種變異量之間究竟有什麼關係？經過實際運算，我們會發現，總變異量會是組間變異量以及組內變異量的總和。即使你將組數分為四組或是五組，結果都會是一樣的。組間的變異量又稱之為系統變異量（systematic variance），因為那是我們刻意利用「系別」讓各組的特質有明顯的差異；換言之，它是人為所造成的，我們期待因為系別的區分讓各系在英文分數這個特質上顯著不同。同樣的，我們也希望各系內大一學生的英文分數差異極小，這樣才能顯現出各系內部某項特質的集中程度。也就是說，我們期待系內的變異量最小，否則系內的特質就無法顯現出來，我們也稱這種變異量為誤差變異量（error variance）。誤差變異量不像系統變異量，它是我們無法控制的，所以我們會假定各系內大一學生之間的英文分數應該差異不大，如果有差異的話，那是隨機所造成的誤差。

當我們計算出總變異量、組間變異量與組內變異量之後，到底要如

何判斷這三個系的大一新生英文分數有顯著差異？統計學家告訴我們可以利用 F 分配的檢定統計數 F 值來判斷。想想看，既然組間的變異量是我們利用「系別」這個變數所得到的系統變異量，我們當然期望它能最大化；而組內的變異量是我們利用「系別」這個變數分組之後，在各系內部的誤差變異量，它是我們無法控制的誤差，當然我們期望它能最小化。F 值就是將組間變異量除以組內變異量所得出的結果，F 值的抽樣分配呈現的形狀如**圖13-2**。這個抽樣分配是非負數（F 值是組間變異量除以組內變異量，變異量不會是負數，兩個變異量相除也不會是負數），而且偏左峰的分配曲線，格線部分是指0.05顯著水準之下的虛無假設拒絕區。

　　F 值接近0是代表組間的變異量小於組內的變異量非常多，也就是說各團體之間的差異非常非常小，所以 F 值才會趨近於0，而這種情況出現的機會不多（曲線上的點越靠近左邊，這個點到橫軸的垂直線段很短，亦即接近0的低 F 值出現機會很低）。往右看，F 值越來越大，次數分配也越來越多（垂直線段的長度越來越長），這代表組間變異量漸漸增加，也漸漸超過組內變異量，而且出現頻率也越來越高。但是，當 F 值大過某

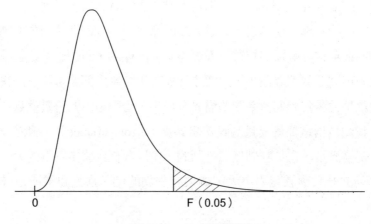

圖13-2　F 分配圖形

一個數值之後，出現的頻率就會越來越低。當 F 值大到某一個數值，也就是組間變異量大過於組內變異量到某一個程度時，就來到了拒絕虛無假設的臨界點了。當 F 值超過了這個數值時，就可以拒絕這三個系的大一新生英文分數沒有差異的虛無假設了。F 分配是由G. Snedecor所提出的觀念，以 F 值為名是為了紀念著名的統計學家Ronald Fisher。

　　瞭解變異數分析的基本原理之後，接下來我們開始討論變異數分析的計算方式。不過在討論計算方式之前，作者必須提醒讀者的是，從事變異數分析之前，必須要檢視所分析的資料是否符合變異數分析的三個前提，並不是任何資料都適合從事變異數分析：第一，各個團體資料的母群體分配（population distribution）呈現常態分配。第二，各個團體資料母群體分配的標準差或變異數必須相等；也就是說，各團體資料所呈現的常態分配的峰寬必須一致（如圖13-3所示）。第三，各團體中的樣本是從各團體所屬母群體當中隨機抽樣而來。

　　假設有 m 個團體，而 μ_1、μ_2……μ_m代表各個團體的平均值，變異數分析 F 檢定的虛無假設與對立假設可寫成：

H_1：至少有兩組的平均值是不同的

H_0：$\mu_1 = \mu_2 = \mu_3 \cdots\cdots = \mu_m$

檢定的步驟為：(1)計算組內變異量；(2)計算組間變異量；(3)選擇 F

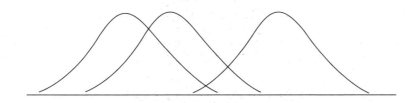

圖13-3　變異數分析當中各個團體資料在母群體分配的變異程度應該相等

值為檢定統計數；(4)計算 F 值。F 值＝組間變異量／組內變異量，F 值越大，拒絕 H_0 的機會越大。

接下來我們先熟悉一下運算 F 值的一些數學符號，然後我們直接利用例子來講解，讓讀者很容易理解單因子變異數分析（ANOVA）的運算方式與原理。

樣本：n_1，n_2，n_3……n_m（各團體內的樣本數）

總樣本數：$N=n_1+n_2+……+n_m$

Y_{ij}：代表第 i th團體中的第 j th個樣本

i：團體

j：樣本觀察值

所以 n_1 的觀察值會是 Y_{11}，Y_{12}，Y_{13}……Y_{1n1}

n_2 的觀察值會是 Y_{21}，Y_{22}，Y_{23}……Y_{2n2}，依此類推

第一個團體樣本平均值 $\overline{Y_1} = \dfrac{\sum_{j=1}^{n_1} Y_{1j}}{n_1}$

第二個團體樣本平均值 $\overline{Y_2} = \dfrac{\sum_{j=2}^{n_2} Y_{2j}}{n_2}$ 依此類推

所有樣本的總平均值（grand mean） $\overline{Y} = \dfrac{\sum i \sum j\, Y_{ij}}{N}$

我們現在開始利用實例說明，假設我想瞭解台灣北中南東四個區域當中的鄉鎮市民眾「愛台灣」的程度有無差異。因此我設計了一個愛台灣的量表，0～100分，分數越高越愛台灣，反之亦然。分析單位是個人，**表 13-2**當中的分數是各鄉鎮市區以個人為分析單位的樣本聚合起來的平均分數。而利用ANOVA檢證區域之間的民眾愛台灣的程度有無差別，則是將個人聚合至鄉鎮市區為分析單位。

表13-2　北中南東各鄉鎮市愛台灣的分數

	北	中	南	東
愛台灣 0 至 100	中和區　70	豐原區　80	新營區　89	壽豐鄉　72
	板橋區　87	大雅區　93	鳳山區　95	員山鄉　86
	八德區　78	鹿港鎮　89	恆春鎮　89	宜蘭市　85
	中壢區　72	彰化市　87	佳里鎮　85	池上鄉　84
	新埔鎮　77	苗栗市　89	朴子鎮　82	羅東鎮　92
	竹東鎮　78	二林鎮　78	岡山區　98	大武鄉　86
				綠島鄉　87
				蘭嶼鄉　88
	$\overline{Y}_1 = 77$	$\overline{Y}_2 = 86$	$\overline{Y}_3 = 90$	$\overline{Y}_4 = 85$

第一步驟：先計算組內變異量 $\dfrac{WSS}{N-m}$。

WSS是within sum of squares的意思，也就是組內平方和。它會等於 $\sum_{j=1}^{n_1}\left(Y_{1j} - \overline{Y}_1\right)^2 + \sum_{j=1}^{n_2}\left(Y_{2j} - \overline{Y}_2\right)^2 + \cdots\cdots + \sum_{j=1}^{n_m}\left(Y_{mj} - \overline{Y}_m\right)^2$。這個式子的第一項是第一個團體內每一個樣本與第一個團體平均值之間差距的平方和，第二項是第二個團體內每一個樣本與第二個團體平均值之間差距的平方和，依此類推。

請讀者注意一下，第一個團體的變異數（variance）是不是就是這個公式的第一項除以第一個團體樣本數減1，亦即（$n_1 - 1$）。為什麼減1呢？因為我們是用樣本觀察，所以變異程度會比母群體略大些，統計學家估計，團體樣本數減1可以反映樣本變異的程度。接下來第二個團體的變異數是第二項除以第二個團體樣本數減1，亦即（$n_2 - 1$），依此類推。當我們將各個團體的變異量相加之後，就等於這裡所謂的組內變異量運算式。

在 $\dfrac{WSS}{N-m}$ 當中，分母為什麼是 $N-m$？那是因為當我們計算每一團體個別的變異數時，分母都是各個團體的樣本數減掉1，既然有 m 個團體，分母當然就是各個團體樣本的總和 N 減去 m。這個 $N-m$ 又稱之為組內變

異量的自由度（degree of freedom, *df*）。統計學家告訴我們，當 *WSS* 除以 $N-m$ 時，可以得出組內變異量的不偏估計值（unbiased estimator）。所以

$$組內變異量 = \frac{WSS}{N-m}$$

N：總樣本數

m：團體數

就這個例子來說，北區鄉鎮市各樣本與北區各鄉鎮市平均值差距的平方和等於

$$\sum_{j=1}^{n_1}\left(Y_{1j}-\overline{Y_1}\right)^2 = \sum_{j=1}^{6}\left(Y_{1j}-77\right)^2 = (70-77)^2 + (87-77)^2 + (78-77)^2$$

$$+ (72-77)^2 + (77-77)^2 + (78-77)^2 = 176$$

$$中區的鄉鎮市 = \sum_{j=1}^{n_2}\left(Y_{2j}-\overline{Y_2}\right)^2 = 168$$

$$南區的鄉鎮市 = \sum_{j=1}^{n_3}\left(Y_{3j}-\overline{Y_3}\right)^2 = 180$$

$$東區的鄉鎮市 = \sum_{j=1}^{n_4}\left(Y_{4j}-\overline{Y_4}\right)^2 = 234$$

$$所以組內變異量 = \frac{WSS}{N-m}$$

$$= \frac{176+168+180+234}{26-4} = 34.45$$

第二步驟：計算組間變異量 $\dfrac{BSS}{m-1}$。

*BSS*是between sum of squares的意思。*m* 是團體數。為什麼除以 $m-1$，而不是除以 *m* 呢？它的原理與剛剛我們在解釋組內變異量時類似，因

為我們是用樣本推估母群體，所以會有較大的變異程度。統計學家估計出來的組間變異量是 *BSS* 除以 $m-1$，而不是除以 m。這個 $m-1$ 又稱為組間變異量的自由度，*BSS* 除以 $m-1$ 時，可以得出組間變異量之不偏估計值。就我們這個實例來說，運算方法如下：

$$組間變異量 = \frac{\sum_{i=1}^{m} n_i \left(\overline{Y_i} - \overline{Y} \right)^2}{m-1}$$

$$= \frac{n_1 \left(\overline{Y_1} - \overline{Y} \right)^2 + n_2 \left(\overline{Y_2} - \overline{Y} \right)^2 + n_3 \left(\overline{Y_3} - \overline{Y} \right)^2 + n_4 \left(\overline{Y_4} - \overline{Y} \right)^2}{m-1}$$

因為 $\overline{Y} = 84.46$（總樣本的平均值），所以

$$\frac{\sum_{i=1}^{m} n_i \left(\overline{Y_i} - \overline{Y} \right)^2}{m-1}$$

$$= \frac{6(77-84.46)^2 + 6(86-84.46)^2 + 6(90-84.46)^2 + 8(85-84.46)^2}{4-1}$$

$$= 177.89$$

m：團體數或組數

ith：第 ith 組

第三步驟：計算檢定統計數 F 值。

$$F = \frac{BSS/(m-1)}{WSS/(N-m)} = \frac{177.89}{34.45} = 5.16$$

組間變異量自由度 $df_1 = m-1 = 3$

組內變異量自由度 $df_2 = N-m = 22$

進一步查本書附錄的 F 分配表，當顯著水準為0.05，自由度為（3，22）時，拒絕虛無假設的臨界值 $F = 3.0491$，而我們求得的 F 值是5.16，

所以拒絕虛無假設 $H_0:\mu_1=\mu_2=\mu_3=\mu_4$。

　　變異數分析還有一個地方必須交代。大家還記得變異數分析的虛無假設是假設所有團體的平均值是相同的，對立假設則是至少有兩個團體之間的平均值不同。換言之，雖然我們由上例發現北中南東各鄉鎮市區的民眾愛台灣的程度有顯著不同，但是卻沒有進一步告訴我們，差異的變異量究竟是來自北區和中區？北區和南區？北區和東區？中區和南區？中區和東區？還是南區和東區？因此我們會進一步利用兩個獨立樣本平均值的檢定方法，看看變異來自何處。我們會將北中南東四區分別來做兩兩之間平均值差異的檢定，以判斷變異來源，這就是所謂的事後檢定（post hoc test）。兩個獨立樣本平均值的檢定在之前我們已經講解過了，這裡我就不再多說。SPSS統計軟體在ANOVA的操作部分有事後檢定的指令可供使用。讀者可以參考George A. Morgan、Nancy L. Leech、Gene W. Gloeckner和Karen C. Barrett（2004）所著 *SPSS for Introductory Statistics: Use and Interpretation*（2nd ed., NJ: Lawrance Erlbaum Associates, Publisher）。

 第三節　檢定類別變數與類別變數之間的關係

一、利用 χ^2（Chi-Square）來檢定類別變數與類別變數之間的關聯性

　　我們常常會關心兩個不同類別團體（例如性別）在某項特質上的差異，前兩節我們所觀察的特質都是等距以上測量尺度，例如某項特質的平均值或是比例。可是我們也常常面對所要觀察的這個特質是類別測量尺度，例如宗教信仰、黨籍、族群別。也許我們會檢證性別在宗教類別上的分布情形是否有差異？也許我們想檢證是否台灣男性選民傾向認同

泛綠，而女性選民傾向認同泛藍？這就是所謂兩個類別變數關聯度的檢定。如第九章我們所討論的內容，純粹從描述統計來說，兩兩類別變數之間的關聯度，我們可以透過Cramer's V、ϕ、Lambda來加以判斷。但是一旦涉及推論統計，也就是我們好奇是否母群體存有類別變數與類別變數之間的關聯時，我們就必須有特定的檢定方法。

通常我們利用 χ^2（Chi-Square）來檢定類別變數與類別變數之間的關聯性。因為類別變數之間關聯性的抽樣分配呈現如**圖13-4**的 χ^2 分配圖，就是我們通稱的卡方分配（**圖13-4**當中的 *df* 所指的是自由度，隨著自由度不同，χ^2 的抽樣分配也不一樣，χ^2 的自由度是交叉表當中的行數減1乘以列數減1）。χ^2 分配跟 *F* 分配一樣，也是非負數的抽樣分配。各位可以先看看下面 χ^2 這個檢定統計數的計算公式，χ^2 不會是負數，分子項是平方項，所以不會是負數，分母項是交叉表格每一格期待無差異的次數，也不會是負數。自由度少的 χ^2 分配長相類似於 *F* 分配偏向於左峰的分配曲線，但是隨著自由度的增加，我們發現 χ^2 分配的曲線越來越平緩。

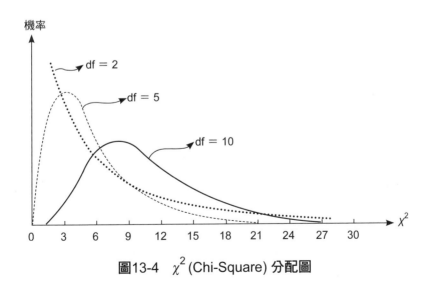

圖13-4 χ^2 (Chi-Square) 分配圖

二、χ^2檢定是屬於無母數檢定

χ^2檢定屬於「無母數檢定」（nonparametric test）的一種，而「無母數檢定」是相對於「有母數檢定」（parametric test）的概念而來。所謂「有母數檢定」指的是我們從樣本資料推估母群體某一種特質時，我們必須假定（assume）這種特質在母群體呈現常態分配，通常所推估的這種特質之測量層次屬於等距以上變數。但是，「無母數檢定」就無需如此了，因此無母數檢定又稱之為自由分配（distribution free）。通常變數測量層次屬於類別尺度或是順序變數時，就適合利用無母數檢定（Munro, 2005, p. 110）。類別變數之間關聯性的抽樣分配就會呈現如**圖13-4**的χ^2，而不是常態分配。

三、χ^2的檢定方法

既然要假設檢定，我們也知道檢定統計數是χ^2，所以我們先來看看如何求出χ^2的值，公式如下，進一步我們再利用例子來說明。

$$\chi^2 = \sum \frac{(O_i - E_i)^2}{E_i}$$

$$= \sum \frac{\left(每格實際觀察到的次數 - 每格期待無差異的次數\right)^2}{每格期待無差異的次數}$$

O_i：交叉表當中的每格實際觀察的次數

E_i：交叉表當中的每格我們期待兩個類別變數無差異的次數

還記得我們在第九章敘述統計部分，曾經計算類別變數與類別變數的相關係數，例如ϕ或Cramer's V之類。現在我們將第九章的例子搬過

來，這個例子是研究彩券「是否開獎當天買」與「是否中獎」這兩個類別
變數之間究竟有無關聯，也就是彩券開獎當天買的中獎人數會多過於非當
天買的中獎人數嗎？之前我們算出 ϕ，可是母群體是否如此呢？這需要透
過 χ^2（Chi-Square）的檢定了。

> 對立假設　H_1：「是否中獎」與「是否開獎當天購買彩券」的次數
> 　　　　　　　　分布有差異
> 虛無假設　H_0：「是否中獎」與「是否開獎當天購買彩券」的次數
> 　　　　　　　　分布無差異

　　為了讓讀者容易瞭解，我重複一下第九章有關這個部分的內容，當
作是前情提要。例如我在台北富邦銀行最後一期大樂透開獎之後，從買大
樂透人口中隨機抽取3,000人。我的研究問題是：開獎當天買彩券的人是
不是比非當天買彩券的人更容易中獎（只要中4個或4個號碼以上的，均屬
於中獎族）。我的分析單位是買大樂透的個人，實際調查的結果呈現如**表
13-3**。這個表告訴我們，中獎人數2,240人，沒中獎人數760人，當天買的
人數1,601人，非當天買的人數1,399人，當天買而且中獎的有1,463人，當
天買但是沒中獎的人有138人，非當天買但是中獎的有777人，非當天買而
沒中獎的有622人。

　　如果我們說「是否開獎當天買彩券」與「中不中獎」兩者的分布無
關聯，那麼我們會期待「當天買彩券中獎的人數占當天買彩券的總人數百
分比」，會等於「非當天買彩券而中獎的人數占非當天買彩券總人數的百

表13-3　「是否當天買」與「是否中獎」人數的實際分布表

中獎情況	當天買	非當天買	總人數
中　　獎	1,463	777	2,240
沒 中 獎	138	622	760
總 人 數	1,601	1,399	3,000

分比」。而我們知道總中獎人數是2,240，占所有樣本的74.65%（也就是 2,240 / 3,000）。所以，如果「是否當天買」與「是否中獎」無關的話，則：

當天買而中獎的人數＝當天買的人數×74.65%
＝1,601×74.65%＝1,195
非當天買而中獎的人數＝非當天買的人數×74.65%
＝1,399×74.65%＝1,045

得出這兩個數值之後，我們就可以進一步算出「當天買沒中獎」與「非當天買沒中獎」的人數，因為我們已經知道「當天買」與「非當天買」個別的總人數，直接減去中獎人數即可得出，分別是406與354人。所以兩者無關聯的分布情形應該如**表13-4**。

表13-4　預期「是否當天買」與「是否中獎」人數無差異的分布表

中獎情況	當天買	非當天買	總人數
中　　獎	1,195	1,045	2,240
沒 中 獎	406	354	760
總 人 數	1,601	1,399	3,000

現在我把**表13-3**與**表13-4**這兩個表合併成**表13-5**，然後利用 χ^2 的計算公式求出 χ^2 的值：

$$\chi^2 = \sum \frac{(O_i - E_i)^2}{E_i}$$

$$= \sum \frac{(每格實際觀察到的次數 - 每格期待無差異的次數)^2}{每格期待無差異的次數}$$

表13-5　表13-3與表13-4的合併

中獎情況	當天買	非當天買	總人數
中　　獎	1,463 (1,195)	777 (1,045)	2,240
沒 中 獎	138 (406)	622 (354)	760
總 人 數	1,601	1,399	3,000

※括號內的數字是預期這兩個變數無差異的次數。

表13-5括號內的次數是 E_i，就是期待無差異的次數；括號外的次數是 O_i，就是實際觀察到的次數。我們將這些數值帶入上面的公式，可以求得 χ^2 在這個例子當中實際的數值。如 χ^2 的數值很大，代表實際的次數與預期無差異的次數之間落差很大，既然與預期無差異的次數落差很大，那就是代表有差異囉！因此可以拒絕兩者無關聯的虛無假設。運算結果 $\chi^2 =$ 508.59，而 χ^2 分配的自由度是行數減1乘以列數減1，就本例來說就是 $(2-1)(2-1)=1$。經查本書附錄表四的 χ^2 分配表，在0.05的顯著水準之下，拒絕虛無假設的臨界值是3.841。而我們算出來的 χ^2 等於508.59，所以我們可以拒絕虛無假設，接受對立假設；也就是說，「開獎當天買彩券中獎的次數分布」與「非開獎當天買彩券中獎的次數分布」會有顯著的差異。經確認實際分布的次數，我們發現開獎當天買彩券，中獎的機會比非當天買來得高。

四、利用χ^2來檢定樣本與母群體結構的一致程度

另外，我們也經常利用 χ^2 來檢定抽樣出來的樣本到底與母群體的結構是否一致。例如我執行某項調查，可是問卷回收的情況不如預期，因為我的時間急迫，所以我不想再去追問卷了，就用已回收的樣本來分析。可是我還是擔心這些樣本是否與母群體結構一致。假設當時我是以職業類別（藍領或是白領）來做分層隨機抽樣，預計抽出1,067個樣本，而現在回收的樣本有856份，我如何來檢測呢？請看**表**13-6。

表13-6　實際抽樣人數與預期抽樣人數在職業類別比例上的差異

	藍領	白領	總數
實際回收樣本數	511	345	856
既有回收樣本下，依照母群體結構實際應抽取的人數	529	327	856
母群體實際藍白領階級的百分比	61.8	38.2	100%

　　我知道母群體當中藍領占61.8%，白領占38.2%，因此基於我回收的樣本856份，我可以換算實際上如果樣本結構要與母群體結構一致的話，在這856份樣本當中，藍領應該要有529份（亦即856×61.8%），白領應該要有327份（亦即856×38.2%），這些就是卡方值公式當中期待無差異的次數。而實際上呢？實際上我的樣本當中藍領有511份，白領有345份，這些數值就是卡方值公式當中實際觀察到的次數，所以我們就可以看看它們之間的差異，而計算出 χ^2 值了。我們先列出對立假設與虛無假設：

對立假設　H_1：普查母群體與調查回收樣本在職業類別的分布上有差異

虛無假設　H_0：普查母群體與調查回收樣本在職業類別的分布上無差異

　　在這個例子上，我們反倒是希望接受虛無假設，才能確認樣本結構與母群體無差異，經過以下公式運算得到卡方值：

$$\chi^2 = \frac{(511-529)^2}{529} + \frac{(345-327)^2}{327} \fallingdotseq 1.602$$

　　而在0.05顯著水準下，自由度等於1的情況下，拒絕虛無假設的臨界值等於3.84。我們所運算出來 χ^2 的數值大約是1.602，小於臨界值，所以並無法拒絕虛無假設，亦即樣本與母群體在職業類別分布的結構上沒有顯著的差異。所以，我的樣本結構與母群體結構在職業類別上的分布有相當

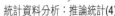

程度的一致性。

我再舉一項我之前所做的全國性調查，利用 χ^2 檢定樣本結構與母群體結構之間差異的分析。**表13-7**顯示依據立法委員選舉各選區投票人口所做的分層隨機抽樣（第六屆立法委員選舉），預計抽出樣本數與實際抽出樣本數的情形。利用 χ^2 可以檢定二者之間的差異。E_i 就是「應完成樣本數」，O_i 就是「達成樣本數」。運算結果 $\chi^2 = 3.361$，本例當中 χ^2 分配的自由度是選區類別數量減1，亦即29－1＝28（因為只有選區類別一個變數，所以只需將選區類別數量減1即可，這屬於卡方檢定計算自由度的特例。之前我們計算藍白領樣本與母群體檢定的自由度也是相同的情況）。在0.05的顯著水準之下，拒絕虛無假設的臨界值為41.337。而本例所計算出來的 $\chi^2 = 3.361$，因此接受虛無假設，也就是樣本結構與母群體結構之間無顯著差異。

五、使用 χ^2 檢定需要留意的問題

使用 χ^2 的時機除了是類別變數與類別變數關聯檢定時使用，另外要特別注意的是樣本的規模一定要足夠。因為樣本足夠可以避免交叉表格當中出現空白的情形。通常，一個2×2交叉表格當中，如果出現某個格子的期待無差異次數小於5，可能就會有問題。如果交叉表格大於2×2，期待無差異次數小於5的格子如果超過總格數的20%時，也會出現估計上的誤差。實務上的解決方法通常是重新編碼，讓你想要觀察現象的分類種類少一些，以避免上述的問題（Munro, 2005, p. 113）。

表13-7　戶籍地選區的樣本結構與母群體結構

選區	選舉人數	百分比（%）	應完成樣本數	達成樣本數
台北縣一選區	783,824	4.82%	51	51
台北縣二選區	981,318	6.04%	64	69
台北縣三選區	914,628	5.63%	60	62
宜蘭縣	329,857	2.03%	22	23
桃園縣	1,263,071	7.77%	83	83
新竹縣	315,470	1.94%	21	21
苗栗縣	402,651	2.48%	26	26
台中縣	1,068,959	6.57%	70	71
彰化縣	950,566	5.85%	62	62
南投縣	379,609	2.33%	25	25
雲林縣	551,467	3.39%	36	36
嘉義縣	417,378	2.57%	27	27
台南縣	825,961	5.08%	54	56
高雄縣	910,134	5.60%	60	60
屏東縣	631,058	3.88%	41	42
台東縣	121,819	0.75%	8	8
花蓮縣	197,038	1.21%	12	13
澎湖縣	69,339	0.43%	5	5
基隆市	285,671	1.76%	19	19
新竹市	272,074	1.67%	18	12
台中市	712,274	4.38%	47	46
嘉義市	193,209	1.19%	13	11
台南市	550,411	3.39%	36	38
台北市一選區	1,003,742	6.17%	66	66
台北市二選區	961,544	5.91%	63	65
高雄市一選區	635,837	3.91%	42	42
高雄市二選區	476,664	2.93%	31	28
金門縣	46,449	0.29%	3	3
連江縣	6,957	0.04%	1	1
總計	16,258,979	100.00%	1068	1071

第四節　檢定兩個等距以上變數之間的相關係數

在第九章我們介紹了兩個等距以上變數之間關聯度的計算，就是皮爾遜相關係數。例如我們關心國家經濟成長率與教育程度之間的關係（分析單位是國家），我們也許關心縣市貧窮程度與上級政府所分配的補助款之間的關係（分析單位是縣市），我們也可能關心學生智商與基本學測分數之間的關係（分析單位是個人）。如果你從一組樣本當中選擇了兩個你感興趣的等距以上變數，也計算出它們的相關係數，接下來你當然會想：是否母群體當中這兩種等距以上測量尺度的變數關係也是如此？所以你必須做假設檢定，否則你難以推論。首先我們列出對立假設與虛無假設：

H_1：$\rho \neq 0$（對立假設），雙尾檢定（如果是>0或是<0則為單尾檢定）

H_0：$\rho = 0$（虛無假設）

ρ：相關係數

進一步你會問，皮爾遜相關係數的抽樣分配長成什麼樣子？知道了之後就好辦了。統計學家告訴我們皮爾遜相關係數的抽樣分配是 t 分配。也就是當我們從母群體當中抽出任何一組樣本計算你所關心的兩個等距以上變數的皮爾遜相關係數，然後以同樣的方法重複無限多次，你會得到無限多個皮爾遜相關係數，這些無限多個皮爾遜相關係數出現的頻率如果利用垂直線段表示，並集中起來，就會呈現 t 分配。好，接下來我們就會繼續問：到底皮爾遜相關係數的檢定統計數如何得出？公式如下：

$$t = \frac{r}{\sqrt{\dfrac{1-r^2}{n-2}}}$$

t 值算出來之後,利用 t 分配表,在0.05顯著水準之下,自由度在 $n-2$,我們可以找出拒絕虛無假設的臨界值,並據以判斷是否拒絕虛無假設了。自由度之所以是 $n-2$,那是因為皮爾遜相關係數是估計兩種現象的關聯性,它不像我們在第十一章檢定小樣本平均值時,自由度是 $n-1$,因為只估計一種現象。

CHAPTER

14

統計資料分析：
推論統計(5)

第一節　多元迴歸分析模型與多變數關係的檢定

前兩章介紹不同種類的假設檢定方法，這些檢定都是最基本的，希望讀者能夠非常清楚這些方法的運用。接下來，我們要繼續跟讀者探討稍微進階一點的多變數統計方法：多元迴歸分析模型（Model of Multiple Regression Analysis），同時也說明如何檢定透過這種多變數分析模型所得到的一些估計值。這個部分所做的檢定，同時可適用於我們在第九章所談的簡單迴歸分析。

一、多元迴歸的基本意義

我們以前所討論的，不管是第九章的敘述統計，或是第十二與十三章所談的假設檢定，都只是觀察一種或兩種現象之間的關係（或是人類行為），這對於我們瞭解真實世界雖然有幫助，但是仍然有其限制。為什麼呢？很簡單，因為大部分的社會現象與人類行為都是由許多複雜的因素造成的。也就是說，我們是活在多變數的環境當中，任何的人類行為或社會現象並不是單一或雙變數可以完全解釋的。也因此，我們就會很想知道，某一種社會現象或是人類行為的背後到底是哪些不同的因素所造成的呢？所以我們會利用統計的方程式來建立多種現象之間的關係，這就是所謂的多變數模型。但是，通常我們為了要簡化複雜的社會現象，可能只會選擇幾個最重要的因素放進模型當中，所以難免會遺漏一些因素，這是多變數模型先天的限制，無可奈何。

多元迴歸分析模型是處理多變數之間關係最常用的方法。所謂的多元迴歸分析模型是指當自變數是兩個或是兩個以上，而我們嘗試解釋這些自變數與某個依變數之間關係的分析模型。我們先來回顧一下簡單迴歸分析

（自變數只有一個），例如我們想要瞭解世界各國民眾的平均「生活痛苦指數」（從0～100，分數越高越痛苦）是否受到該國「意外傷亡人數」的影響（每千人意外傷亡人數，包括交通事故、天災、工業安全等等）？分析單位是國家。我們以方程式表示如下：

$y = a + bx + \varepsilon$

y：痛苦指數

x：意外傷亡人數

b：斜率

a：常數（截距）

ε：（非 x 所能解釋的因素）＋（抽樣誤差）

接下來假設我們可以從世界銀行（World Bank）的資料庫當中取得50個國家的資料運算，我們得出迴歸方程式：$y = 17.57 + 0.466x + \varepsilon$，$R^2 = 0.48$。

運算的方法我們在第九章已詳細講解，在此不再贅述。接下來我們增加另一個自變數，看看能否減少變異量（增加 R^2）。我們決定加上「該國環境汙染程度」（用 x_2 代表，分數介於0～100，分數越高，環境汙染情況越嚴重；之前第一個變數「意外傷亡人數」就用 x_1 代表），迴歸方程式如下：

$y = a + b_1 x_1 + b_2 x_2 + \varepsilon$

經過以下常數項與迴歸係數公式運算之後得出：

$y = 6.421 + 0.321 x_1 + 0.384 x_2 + \varepsilon$ ，$R^2 = 0.57$

$a = \overline{Y} - b_1 \overline{X}_1 - b_2 \overline{X}_2 = 6.421$

$b_1 = \dfrac{\left(\sum y_i x_{1i}\right)\left(\sum x_{2i}^2\right) - \left(\sum y_i x_{2i}\right)\left(\sum x_{1i} x_{2i}\right)}{\left(\sum x_{1i}^2\right)\left(\sum x_{2i}^2\right) - \left(\sum x_{1i} x_{2i}\right)^2} = 0.321$

$$b_2 = \frac{\left(\sum y_i x_{2i}\right)\left(\sum x_{1i}^2\right) - \left(\sum y_i x_{1i}\right)\left(\sum x_{1i} x_{2i}\right)}{\left(\sum x_{1i}^2\right)\left(\sum x_{2i}^2\right) - \left(\sum x_{1i} x_{2i}\right)^2} = 0.384$$

$R^2 = 0.57$就是這個多元迴歸分析模型的判定係數，它的運算原理與簡單迴歸分析相同，讀者可以參閱第九章。主要差別在於計算多元迴歸分析的判定係數，必須同時將這50個國家在「意外傷亡人數」與「環境汙染程度」的實際數值帶入這個多元迴歸方程式，然後計算依變數實際的觀察值（Y_i）與預測值（$\hat{Y}_i$）之間差異的平方和。這個平方和就是納入所有自變數之後，剩餘無法解釋的變異量。我們再來比較，這個變異量是不是比純粹利用依變數的平均值來預測依變數所產生的變異量要來得小，如果真的比較小，那麼改進的程度有多少？

這個利用最小平方法所估計出來的多元迴歸方程式所代表的意義在於依變數 y，也就是「痛苦指數」，由兩個自變數加以解釋，包括「意外傷亡人數」與「環境汙染程度」。R^2 由0.48增至0.57，代表 ε 減少，也就是加上「環境汙染程度」這個變數對於解釋「痛苦指數」有所幫助，因為它增加了解釋變異量0.09，所以這兩個變數能夠解釋「痛苦指數」的總變異量達到0.57。

第一個迴歸係數是正值，意思是說，當我們控制（controlling for）「環境汙染程度」這個變數時，「意外傷亡人數」越多的國家，「痛苦指數」越高；或者我們可以說，當各國「環境汙染」視為常數時，「意外傷亡人數」越多的國家，「痛苦指數」越高；或者我們可以進一步說，如果國家的「環境汙染程度」都在相同水準之下時，則每增加1／1,000人的「意外傷亡人數」，民眾「痛苦指數」就會增加0.321分。就第二個變數來說，迴歸係數也是正值，代表當我們控制「意外傷亡人數」這個變數時，「環境汙染程度」越高的國家，「痛苦指數」也越高；我們也可以說，當各國「意外傷亡人數」視為常數時，「環境汙染程度」越高的國

家，「痛苦指數」越高；或者我們可以進一步說，如果國家的「意外傷亡人數」都在相同水準之下時，每增加1個單位的「環境汙染程度」，則「痛苦指數」就會增加0.384分。

迴歸係數因為有兩個或兩個以上，因此每個迴歸係數稱之為部分迴歸係數（partial regression coefficient）。在多元迴歸方程式當中，我們都會解釋任何一個自變數與依變數之間的關係，因為我們每次都只解釋其中一個自變數與依變數之間的關係，並同時控制其他變數，因此我們所解釋的任何一個自變數與依變數的關係，不再像是簡單迴歸當中的線性關係。就這個例子來說，兩個自變數加上一個依變數，是三度空間的概念，任何一個自變數與依變數的關係就變成是兩個迴歸平面（regression plane）彼此之間的關係。

二、檢定迴歸係數

當我們計算出迴歸係數時，我們已經瞭解各個自變數與依變數之間的關係了，不僅知道方向（正負值），也知道強度（迴歸係數的大小），但是我們還不知道母群體當中這些自變數與依變數是否也呈現這種關係？因此我們必須檢定任何一個自變數的迴歸係數是否為0，如果是0，代表母群體當中的依變數並不會隨著自變數的變化而有任何變動。

(一)簡單迴歸分析的迴歸係數檢定

我們先來討論簡單迴歸分析當中的迴歸係數。例如我們在第九章當中所舉的例子，自變數是溫泉飯店廣告花費，依變數是溫泉飯店的獲利率。如果我們要檢定「廣告花費」這個自變數的迴歸係數，首先我們列出虛無假設與對立假設，我們認為溫泉飯店「廣告花費」越多，它的「獲利率」就越高，所以是單尾檢定，迴歸係數是正值。

$H_1 : \beta > 0$（對立假設）

$H_0 : \beta = 0$（虛無假設）

β 代表母群體中的迴歸係數

　　然後，我們必須知道迴歸係數的抽樣分配到底長成什麼樣子。統計學家告訴我們，迴歸係數的抽樣分配呈現 t 分配。我們再稍微解釋一下，讓讀者容易瞭解。我們從母群體當中隨機抽出一組樣本，可以畫出「自變數」（在橫軸）與「依變數」（在縱軸）的關係直線，我們會得到一個 β 值（就是迴歸係數），而當我們抽取無限多次樣本組合，我們可以得到無限多個 β 值。如果我們將這些 β 值出現的頻率利用垂直線段加以表示，並集中起來，就會呈現 t 分配。既然呈現 t 分配，我們就有了基礎來判斷，究竟任何一個樣本組合所計算出來的 β 值，在虛無假設為真的情況下（迴歸係數為0），是否會落在95%面積之外呢？如果真的是如此，那麼我們就可以拒絕 H_0，而接受 H_1。**圖14-1**表示虛無假設與對立假設的分布情形。水平線是虛無假設為真（$\beta = 0$）的情況（不管 X 軸的自變數如何變動，Y 軸的依變數都是常數，也就是說依變數不會隨著自變數變動而變動，所以迴歸線是平行於 X 軸的直線，斜率為0，也就是迴歸係數為0），由左下往右上的直線是對立假設為真的情況（$\beta > 0$）。

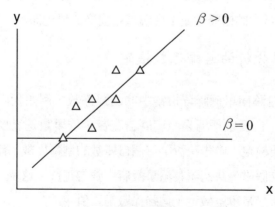

圖14-1　迴歸係數的檢定圖形

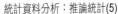
其次，我們就要來計算檢定統計數 *t* 值，公式如下：

$$t = \frac{\hat{\beta} - \beta}{SE(\beta)}$$

$\hat{\beta}$：樣本實際算出的迴歸係數

β：虛無假設的迴歸係數值＝ 0

$$SE(\beta) = \frac{\hat{\sigma}_y}{\sqrt{\sum (x_i - \bar{x})^2}}$$

$$\hat{\sigma}_y = \sqrt{\frac{\sum (y_i - \hat{y}_i)^2}{n - 2}}$$

所以 $SE(\beta) = \dfrac{\sqrt{\dfrac{\sum (y_i - \hat{y}_i)^2}{n - 2}}}{\sqrt{\sum (x_i - \bar{x})^2}}$

y_i：依變數的各個觀察值

$\hat{y}_i$：依變數的預測值

$\hat{\sigma}_y$：依變數觀察值的標準誤

x_i：自變數的各個觀察值

$\bar{x}$：自變數的平均值

上面公式當中求依變數觀察值的標準誤，亦即 $\hat{\sigma}_y$，之所以除以 $n-$ 2，而不是 n，是因為我們利用樣本觀察，因此變異程度較大。並且我們同時觀察兩個變數（自變數與依變數之間的關係），所以統計學家估計總樣本數減去2可以反映樣本的變異程度（這與皮爾遜相關係數的檢定部分相同）。總樣本數減去2的數值就是查詢附錄 *t* 值表時所依循的自由度數值。換言之，就簡單迴歸分析來說，在 *t* 值算出來之後，透過查 *t* 分配表找出顯著水準0.05的單尾臨界值，自由度 $df = n - 2$（總樣本數減去2）。

(二)多元迴歸分析的迴歸係數檢定

多元迴歸分析當中迴歸係數的意義在於，當控制其他自變數時，某個自變數與依變數之間的關係。因此多元迴歸分析的迴歸係數檢定要比簡單迴歸分析複雜許多。迴歸係數的檢定，不管是簡單迴歸分析或是多元迴歸分析，迴歸係數的抽樣分配都是 t 分配，檢定統計數都是樣本所計算出來的迴歸係數減去虛無假設所設定的迴歸係數0，然後再除以迴歸係數的標準誤，公式如下：

$$t = \frac{\hat{\beta} - \beta}{SE(\beta)}$$

就上面的公式來看，分子的部分沒問題，不管簡單或是多元迴歸，都是樣本資料估計出來的迴歸係數 $\hat{\beta}$，而 β 是0（虛無假設設定迴歸係數為0）。但是多元迴歸係數檢定複雜的地方在於，部分迴歸係數（partial regression coefficient）標準誤 $SE(\beta_i)$ 的估計比簡單迴歸繁複許多。例如之前我們在多元迴歸分析當中所舉的例子，有兩個自變數，分別是國家「意外傷亡人數」與「環境汙染程度」，依變數則是民眾「痛苦指數」。究竟我們應該如何檢定任何一個自變數的部分迴歸係數呢？以下是估計任何一個部分迴歸係數標準誤 $SE(\beta_i)$ 的公式（Koutsoyiannis, 1987, p. 123）：

$$SE(\beta_1) = \sqrt{\text{var}(b_1)}$$

$$\text{var}(b_1) = \left(\sum e^2 / n\text{-}k\right) \frac{\left(\sum x_{2i}^2\right)}{\left(\sum x_{1i}^2\right)\left(\sum x_{2i}^2\right) - \left(\sum x_{1i} x_{2i}\right)^2}$$

$$SE(\beta_2) = \sqrt{\text{var}(b_2)}$$

$$\text{var}(b_2) = \left(\sum e^2 / n\text{-}k\right) \frac{\left(\sum x_{1i}^2\right)}{\left(\sum x_{1i}^2\right)\left(\sum x_{2i}^2\right) - \left(\sum x_{1i} x_{2i}\right)^2}$$

e：殘差值

n：樣本數

k：自變數個數

$\text{var}(b_1)$：第一個部分迴歸係數 b_1 的變異數

$\text{var}(b_2)$：第二個部分迴歸係數 b_2 的變異數

而透過這些公式所運算出來的 t 值之後，要判斷是否能拒絕虛無假設時，多元迴歸係數 t 值檢定所依循的自由度 $df=n-(k+1)$。n 是樣本數，而 k 是自變數個數。

三、檢定判定係數R^2

我們知道判定係數是判斷迴歸方程式當中，以依變數的平均值來預測各個觀察值所產生的變異量為基準，比較我們放進各種自變數來預測依變數之後的變異量減少的程度。從樣本觀察值計算出判定係數之後，我們仍會疑惑，到底母群體是否如此？因此必須檢定這個迴歸判定係數。

我們假定在多元迴歸方程式中，有 k 個自變數，而是否所有 k 個自變數共同對 y 有影響？虛無假設與對立假設的寫法如下：

H_1：至少有一個 $\beta_k \neq 0$

H_0：$\beta_1=\beta_2=\beta_3=\cdots\cdots=\beta_k=0$，$\beta_k$代表各迴歸係數

不過，即使我們拒絕了H_0，仍不必然代表所有的自變數與 y 有關聯。但是不管怎麼說，我們仍有自信的說，當控制其他變數時，至少有一個自變數與 y 有關聯。接受這個對立假設代表著用 $\hat{y}=a+b_1x_1+\cdots\cdots+b_kx_k+\varepsilon$ 的多元迴歸分析模型來預測 y，比用 $\overline{y}$ 來預測好多了。假設的寫法可以轉換成以下：

$H_1 : R^2 > 0$

$H_0 : R^2 = 0$

R^2 就是迴歸判定係數

接下來，你會問，到底判定係數 R^2 的抽樣分配呈現什麼樣子？應該要這樣回答：R^2 / k 所得到的數值除以 $1 - R^2 / n - (k+1)$ 這個數值的抽樣分配是 F 分配（k 是自變數個數，n 是樣本數，R^2 是判定係數）。以下是檢定統計數 F 的運算公式：

$$F = \frac{R^2/k}{\left(1 - R^2\right)/\left[n - \left(k + 1\right)\right]}$$

k：自變數個數

R^2：判定係數

n：樣本數

F 值臨界值的查表涉及自由度 $df_1 = k \quad df_2 = n - (k+1)$

請留意這個公式，分子項是所有自變數可以解釋依變數的變異量除以自變數的個數，代表平均每一個自變數可以解釋的變異量。如果我們期待這些自變數真的發揮解釋依變數的功能，我們當然期待分子項越大越好。我們再來看分母項，分母項是平均每一個自變數無法解釋的變異量（就是誤差），我們當然期待它越小越好。F 值越大，代表這個多元迴歸模型用自變數解釋依變數的誤差程度能夠降低，換言之，這個多元迴歸模型是合適（fit）的模型。

第二節　當多元迴歸模型含有虛擬變數（dummy variable）

　　標準的迴歸模型當中的依變數 y 與 x 都必須是等距以上測量層次的變數，但是社會科學研究常常面臨一些自變數是類別尺度的變數（nominal variable），例如性別、族群別或黨籍等等。當這些類別變數納入迴歸式的自變數時，到底我們如何編碼？而運算出來的迴歸係數又代表什麼意義呢？我們如何解釋？我們舉一個簡單的例子來說明，例如我們蒐集到10位國中生的物理成績（y）是否受到數學成績與性別的影響？性別是一個類別變數，我們以編碼1代表男生，編碼0代表女生。基於樣本的資料，我們估計的關係式如下：

$y = a + b_1 x_1 + b_2 x_2 + \varepsilon$

y：物理成績

x_1：數學成績

x_2：性別

比方說我們基於實際的資料估計出來的方程式如下：

$y = 38.467 + 0.2\, x_1 + 13.711\, x_2$

　　這個方程式代表什麼意義？首先，因為 x_1 係數為正，所以我們得知數學成績會正面影響物理分數，如果數學分數每增加10分，物理分數就可能增加2分（$10 \times 0.2 = 2$）。其次，我們來看性別這個變數估計的結果，因為它是類別變數，我們以1或0代表不同的性別：

當 $x_2 = 1$ 時，原始的迴歸方程式變成：

$y = 38.467 + 0.2\, x_1 + 13.711 \Rightarrow$ 當 $x_2 = 1$ 時（男性）的迴歸線

當 $x_2 = 0$ 時，原始的迴歸方程式變成：

$y = 38.467 + 0.2\,x_1 \Rightarrow$ 當 $x_2 = 0$ 時（女性）的迴歸線

很明顯的，這代表兩條平行的迴歸線（因為斜率相同），一條迴歸線代表男性樣本中，物理與數學成績之間的關係式；另外一條迴歸線代表女性樣本中，物理與數學成績的關係式。兩條迴歸線的斜率相同，差別只在於截距的大小。我們看到男性迴歸線的截距變成（38.467＋13.711＝52.178），女性迴歸線的截距為38.467。換言之，當我們控制數學成績這個變數時（將數學成績視為常數時），男性的物理成績會比女性多13.711分。這個係數13.711就是 x_2 的迴歸係數。我們利用**圖14-2**呈現我們剛剛所說明的內容。

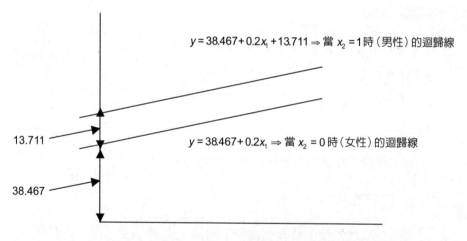

$y = 38.467 + 0.2x_1 + 13.711 \Rightarrow$ 當 $x_2 = 1$ 時（男性）的迴歸線

13.711

$y = 38.467 + 0.2x_1 \Rightarrow$ 當 $x_2 = 0$ 時（女性）的迴歸線

38.467

圖14-2 當虛擬變數代表兩個團體時的迴歸線關係圖

問題來了！社會現象或是人類行為屬於類別變數的情形的確很多，但是類別變數當中的類別（categories）卻不限於像性別一樣只有兩種而已，我們也可能面臨有三種或三種以上的類別變數。那該怎麼辦？資料處

理時如何編碼這種類別變數呢？估計出來的迴歸係數代表什麼意義？如何解釋？

　　例如我們用社會階層這個類別變數來取代剛剛那個例子的性別變數。假設社會階層分為上、中、下層三種類別，通常我們會用「虛擬變數」（dummy variable）來設定這些多類別的類別變數。但是，虛擬變數該如何設定？之前性別變數的例子，因為只有兩個種類，所以我們在資料檔當中使用一個變數即可，1代表男，0代表女。而社會階層的類別變數有三個種類，我們設成類別總數減1，亦即$3-1=2$個變數即可。換言之，在資料檔中，我們設定第一個「虛擬變數」Z_1，代表來自上層階級的學生，在這個變數當中，如果樣本來自上層階級就編碼為1，而來自於中層或下層社會階級的樣本則編碼為0；其次，我們設定第二個「虛擬變數」Z_2，代表來自中層階級的學生，在這個變數當中，如果樣本來自中層階級就編碼為1，而來自於上層或下層社會階級的樣本則編碼為0，資料檔如**表14-1**。

　　而方程式可設定為：

表14-1　虛擬變數有三種類別團體的編碼方式

學生	物理分數	數學分數	Z_1（來自上層）	Z_2（來自中層）
001	－	－	1	0
002	－	－	0	0
003	－	－	0	1
004	－	－	1	0
005	－	－	0	1
006	－	－	1	0
007	－	－	0	1
008	－	－	1	0
009	－	－	0	0
010	－	－	0	0

$$y = a + b_1x_1 + b_2Z_1 + b_3Z_2 + \varepsilon$$

x_1：數學成績

Z_1：上層社會階級學生

Z_2：中層社會階級學生

讀者會問：來自下層社會階級的樣本我們怎麼處理？其實我們不用替來自下層社會階層的樣本設定虛擬變數，因為它會是當 Z_1 與 Z_2 都是0的狀況下出現，也就是**表14-1**當中的樣本2、9、10。這個階層（下層）就是估計出來迴歸方程式 $y = a + b_1x_1$ 當中的常數項（因為當 Z_1 與 Z_2 都是0），也就是截距 a。所以基於方程式 $y = a + b_1x_1 + b_2Z_1 + b_3Z_2$，上層的截距就成為 $a+b_2$，中層的截距為 $a+b_3$，而下層的截距是 a 做為參考基準，斜率並沒有改變。換言之，它們是三條彼此平行的迴歸線。比方說，基於原始資料經過計算結果我們得到 $y = 41.519 + 0.073 \, x_1 + 23.585 \, Z_1 + 11.660 \, Z_2$，這代表：

當控制數學分數時，上層學生分數會是41.519＋23.585＝65.104（Z_2 等於0）

當控制數學分數時，中層學生分數會是41.519＋11.66＝53.179（Z_1 等於0）

當控制數學分數時，下層學生分數會是41.519（Z_1 與 Z_2 都是0）

當然，上例是以下層社會階級的樣本為基準，去設定上層與中層的虛擬變數。你也可以以上層變數為基準，去設定 Z_1 為下層，而 Z_2 為中層。這個時候估計出來的係數 a 代表上層，設為參考基準，它會是65.104，而 Z_1 這個下層虛擬變數的迴歸係數會是－23.585，而 Z_2 這個中層虛擬變數的迴歸係數會是－11.925。所以方程式是：

$$y = 65.104 + 0.073 \, x_1 - 23.585 \, Z_1 - 11.925 \, Z_2$$

當控制數學分數時，上層學生物理分數會是65.104

當控制數學分數時，中層學生物理分數會是65.104－11.925＝53.179

當控制數學分數時，下層學生物理分數會是65.104－23.585＝41.519

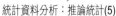

　　因此，你可以發現，用不同方式設定虛擬變數並不會改變各階層學生的物理分數喔！

　　讀者又會問：如果在這個物理成績的例子當中，數學成績、性別（兩類）與社會階層（三類）同時都在一個迴歸式當中，又要如何處理呢？統計結果要如何解釋呢？如果這兩個類別變數編碼處理的方式都與之前相同，性別設定一個虛擬變數（男為1，女為0），社會階級設定為上層與中層兩個虛擬變數（以下層做為基準）。所以估計出來的方程式其實代表六條平行線，包括：上層男性、中層男性、下層男性、上層女性、中層女性、下層女性。基準迴歸線就會是下層社會階級的女性，也就是當性別變數為0（女性），同時上層社會階級 Z_1 為0，中層社會階級 Z_2 為0的時候。如果估計出來的方程式是：

$$y = a + b_1x_1 + b_2x_2 + b_3Z_1 + b_4Z_2 + \varepsilon$$

x_1：數學成績

x_2：性別

Z_1：上層社會階級

Z_2：中層社會階級

它代表的意義在於當控制數學分數時：

下層階級女性的物理成績是 a：當 $x_2=0$，$Z_1=0$，$Z_2=0$

中層階級女性的物理成績是 $a+b_4$：當 $x_2=0$，$Z_1=0$，$Z_2=1$

上層階級女性的物理成績是 $a+b_3$：當 $x_2=0$，$Z_1=1$，$Z_2=0$

下層階級男性的物理成績是 $a+b_2$：當 $x_2=1$，$Z_1=0$，$Z_2=0$

中層階級男性的物理成績是 $a+b_2+b_4$：當 $x_2=1$，$Z_1=0$，$Z_2=1$

上層階級男性的物理成績是 $a+b_2+b_3$：當 $x_2=1$，$Z_1=1$，$Z_2=0$

第三節　多元迴歸模型相關重要概念

一、什麼是調整後的 R^2（adjusted R^2）？

如果我們利用統計軟體處理迴歸模型，除了判定係數 R^2 會計算出來之外，另外一個稱為調整後的判定係數（adjusted R^2）也會透過統計軟體運算出來。而通常我們在撰寫分析報告時，也會使用調整後的判定係數，而不使用原始的判定係數。調整後的判定係數到底是什麼呢？在迴歸分析的實際應用發現，當自變數個數增加時，殘差值（residuals）的平方和會逐漸減少，也就是 R^2 會增加。但是儘管有的自變數與依變數的線性關係沒那麼明顯，但是一旦將其引入方程式之後，也會使 R^2 增加（有膨脹的現象）。所以從這個地方來看，R^2 受到自變數個數相當程度的影響。

因此我們必須調整原始的 R^2 成為：$R^2 - \dfrac{k(1-R^2)}{N-k-1}$

k：自變數個數

N：總樣本數

R^2：原始的 R^2 值

二、多重共線性（或稱之為線性重合）的檢測：利用 VIF係數

在多元迴歸模型的估計當中，我們必須確認自變數之間不能高度相關，如果高度相關，在統計上稱為多重共線性或是線性重合（multicollinearity）。自變數之間高度相關違反了最小平方法（ordinary least squares, OLS）的前提。我們以**圖14-3**來加以說明。在OLS當中，假

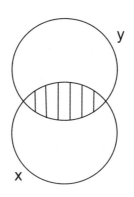

圖14-3　簡單迴歸分析：自變數對於依變數的解釋

設我們利用 x 這一個自變數來預測 y，x 與 y 交集的部分代表 y 可以被 x 解釋的部分。

接下來，我們利用兩個自變數 x 與 z 來解釋 y。從**圖14-4**中我們看到 x 與 z 有重疊的情形，代表自變數 x 與 z 有線性關係。如果用 x 單獨解釋 y，a 與 b 的資訊會被用來估計 β_x；如果用 z 單獨解釋 y，則 b 與 c 的資訊會被用來估計 β_z。但是當我們利用多元迴歸模型，讓 x 與 z 同時來

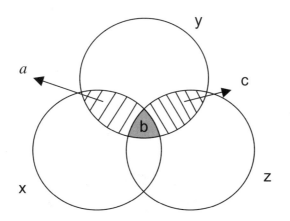

圖14-4　多重共線性的圖解

解釋 y 時，最小平方法（OLS）的估計是利用 a 的資訊來估計β_x，利用 c 的資訊來估計β_z，但是放棄使用 b 的訊息。因為 b 代表著 y 的變動是由 x 與 z 同時決定的，可是我們卻不知道 x 與 z 在 b 部分的相對貢獻度有多少。統計學家告訴我們 y 同時讓 x 與 z 解釋時，β_x 才是 x 對 y 的不偏估計值（unbiased estimator），β_z 才是 z 對 y 的不偏估計值。也許有些讀者會問：如果個別處理 x 與 y 以及 z 與 y 的迴歸模型，是不是可以個別得到不偏估計值 β_x 與 β_z？不對，這樣適得其反，因為個別的迴歸模型都使用了 b 的資訊。

不過，應該注意的是，這種OLS多元迴歸估計的方法，因為利用較少的資訊來估計 β，所以變異程度會增加。換言之，為了得到不偏估計值的代價是必須忍受較大的變異。但是一旦 x 與 z 高度相關時（交集範圍比目前還多，x 往右移動，z 往左移動），b 的部分會明顯增加，結果會讓個別估計 y 的 a 與 c 部分明顯減少，因此變異程度也會明顯增加，而失去估計的準確性（Kennedy, 1994, p. 49），所以應該避免自變數之間高度相關。

實務上，我們如何來檢測自變數之間是否高度相關而可能會影響到迴歸係數的估計準確性呢？常見的方法是計算所謂的膨脹值（value of inflation, VIF）或是容忍值（tolerance）。這兩個係數是一體兩面，一般統計軟體在執行多元迴歸分析時，都會計算這兩個值。我們先來解釋如何計算VIF。

假設某個多元迴歸模型有 x_1 至 x_i 個自變數，首先我們以 x_1 這個自變數做為其他自變數的依變數，可以得到一個判定係數，稱之為 R_1^2。然後用1減去這個判定係數，而這個值的倒數就是VIF值。VIF值如果大於10就代表 x_1 這個自變數與其他自變數高度相關。為什麼會是10呢？各位仔細看看，如果 R_1^2 等於0.9，則VIF值是不是就等於10。R_1^2 等於0.9是不是代表其他自變數與 x_1 已經呈現極為高度的相關，如果超出0.9這個數值，是不

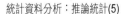

是相關程度更高，而VIF的值是不是也會大於10？所以10是VIF值的一個臨界值。另外，容忍值又是什麼？如何運算出來的呢？容忍值其實就是 $1-R_1^2$，如果容忍值小於0.1，代表 R_1^2 大於0.9，是不是代表這個變數與其他自變數高度相關？所以這兩個係數其實是一體兩面，VIF值就是容忍值的倒數。

如果某個多元迴歸模型有 i 個自變數，我們就可以得到 i 個VIF值與容忍值，就可以判斷每個自變數放在這個多元迴歸模型的妥當性了。不過你一定會問：如果發生某個自變數與其他自變數高度相關，而這個變數在你的分析模型又是非它不可的變數時，該怎麼辦？這個時候，你就必須另外找一個概念型定義與這個變數相近，但是資料型態是不同的變數，否則你就只能放棄它了。

我們以算術式來表達以上我們所討論的這些內容：

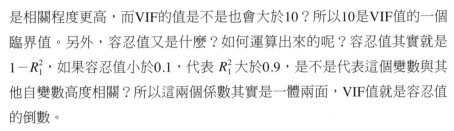

$$x_1 = a_1 + b_2x_2 + \cdots\cdots + b_ix_i \quad 得R_1^2$$
$$x_2 = a_2 + b_1x_1 + \cdots\cdots + b_ix_i \quad 得R_2^2$$
$$x_i = a_i \cdots\cdots\cdots\cdots \qquad\qquad 得R_i^2$$

$$VIF = \frac{1}{1-R_i^2} > 10 \quad 有多重共線性存在$$

或者利用容忍值 $= 1-R_i^2$ 來檢測
$$1-R_i^2 < 0.1 \Rightarrow 有多重共線性存在$$

三、標準化迴歸係數

在多元迴歸模型當中，各個自變數對於 y 的影響大小（迴歸係數的大小），是基於這些自變數自身的測量單位而定。為了要在同一個基準上比較不同自變數對於依變數的相對影響力，我們會將這些自變數轉化為

相同的單位，稱之為標準化的迴歸係數，通常我們會用 β^* 來代表（Beta值）。Beta值代表的意義在於，當控制其他自變數時，某一自變數 x_i 變動一個標準差，依變數 y 會變動多少個標準差；換言之，我們將自變數 x_i 對於 y 的影響程度通通轉化成為標準差的變動單位來表示，用這樣的方式來表達自變數對於依變數的影響力就比較有意義了。一般統計軟體除了迴歸係數之外，標準化的迴歸係數也會計算出來。儘管如此，我們還是要知道它們是如何求出來的。多元迴歸模型當中任一自變數的標準化迴歸係數之計算方法如下：

$$b_i^{\square} = b_i \left(\frac{S_{xi}}{S_y} \right)$$

b_i^*：第 i 個自變數的標準化迴歸係數

b_i：第 i 個自變數之原始迴歸係數

S_y：依變數 y 的標準差

S_{xi}：第 i 個自變數的標準差

 第四節　小結

截至目前為止，我們所講解的統計方法都是最基本而且是社會科學最常用的。我相信你還是會問一個核心問題：我到底要用哪一種或哪些統計方法？我回答的還是老答案：不一定，那要看你問了哪些研究問題？你要觀察哪些現象與行為？你要如何觀察這些現象與行為之間的關係？是雙變數的關係？還是多變數的關係？這些變數的測量層次是類別？是順序？還是等距以上？決定了這些，你才知道什麼統計方法才是適當的，然後才能回答你的研究問題。

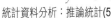
　　舉例來說，你想比較住在北中南東不同區域的民眾對於民進黨或國民黨政府施政的滿意程度，那麼你就可以使用ANOVA；如果你想比較2012年與2014年民眾對於國民黨的支持程度（比例），你就使用兩個獨立大樣本（兩組樣本數均超過30個）的比例差異檢定；如果你想回答不同的宗教信仰類別的個人與黨籍之間的關聯，你就可以使用卡方檢定；如果你想回答世界各國自由貿易程度受到何種因素影響，也想同時知道歐洲、亞洲、北美洲、拉丁美洲、非洲與大洋洲的差異，你就可以利用多元迴歸模型，以世界各國自由貿易程度為依變數，放入一些等距尺度的自變數，外加各洲的虛擬變數。

CHAPTER

15

統計資料分析：推論統計(6)──變異數不齊一與自我相關的問題

我們經常利用最小平方法（ordinary least squares, OLS）從事線性迴歸分析，但是OLS的使用必須符合一些基本的前提（請讀者回憶第九章的簡單迴歸分析）。而實務上，我們也經常發現所分析的資料並不符合這些前提要件。如果出現這些問題而不加妥善處理，就會產生估計上的誤差。我們在這一章討論兩項最常違反的前提，一個是變異數齊一性，另一個是無自我相關或序列相關。其實，這些內容已經屬於計量經濟學的範疇[1]，技術上來說，它們的確是比較深澀。不過，因為量化研究所分析的資料經常會面臨這些問題，如果不瞭解這些問題，那麼我們就很容易誤用最小平方法的線性迴歸模型，進而做出錯誤的統計推論。

為了讓讀者能夠覺得不會太吃力，本章內容盡可能利用簡易的方式呈現。能夠扼要陳述的原理，我就盡可能不用數學式。如果有些基本的數學式是不可避免時，我盡可能用白話文說明。計量經濟學在討論這兩個議題時，有些內容牽涉到比較抽象的統計原理，對於這些內容我將會適度做取捨，以避免讀者因為覺得過於艱深而失去學習動機。儘管經過取捨，但是本章所呈現的扼要內容應該足以讓讀者明瞭變異數齊一性以及無自我相關這兩個議題的內涵。

第一節　變異數不齊一的問題

一、什麼是變異數不齊一的現象？

最小平方法的線性迴歸模型假定：當自變數的某一個數值預測依變

---

[1] 計量經濟學是利用統計學處理經濟議題，然而與經濟相關的資料很容易違反統計學所設定的前提，所以計量經濟學特別著重在當統計學的基本前提被違反時，應該利用何種方法來正確估計所要觀察的現象。

統計資料分析：推論統計(6)──變異數不齊一與自我相關的問題

259

數時所產生的殘差值之變異數，會與這個自變數的其他任何一個數值預測依變數所產生的殘差值之變異數一致（讀者不要忘記，當樣本數夠多時，自變數任何一個數值所對應的依變數觀察值可能為數眾多，這些為數眾多的依變數觀察值與依變數預測值之間就會產生為數眾多的殘差值，基於這些為數眾多的殘差值可以求出其變異數，這就是這裡所說的殘差值之變異數）。換言之，這些殘差值的變異數會是一個固定的常數，這叫作變異數齊一（homoscedasticity）的前提。我們假設殘差值是 u，數學式寫成 $E(u_i^2) = \sigma^2$ 就代表殘差值變異數的期望值會等於一個固定的常數 σ^2，$i = 1, 2, ... , n$。如果違反了這項前提，我們就說資料呈現變異數不齊一（heteroscedasticity）的現象。

例如我們利用學生每天花在準備功課時間來預測他們的學期分數，**圖15-1**與**圖15-2**都呈現準備功課時間對於學期成績有正向的影響，不過**圖15-1**呈現的是變異數齊一現象，而**圖15-2**則呈現變異數不齊一的情況（這兩個圖形是由Gujarati在1988年所出版的《計量經濟學》教科書當中的圖11-1與圖11-2修改而來）。從**圖15-2**來看，準備功課時間越久的人雖

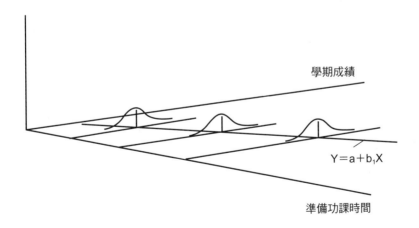

圖15-1　變異數齊一的圖示

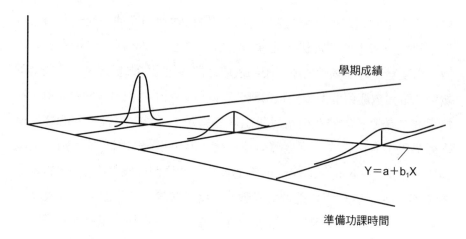

圖15-2　變異數不齊一的圖示

然得到的學期分數越高，但是學期分數之間的變異情形卻越來越大（峰寬漸增）。努力雖然可以獲取高分，但是天分會讓努力產生乘數效果。所以，在準備功課時間越多的這些人當中，天分高低所造成的分數差異可能會更大，所以變異數的數值會更高（我們可以這樣猜測）。讀者也許會問：同樣的自變數與依變數，為什麼**圖15-1**的殘差值變異數就會齊一？我們可以這樣解釋：**圖15-1**例子的樣本都是從智商（天分）相差無幾的人當中抽取得來，所以天分與努力的乘數效果並不明顯。

　　有許多原因造成不齊一的變異數（殘差變異數不是一個固定相等的常數），有時候變異數會隨著自變數的數值增加而增加，例如上面所說的例子；也有可能隨著自變數數值的增加，變異數卻越來越小，例如人類傾向於在錯誤當中學習，隨著練習時數的增加，打字錯誤的次數也會越來越少，因為練習時數增加，純熟度到達一定水準，所以這些人打字錯誤的變異情況也會隨之減少。

二、如何檢測變異數不齊一的現象？

有什麼方法可以檢測是否有變異數不齊一的現象？最簡單與直接的方法就是繪圖法。步驟如下：(1)先利用OLS求出迴歸估計式；(2)將自變數任何數值所對應的殘差值之平方和（e^2）計算出來，也就是在任何一個 X 值之下，求出各個 Y 觀察值與 Y 預測值之間差的平方和；(3)將自變數 X 放在橫軸，然後，在任何一種 X 數值之下，將其所對應的殘差值的平方和（e^2）點出來。例如可能會出現如**圖15-3**、**圖15-4**與**圖15-5**的情形（這三個圖形是由Gujarati在1988年所出版的《計量經濟學》教科書當中的圖11-7修改而來）。**圖15-3**屬於變異數齊一情況，符合OLS前提，因為不管 X 值是多少，殘差值的平方和幾乎維持一定的水準，所以很像是一個平行的帶狀分布。**圖15-4**與**圖15-5**就呈現變異數不齊一的現象。**圖15-4**呈現隨著 X 值的增加，e^2 的數值越來越大。**圖15-5**似乎呈現 e^2 與 X 值成線性關係，隨著 X 值增加，e^2 以幾乎是相同比例的方式一起成長（因為帶狀圖呈現類似45°線）。

除了繪圖與目測的方法，計量經濟學提供了幾種檢測途徑。包括 Spearman Rank-Correlation Test、Goldfeld and Quandt Test、Glejser Test、Breusch-Pagan Test、White Test等等。我們在此就介紹Spearman Rank-

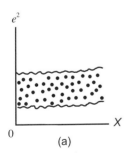

圖15-3 變異數齊一

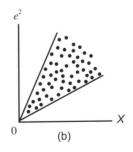

圖15-4 變異數不齊一

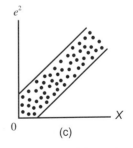

圖15-5 變異數不齊一

Correlation Test與Goldfeld and Quandt Test這兩種方法，讓讀者瞭解基本原理。以上這些方法在進階的統計軟體（例如LIMDEP）都會提供這些檢測功能。

假設我們所處理的模型是簡單迴歸模型。首先我們先來討論Spearman Rank-Correlation Test，它有幾個步驟（Koutsoyiannis, 1987, p. 185）：(1)先以OLS求出迴歸模型的估計式，我們可以計算出每個觀察樣本的殘差值；(2)將這些殘差值按照其絕對值由小排到大（或由大排到小），然後我們也將自變數 X 的數值（原始數值而非絕對值）由小排到大（或由大排到小）。然後利用以下的公式計算順序的相關係數（rank correlation coefficient），公式如下：

$$順序的相關係數 = 1 - \left[\frac{6\Sigma D_i^2}{n(n^2-1)} \right]$$

D_i^2：自變數數值大小順序值減去殘差值的絕對值大小之順序值之後
    的平方

n：觀察的樣本數

當順序的相關係數數值越大，代表變異數不齊一的現象存在。當自變數不只一個時，我們可以利用以上公式，逐一計算每個自變數所產生變異數不齊一的情況，藉以判斷究竟是哪個自變數造成嚴重變異數不齊一的情形。

其次，我們再來討論Goldfeld and Quandt Test。這種檢測方法是用在樣本數比較多的情況，通常樣本數至少是自變數數量的兩倍。同時也只適用在檢測變異數不齊一當中屬於隨著自變數數值增加，殘差的變異數增加的情況。同樣的，假設我們處理簡單迴歸模型，計算的步驟如下（Koutsoyiannis, 1987, pp. 185-186）：(1)我們先將觀察樣本依照自變數的大小加以排列；(2)捨棄自變數數值順序排列在中間的樣本，當樣本數

大於30個時，捨棄的數量約為樣本數的25%。例如30個樣本就捨棄8個樣本；60個樣本就捨棄16個樣本。剩下的樣本就分為兩組，一組是自變數數值較高的，另一組是自變數數值較低的，我們必須確認的是這兩組樣本數是一樣的；(3)以OLS分別估計這兩組樣本的迴歸方程式，我們可以得出這兩組迴歸方程式的SSE（請讀者回憶我們在第九章解釋 R^2 的部分，SSE 亦即利用自變數解釋依變數所產生的殘差值的平方和）。我們也可以寫成 Σe_1^2 代表自變數 X 數值較低那一組的SSE，而 Σe_2^2 代表自變數 X 數值較高那一組的SSE；(4)$\Sigma e_2^2 / \Sigma e_1^2$ 所得出來數值的抽樣分配會是 F 分配，兩個向度的自由度都會相等，都等於〔（總樣本數－捨棄的樣本數－2（自變數數量）〕/ 2。如果 Σe_2^2 等於 Σe_1^2，則 F 值為1，這就代表自變數 X 數值較高的那一組殘差值之平方和會等於自變數 X 數值較低的那一組殘差值之平方和，所以我們說殘差值的變異數齊一。而如果 Σe_2^2 大於 Σe_1^2，同時 F 值也大於拒絕虛無假設的臨界值時，則存在變異數不齊一的現象；換言之，殘差值的變異數會隨著自變數 X 的增加而擴大。

同樣的，當自變數不只一個時，我們一樣利用以上步驟，逐一計算每個自變數所產生變異數不齊一的情況，藉以判斷究竟是哪個自變數造成嚴重的變異數不齊一情形。

三、如何解決變異數不齊一的現象？

當檢測出有變異數不齊一的現象時，適當的解決方法就是轉換原始資料來讓殘差項的變異數一致（固定常數），然後才可以利用OLS來估計。調整或轉換的方法隨著變異數不齊一的特質與型態的不同而異；換言之，轉換的原則會隨著殘差變異數與自變數數值之間的不同函數關係〔數學式寫成：$\sigma^2 u_i = f(X_i)$〕而異。我們也可以這樣說，在**圖15-4**與**圖15-5**的不同情況之下，原始資料的轉換方法不同。

計量經濟學家將這些不同型態的變異數不齊一現象歸類為幾種情況（Gujarati, 1988, pp. 338-341），我們利用簡單迴歸模型 $Y_i=a+b_1X_i+u_i$ 為例子以方便說明。有種情況是假設我們透過猜測或是繪圖，我們相信殘差值的變異數會隨著 X^2 的數值變動而固定變動某個比例。數學式寫成 $E(u_i)^2=\sigma^2 X_i^2$，σ^2 是固定的常數。在這種情況下，我們將原始模型 $Y_i=a+b_1X_i+u_i$ 的每一項除以 X_i，轉換成以下關係式：$Y_i/X_i=a/X_i+b_1X_i/X_i+u_i/X_i$，這個式關係也等於 $Y_i/X_i=(1/X_i)a+b_1+v_i$，這個模型的殘差項 v_i 將符合OLS的前提（這是可以證明的）。除以 X_i 的理由是 u_i^2 隨著 X_i^2 而變動，而原始迴歸模型的殘差項是 u_i，所以矯正 u_i 就除以 X_i。既然轉換之後的殘差項已經符合OLS的前提，我們就可以利用OLS來估計了。我們轉換原始資料，將 Y_i/X_i 當作依變數，$1/X_i$ 為自變數，重新以OLS估計這個迴歸模型就可以了。

另外一種情況是：我們相信殘差值的變異數會隨著 X 的數值變動而固定變動某個比例。數學式寫成 $E(u_i)^2=\sigma^2 X_i$，σ^2 是固定的常數。在這種情況下，我們將原始模型 $Y_i=a+b_1X_i+u_i$ 的每一項除以 $\sqrt{X_i}$，轉換成以下關係式：$Y_i/\sqrt{X_i}=a/\sqrt{X_i}+b_1X_i/\sqrt{X_i}+u_i/\sqrt{X_i}$，這個式子也等於 $Y_i/\sqrt{X_i}=a(1/\sqrt{X_i})+b_1\sqrt{X_i}+v_i$。而 $v_i=u_i/\sqrt{X_i}$，X_i 的數值必須大於0。這個模型的殘差項 v_i 將符合OLS的前提。除以 $\sqrt{X_i}$ 的理由是 u_i^2 隨著 X_i 而變動，而原始迴歸模型的殘差項是 u_i，所以矯正 u_i 就必須除以 $\sqrt{X_i}$。接下來，我們轉換原始資料，將 $Y_i/\sqrt{X_i}$ 當作依變數，以 $(1/\sqrt{X_i})$ 與 $\sqrt{X_i}$ 為自變數，重新以OLS估計這個迴歸模型。

還有一種研究者最常用來矯正變異數不齊一的方法是直接利用對數（log）來轉換原始資料。通常我們會取原始資料當中依變數與自變數的對數，取了對數之後，自變數與依變數的原始數值都會明顯收斂，因而可以輕易排除變異數不齊一的現象。轉換後的迴歸模型為 $\ln Y_i=a+b_1\ln X_i+u_i$，ln代表原始的資料取自然對數。實務上來說，利用這種最直接的方

法，變異數不齊一的情況的確可以改善。以上我們所討論的變異數不齊一的型態與原始資料的轉換均可透過統計軟體的協助加以完成。

 ## 第二節　自我相關或序列相關的問題

一、什麼是自我相關或序列相關？

　　假設 u 代表線性迴歸模型當中的殘差值，如果 u 在某個特定時間的數值與它自己在前一個特定時間的數值相關，這種情形稱之為自我相關（autocorrelation）或是序列相關（serial correlation）。例如我想利用台灣過去三十年當中，每年的經濟成長率來預測中央政府歲出預算總額，直覺上我們會認為每年的歲出預算編列應該都是參考前一年的編列情形，每年的經濟成長率與前一年的經濟成長率應該也不會相差太多。所以這個迴歸方程式所產生的30個殘差值很可能彼此高度相關，而出現所謂自我相關或是序列相關現象，因而違反了最小平方法當中殘差值不能彼此相關的前提。殘差值不能彼此相關的數學式可以書寫成 $E(u_i, u_j)=0$ 或 $E(\varepsilon_i, \varepsilon_j)=0$。社會現象或人類行為在時間序列上表現出來的高度相關可視為慣性現象（inertia或是momentum），這種情況經常可見。除了剛剛所提到的預算編列或經濟成長率之外，個人外顯的行為也會有慣性，例如心理學描述行為加強現象，某一項個人外顯行為如果沒有被責難，或甚至於被鼓勵時，則這種行為會不斷的出現增強的現象。當然，絕大部分出現自我相關或序列相關的資料都是時間序列的資料（time-series data），但是這並不是說橫斷面資料（cross-sectional data）就不會有自我相關，例如我研究台灣各個縣市的家庭平均消費支出，而很有可能北、中、南、東與離島這五個區域的家庭消費行為的特質不同，所以迴歸模型所估計出來的殘差值會

隨著這五個區域的差異而呈現特定的型態，而違反了 $E(u_i, u_j)=0$ 的前提，這稱之為空間的自我相關（spatial autocorrelation）。

自我相關也是統計上「相關」的一種，只不過它是特殊型態。我們知道皮爾遜相關係數可以計算兩個不同變數之間的相關，而自我相關並不是指兩個不同變數之間的相關，而是指同個變數在不同時間點的數值之間彼此的相關程度（這個變數是殘差值）。例如**表15-1**，表面上看起來似乎有兩個變數，其實是同一個變數拆解出來的，我們利用該變數一個單位的時間差（time lag）將它拆解成為兩個變數，方便我們觀察它們彼此之間的相關程度。變數甲當中的 u_t 是在既有的迴歸模型之下，t 時間預測值與觀察值之間的殘差值，u_{t+1} 是 $t+1$ 時間點預測值與觀察值之間的殘差值，依此類推。變數乙當中的 u_{t+1} 是 $t+1$ 時間點預測值與觀察值之間的殘差值，u_{t+2} 是 $t+2$ 時間點預測值與觀察值之間的殘差值，依此類推。如果存在自我相關現象，則從 u 拆解出來的變數甲與變數乙之間會有緊密的相關程度。

好，現在我們透過圖形來呈現自我相關的現象。我們將**表15-1**的變數甲當作是自變數，變數乙當作是依變數，我們可以進一步計算出每個觀

表15-1 殘差值自我相關實際資料呈現的面貌

觀察值	變數甲	變數乙
1	u_t	u_{t+1}
2	u_{t+1}	u_{t+2}
3	u_{t+2}	u_{t+3}
4	u_{t+3}	u_{t+4}
5	u_{t+4}	u_{t+5}
6	u_{t+5}	u_{t+6}
7	u_{t+6}	u_{t+7}
8	u_{t+7}	u_{t+8}
9	u_{t+8}	u_{t+9}

察值的迴歸殘差值（regression residuals），總共是九個殘差值。這九個殘差值我們分別用$e_t e_{t+1}$、$e_{t+1} e_{t+2}$、$e_{t+2} e_{t+3}$……依此類推，分別來表示；或者用e_1、e_2、e_3……依此類推，分別表示。然後我們將這些殘差值放在平面座標上面，縱軸 Y 代表這些殘差值的大小，橫軸 X 為時間。接下來我們依照e_1、e_2、e_3……的順序從橫軸的最左邊開始排起。如果呈現**圖15-6**的情形，我們稱之為負向自我相關（negative autocorrelation），它顯示各個時間點的殘差值會呈現短暫上下變動的特定型態，也就是當前一個時間點的殘差值大，後一個時間點的殘差值就小；或是當前一個時間點的殘差值小，則後一個時間點的殘差值就大。如果呈現如**圖15-7**的情形，我們稱之為正向自我相關（positive autocorrelation），它顯示後一個時間點的殘差值會比前一個時間點的殘差值大，而且會持續一段時間，所以各時間點所連結的曲線平滑；而當到達某一個時間點之後，後一個時間點的殘差值會比前一個時間點的殘差值小，而且這種情形會持續一段時間（以上這兩個圖形是從Koutsoyiannis在1987出版的《計量經濟學》教科書當中的圖10-3與圖10-4而來）。因為殘差值之間相關的情形都是間隔一個時間單位，所以我們稱之為一階自我相關（first order autocorrelation），而一階自我相關也是我們最常碰到的情形。

一階自我相關程度可以透過以下公式計算出來：

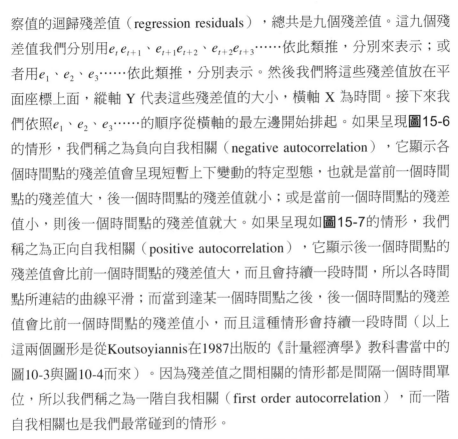

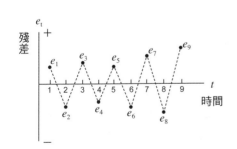

圖15-6　負向自我相關

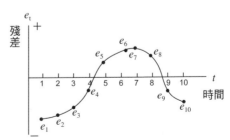

圖15-7　正向自我相關

一階自我相關係數 $r = \dfrac{\Sigma e_t e_{t-1}}{\sqrt{\Sigma e_t^2}\sqrt{\Sigma e_{t-1}^2}}$

如果樣本數夠大,則 $\sqrt{\Sigma e_t^2} = \sqrt{\Sigma e_{t-1}^2}$

所以一階自我相關係數可以轉換為:

$$\frac{\Sigma e_t e_{t-1}}{(\sqrt{\Sigma e_{t-1}^2})^2} = \frac{\Sigma e_t e_{t-1}}{\Sigma e_{t-1}^2}$$

二、如何檢定是否存在自我相關現象?

一階自我相關係數這個數值是用來估計母群體當中真實的自我相關係數(通常書寫成 $\rho_{u_t, u_{t-1}}$ 或 ρ,真實的值我們並不知道,所以是用估計得來),通常我們可以透過Durbin-Watson統計數(Durbin Watson statistic,簡稱為DW值或以 d 代表)來判斷母群體的自我相關係數是否為0。d 值的運算公式如下:

$$d = \frac{\sum_{t=2}^{n}(e_t - e_{t-1})^2}{\sum_{t=1}^{n} e_t^2}$$

d:Durbin-Watson統計數

e_t:t 時間點的迴歸殘差值

e_{t-1}:$t-1$ 時間點的殘差值

一般統計軟體(例如SPSS或SAS統計軟體)在執行線性迴歸模型時也會計算出 d 值,協助我們判斷是否存在自我相關的問題。d 值算出來之後,必須判斷 d 值是否落在「無自我相關區間」、「無法判斷區間」、

「正向自我相關區間」以及「負向自我相關區間」。這是由Durbin和Watson發展出來的方法，他們先估計出所謂的 d_L 與 d_U 兩個臨界值，然後根據這兩個臨界值劃定「無自我相關區間」、「無法判斷區間」、「正向自我相關區間」以及「負向自我相關區間」。

如果計算出來的 d 值＜d_L，則存在正向一階自我相關；如果計算出來的 d 值＞$4d_L$，則存在負向一階自我相關；如果d_U＜d＜$4-d_U$，則沒有自我相關現象；如果d_L＜d＜d_U或$(4-d_U)$＜d＜$(4-d_L)$則屬於無法判斷的區間。d_L 與 d_U 兩個臨界值的大小也會隨著自變數數量、樣本數多寡以及顯著水準而異。**表15-2**節錄Durbin和Watson（1951）所發展出來檢定自我相關表的部分內容，一般計量經濟學的教科書都會提供這個檢定表，甚至於讀者透過網際網路的搜尋引擎，就能輕易找到檢定表。舉個例子來說，如果我根據資料計算出來的 d 值是8.9，樣本數是100，5個自變數，所以 d_L 值是1.57，d_U 值是1.78。由於我所計算出來的 d 值大於$4d_L$，所以資料存在負向一階自我相關。

表15-2　自我相關檢定表部分內容

樣本數	5個自變數	
	d_L	d_U
70	1.46	1.77
75	1.49	1.77
80	1.51	1.77
85	1.52	1.77
90	1.54	1.78
95	1.56	1.78
100	1.57	1.78

顯著水準5%。

三、自我相關問題出現的原因與矯正的方法

　　當迴歸模型出現自我相關的問題時，它的確會造成估計上的不良後果。計量經濟學家認為，模型出現自我相關現象，如果仍然使用OLS估計時，則會低估了迴歸模型殘差值的變異量，同時也容易低估了迴歸係數估計的變異量，進而使得自變數本來不應該達到統計上的顯著水準，而實際上卻達到了顯著水準。

　　產生自我相關的因素有多種（Koutsoyiannis, 1987, pp. 203-204），可能(1)遺漏了某些重要的自變數：例如依變數是每人每年的消費支出，自變數是每人每年的收入金額。可是我們知道，今年的消費支出不僅會受今年收入多寡所影響，可能也會受到前一年收入多寡所影響，同時也會受到前一年消費支出的影響（因為消費行為會有習慣性），所以迴歸模型就應該納入前一年的收入以及前一年的消費支出，做為控制變數以排除自我相關的問題；(2)不適當的界定模型的數學形式：例如自變數與依變數的關係並非線性關係而是循環的關係（cyclical form），而我們卻界定它們是線性關係，殘差值就容易彼此相關。因此確認自變數與依變數的真實關係可以避免因為模型的錯誤界定而出現自我相關的現象。

　　當確認自我相關的來源並不是以上所說的各種情形之後，而仍然存在自我相關的現象時，我們才能進一步轉換原始資料，排除自我相關的問題。假設我們面臨的是一階自我相關，排除的方法主要是估計一階自我相關係數估計值，習慣上我們用 ρ 來代表。然後藉由 ρ 來轉換原始資料，使它符合OLS在殘差項之間不能相關的前提，之後才能繼續使用OLS線性迴歸模型來估計參數。計量經濟學假定：當出現一階自我相關時，則 $u_t = \rho u_{t-1} + v_t$，而 v_t 符合OLS殘差項的前提（一個固定常數）。換言之，這個關係式代表 u 在任何兩個接續時間前後的數值之間是呈現線性關係，而這個線性關係的型態（u_t 與 u_{t-1} 彼此呈現何種方式變動）就決定在 ρ 值，

因為v_t是固定的常數。ρ會介於$+1$與-1之間，如果$\rho=0$，則$u_t=v_t$，那就代表無自我相關存在。如果ρ的符號為正，則為正向自我相關；如果ρ的符號為負，則為負向自我相關。

要排除自我相關就必須先估計出這個ρ值，才能知道自我相關的特質，也才能進一步利用ρ值來轉換原始資料。我們先來講解如何轉換原始資料，再來說明ρ值的估計。假設我已經估計出來ρ值，轉換原始資料的適當方法是將「原始資料的觀察值」（包含依變數與自變數）減去「自我相關係數估計值ρ乘上前一個時間點觀察值」之後所獲得的數值。資料轉換的運算式如下：

$$Y^*_t=a+b_1X^*_{1t}+\cdots\cdots+b_kX^*_{kt}+v_t$$

$$Y^*_t=Y_t-\rho\,Y_t-1$$
$$X^*_{jt}=X_{jt}-\rho\,X_{j(t-1)} \quad (j=1,2,3,\cdots k)$$
$$v_t=u_t-\rho\,u_{t-1}（v_t符合\text{OLS}殘差項的前提）$$

特別要注意的是，當原始資料透過以上方法轉換之後，因為兩個時間點的資料彼此相減，所以第一個觀察樣本會消失。樣本減少總不是好事情，K. R. Kadiyala（1968）建議可以利用以下方法留住第一個樣本：

$$Y^*_1=Y_1\sqrt{1-\rho}$$
$$X^*_{j1}=X_{j1}\sqrt{1-\rho} \quad (j=1,2,3,\cdots k)$$

要轉換原始資料的先決條件是要先估計出ρ。在很多的計量經濟研究當中，都以所謂合理猜測（reasonable guess）將ρ設定為1。當然這是一個途徑，不過仍有其他方法來估計ρ。例如也可以利用DW值（也就是d值，前面的討論已經知道如何求得這個值）來估算ρ。因為根據d值的推導公式（可參閱Koutsoyiannis, 1987, pp. 212-213），d值$\approx 2(1-\rho)$，也就是d近似於$2(1-\rho)$，在這種情況之下，ρ的近似值可以透過以下公式

求得：

$$\rho = 1 - \frac{1}{2}d$$

　　另外，我們也可以透過Cochrane-Orcutt 反覆估計法（Cochrane-Orcutt Iterative Method）。我們仍以簡單迴歸模型來做說明，步驟如下：第一，利用原始資料，使用OLS來估計$Y_t = a + b_1X_t$，計算所謂第一回合的殘差值：$e_t = Y_t - a - b_1X_t$（$t = 1, 2, ..., n$）。然後我們可以算出第一回合的一階自我相關係數ρ的估計值$= \Sigma e_t e_{t-1} / \Sigma e^2_{t-1}$（$t = 2, 3, ..., n$）。第二，利用第一回合的$\rho$來轉換原始資料（本節前面所說的轉換方法），然後再利用OLS來估計模型。原始資料轉換之後的迴歸模型估計出來，我們又可以計算出第二回合的殘差值，而第二回合的自我相關係數估計值也可以算出來。第三，重複相同的方法，一直到每次算出來的ρ值相差無幾時，我們就說ρ值已經聚合（converge）。而聚合的ρ值就當作是轉換原始資料的ρ值。不過，我們常常見到的應用情況是在第二回合就已終止，這稱之為二階段Cochrane-Orcutt方法（two-stage Cochrane-Orcutt Method）。

　　除了以上估計ρ值的方法之外，仍然有Durbin's Two-Stage Method或是Maximum Likelihood等等方法（Koutsoyiannis, 1987, pp. 217-225; Gujarati, 1988, pp. 379-385）。統計軟體也提供以上不同估計方法的功能，讀者在實務運用上可以直接利用軟體的這些功能加以運算，但是在使用之前，請務必充分瞭解自我相關的來龍去脈，才不會誤用統計軟體。

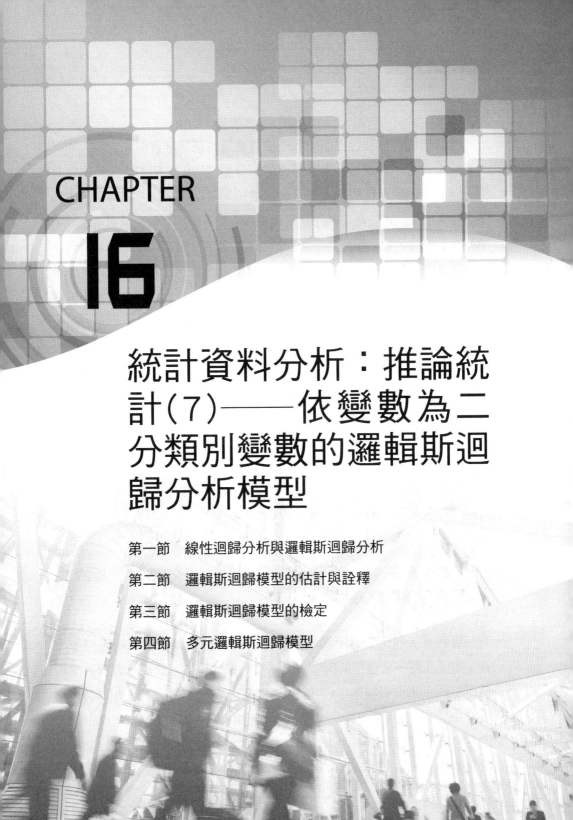

CHAPTER

16

統計資料分析：推論統計(7)──依變數為二分類別變數的邏輯斯迴歸分析模型

　　當我們觀察外在世界時，我們經常會碰到某種社會現象或是人類行為屬於是或否，有或無，要或不要的二分類別情況。例如當分析單位是個人時，我們觀察這些個人是否參加總統大選投票？是否獲得信用卡核准？是否出國念書？是否結婚？是否犯罪？是否蹺課？是否吸毒？當分析單位是國家時，我們觀察這些國家是否開放外資？是否加入某個經濟合作組織？是否廢除死刑？如果我們的研究問題是為什麼這些現象或是行為會發生？我們會將這種現象或行為當作是依變數，然後找一些自變數來解釋或預測這些現象或行為。如果依變數是連續性變數，利用最小平方法所從事的線性迴歸分析可以達到分析的目的，但是依變數是二分類別變數時，我們會發現利用最小平方法估計將會產生資料呈現上相當不合理的現象，所以我們需要找一個解決方案。這個解決方案在統計學上稱之為邏輯斯迴歸分析（logistic regression）或是洛基分析（logit analysis）。本章將討論這個重要的主題。

 ## 第一節　線性迴歸分析與邏輯斯迴歸分析

一、依變數是二分類別變數時，最小平方法估計所產生的不合理現象

　　我們直接利用第九章講解簡單迴歸分析時所舉的溫泉飯店例子來看，如果我將十家溫泉飯店當中凡是獲利率大於或等於這十家飯店平均獲利率9%的依變數編碼為1，低於9%獲利率編碼為0，然後用相同的自變數，亦即廣告費用當作是自變數，一樣利用最小平方法來估計。估計出來的迴歸方程式為：$Y = -0.185 + 0.054$，這個估計方程式我們稱之為線性機率模型（linear probability model）（因為依變數不是1就是0，可視之為

是否獲利的機率）。依照這個線性機率模型，依變數的平均值是任何一家溫泉飯店落在「1」，也就是獲利機率的函數；換言之，依變數的預測值可以解釋為任何一家溫泉飯店落在「1」的預測機率。既然是預測機率，它的值應該介於0與1之間。

　　但是，問題來了，如**表16-1**所示，這十家溫泉飯店當中，第一家與第七家的預測機率分別是1.153以及－0.024。既然談到機率，機率不會大過1，也不應該小於0，所以這種估計的結果就很難解釋了。除此之外，利用線性機率模型也很容易違反最小平方法的前提，例如隨著自變數數值增加或減少，殘差值的變異數會呈現不一致的現象，這也就是我們上一章討論的變異數不齊一的現象。

表16-1　　溫泉飯店獲利與否的線性機率模型（依變數為是否獲利？）

溫泉飯店	廣告花費	是否獲利？	獲利情形的預測機率	殘差值
1	25	1	1.15321	-0.15321
2	12	0	0.45717	-0.45717
3	18	1	0.77842	0.22158
4	8	0	0.24300	-0.24300
5	11	0	0.40362	-0.40362
6	16	1	0.67133	0.32867
7	3	0	-0.02471	0.02471
8	4	0	0.02833	-0.02883
9	9	1	0.29654	0.70346
10	22	1	0.99259	0.00741

二、如何解決線性機率模型所面臨的問題？

　　依照**表16-1**的資料與線性機率模型的意義來看，如果自變數真的會正向影響依變數時，那麼我們應該期待當廣告費用這個自變數增加時，溫

泉飯店獲利的機會應該漸漸逼近於「1」，但是不會超過「1」；而當自變數減少時，溫泉飯店獲利的機會應該漸漸逼近於「0」，但是不會低於「0」。這就會像**圖16-1**當中長得很像 S 的曲線，稱之為邏輯斯曲線（另外，**圖16-1**當中的直線就是線性機率模型的估計線，如果以溫泉飯店的例子來看，預測機率就很有可能會大於1或小於0）。

好，既然如此，我們有什麼方法可以找到一種模型，讓這個模型可以充分反映自變數與依變數彼此之間的關係，就像是**圖16-1**當中的 S 曲線關係，而讓預測機率能夠介於1與0之間呢？統計學家幫我們想出一個方法，也就是轉換線性機率模型當中0與1的依變數，不僅讓轉換之後的依變數能夠與自變數之間呈現線性關係以方便我們理解（利用線性關係呈現自變數與依變數之間的關係是最直接易懂的方式），而且可以使得預測機率能夠介於1（稱之為成功）與0（稱之為失敗）之間。我們假設自變數只有一個，而且是等距以上測量尺度，依變數是1或0兩種結果的類別變數，則轉換的步驟如下：

第一，為了呈現線性關係，我們必須將依變數0或1的類別尺度轉換成為等距以上的尺度（轉換成連續性變數）。連續性變數指的是任何數值均

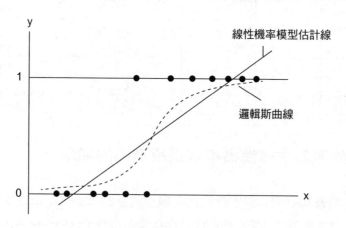

圖16-1　邏輯斯S型曲線示意圖

可能出現，而且理論上來說並不會限制在一定的數值區間（unbounded）。首先，我們將樣本出現1或0的依變數轉換成為所謂的勝算比（odds）。所謂的勝算比是指樣本屬於1的機率除以屬於0的機率。也就是成功的機率除以失敗的機率，寫成運算式即為：成功的機率÷（1－成功的機率）。當我們做這樣的處理時，我們發現這個勝算比最小的數值會是0，它會發生在當成功機率為0，失敗機率為1的時候。相對來看，這個勝算比的最大值會趨近於正的無窮大（∞），它會發生在當成功機率為1，而失敗機率為0的時候（1／0這個數值在數學上的意義是無窮大）。好，轉換依變數成為連續性變數已經成功一半了，因為我們將原來依變數上限是1轉換成為正的無窮大（∞）。接下來應該處理另外一半，因為透過勝算比，最小值仍限制在0。

第二，我們可以進一步取勝算比的自然對數，數學式為：log（成功機率／1－成功的機率）或寫成log [odds (Y＝1)]，這個式子又稱之為洛基（logit）。當我們這樣做時，原來如果勝算比大於0的數值，取了對數之後，其最大值仍然趨近於正的無窮大。而當勝算比趨近於0時，我們取了勝算比的對數之後發現，數值可以趨近於負的無窮大。例如勝算比是0.1時，也就是10的－1次方，它會等於－log 10；勝算比如果是0.01，也就是10的－2次方，它會等於－2 log 10；勝算比如果是0.001，也就是10的－3次方，它會等於－3 log 10，依此類推。所以我們發現在勝算比還沒到達0但是趨近於0時，勝算比的對數值將不斷往負值方向無窮盡的擴展（也就是－∞）。

第三，這個時候我們可以將自變數與經過轉換之後的依變數之間的線性關係，透過以下關係式加以表示[1]：

---

[1] 本章邏輯斯迴歸式當中常數項與邏輯斯迴歸係數表示的符號分別以 α 與 β 表示，與前幾章談到最小平方法所估計的迴歸式當中以 a 代表常數項，b 代表迴歸係數的符號不同。這純粹只是符號上的不同，沒有特別的差異意涵。

$$\log [p(Y=1)/1-p(Y=1)]$$
$$=\alpha+\beta X \text{ 或 } \mathrm{logit} (Y) = \alpha+\beta X$$

$p(Y=1)$：依變數屬於1的機率

X：自變數

α：常數項

β：自變數的邏輯斯迴歸係數

$p(Y=1) / 1-p(Y=1)$：勝算比

　　依變數經過轉換之後的這個關係式，不僅等號左右兩邊的變數呈現線性關係，容易讓我們理解，同時也可以讓預測機率$p(Y=1)$介於0與1之間，而避免原先我們使用線性機率模型出現預測機率大於1或小於0的問題，我們可以來證明一下是否真的如此？

　　首先，因為對數與指數是相對的概念，所以我們可以利用指數（exponentiation）將$\log [p(Y=1) / 1-p(Y=1)]=\alpha+\beta X$ 或寫成 $\log [\mathrm{odds}(Y=1)]=\alpha+\beta X$，還原成為勝算比（odds）的關係式。我們在左右兩邊各取指數（也就是反對數，anti-log），則勝算比$\mathrm{odds} (Y=1)= e^{\alpha+\beta X}$，$e$為常數，數值為2.71828。

　　其次，我們進一步將勝算比（odds）再度還原回機率$p(Y=1)$，可利用以下證明關係式來推導：

由於 $\mathrm{odds}(Y=1)=p(Y=1) / 1-p(Y=1)$

　　$p(Y=1)= \mathrm{odds}(Y=1) \cdot [1-p(Y=1)]$

　　$p(Y=1)=\mathrm{odds}(Y=1)-[\mathrm{odds}(Y=1) \cdot p(Y=1)]$

　　$p(Y=1)+[\mathrm{odds}(Y=1) \cdot p(Y=1)]=\mathrm{odds}(Y=1)$

　　$p(Y=1)[1+\mathrm{odds}(Y=1)]=\mathrm{odds}(Y=1)$

所以 $p(Y=1)=\mathrm{odds}(Y=1) / 1+\mathrm{odds}(Y=1)$

而我們已經知道 $\mathrm{odds}(Y=1)=e^{\alpha+\beta X}$

故$p(Y=1)= e^{\alpha+\beta X} / 1 + e^{\alpha+\beta X}$

最後，從$p(Y=1)= e^{\alpha+\beta X} / 1+e^{\alpha+\beta X}$這個數學式來看，$p(\text{Y}=1)$的值將介於0與1之間了。因為當$e^{\alpha+\beta X}$等於0時，則$p(Y=1)=0$，而當$e^{\alpha+\beta X}$趨近於無窮大時，$p(\text{Y}=1)$將趨近於1，但是不會超過1（因為分母比分子大1）。我們之前利用線性機率模型所面臨的問題，經過依變數的轉換已經排除了。

 ## 第二節　邏輯斯迴歸模型的估計與詮釋

一、最大概似函數估計法（maximum likelihood function）估計邏輯斯迴歸模型

從第一節邏輯斯迴歸模型的關係式來看，不管是要分析自變數與依變數（或是轉換之後的依變數，這包括勝算比與logit）之間的一般性關係（general relationship），或是要觀察自變數的任何一種數值影響依變數某一種結果出現的機率，都必須先估計出常數項 α 與邏輯斯迴歸係數 β_k。統計學家利用所謂的最大概似函數估計法（maximum likelihood function）來估計。最大概似函數是指在既有的自變數資料條件之下，最有可能獲得 Y 觀察值的機率，它是利用不斷重複的找出最佳參數來極大化概似函數，一直到可能性函數的改變很細微時才終止，稱之為聚合（coverage）。估計過程其實相當複雜，所幸一般的統計軟體都可以提供這種運算功能，協助我們估計出常數 α 與邏輯斯迴歸係數 β_k。

二、邏輯斯迴歸模型的詮釋

我們以自變數只有一個，而且這個自變數是等距以上尺度的簡單模型，logit(Y)＝α＋βX來加以表示。如本章第一節的討論，我們知道邏輯斯模型當中自變數與依變數出現1或0機率之間的關係圖呈現 S 型。β 係數所代表的意義在於當 X 值增加時，這條 S 曲線究竟會上升或下降？當 β 係數大於0時，它代表當 X 值增加時，依變數出現1的機率就會增加，也就是 S 曲線會隨著 X 值增加而上升，就如**圖16-1**的邏輯斯曲線；當 β 係數小於0時，它代表當 X 值增加時，依變數出現1的機率反而會減少（依變數出現0的機率會增加），也就是 S 曲線會隨著 X 值增加而下降，這個 S 曲線會呈現如**圖16-2**的邏輯斯曲線；而當 β 係數等於0時，它代表當 X 值改變時，依變數出現1的機率並不會因此而改變。

雖然 β 係數的解釋很類似於直線方程式的斜率，但是當我們觀察「自變數」與「依變數出現1或0機率」之間的關係時，其實它所代表的並

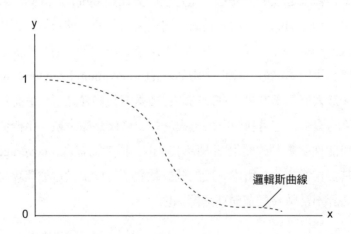

圖16-2　邏輯斯迴歸係數 β 小於0時的邏輯斯曲線

不是直線方程式的斜率，而是代表著當自變數 X 的數值改變時，S 曲線爬升或下降時變化幅度的比率（rate）。β 係數如果是正的，則該係數越大時，代表 S 曲線隨著自變數數值增加而爬升的比率會越來越大，這也就意味著這條曲線會比較陡峭。相對來說，β 係數如果是負的，則該係數的「絕對值」越大時，代表 S 曲線隨著自變數數值增加而下降的比率會越來越大，這也是意味著這條曲線會比較陡峭。

　　β 係數會是直線斜率，不過這是指「自變數」與「轉換成為勝算比對數值的依變數」之間的關係，也就是自變數與 $\mathrm{logit}(Y)$ 之間的關係，而不是自變數與 $p(Y=1)$ 之間的關係，這點請讀者特別注意。

　　我們舉一個邏輯斯迴歸模型實例來解釋。例如我有一個樣本數為100人的資料，我收集到這些人的「家庭可支配所得」以及「是否擁有自有住宅」的資料，如**表16-2**顯示。如果我透過統計軟體以最大概似函數估計法估計出來的邏輯斯模型是 $\mathrm{logit}(Y)=-3.5561+0.053X$，我究竟應該如何詮釋它呢？

　　首先，因為 β 係數0.053為正數，它代表當家庭可支配所得增加時，擁有自有住宅的機率將會增加。其次，因為我自己家庭可支配所得是24萬，所以我很好奇家庭可支配所得是24萬的樣本，他擁有自有住宅的機率到底會是多少？我可以以 $X=24$，$\alpha=-3.5561$，$\beta=0.053$，帶入式子 $p(Y=1)=e^{\alpha+\beta X}/1+e^{\alpha+\beta X}$。帶入之後成為 $e^{-3.56+0.053(24)}/1+e^{-3.56+0.053(24)}=e^{-2.3}/1+e^{-2.3}$。而 e 是常數，等於2.71828，所以 $e^{-2.3}/1+e^{-2.3}=0.1/1.1=0.09$，換句話說，這個樣本擁有自有住宅的機率有9%。最後，我對於自變數如何影響勝算比（odds）也感到興趣。因為 $\log\left[p(Y=1)/1-p(Y=1)\right]=\alpha+\beta X$，兩邊取指數，所以勝算比 $\left[p(Y=1)/1-p(Y=1)\right]=e^{\alpha+\beta X}=e^{\alpha}(e^{\beta})X$。換句話說，當自變數 X 每增加一個單位，對於勝算比會有 e^{β} 的乘數效果（multiplicative effect）（因為 e^{α} 是一個固定的常數）。就家庭可支配所得以及是否擁有自有住宅的例子來說，$\beta=0.053$，所以 $e^{0.053}=1.055$，這代

表16-2 家庭可支配所得與擁有自有住宅調查資料

所觀察到的樣本數	家庭可支配所得（萬元）	擁有自有住宅的人數
1	24	0
1	27	0
5	28	2
3	29	0
9	30	1
5	31	1
8	32	0
1	33	0
7	34	1
1	35	1
3	38	1
2	39	0
5	40	0
2	41	0
2	42	0
1	45	1
1	48	0
1	49	0
10	50	2
1	52	0
1	59	0
5	60	2
6	65	6
3	68	3
5	70	3
1	79	0
1	80	0
1	84	0
1	94	0
6	120	6
1	130	1

本表修改自：Agresti and Finlay（1999, p. 578的表15-1）。

表當家庭可支配所得增加一個單位時，勝算比會是沒有增加一個單位時的1.055倍；也就是說，當家庭可支配所得增加一個單位時，勝算比會增加5.5%。

第三節　邏輯斯迴歸模型的檢定

一、邏輯斯迴歸係數 β 的檢定

當邏輯斯模型 $\text{logit}(Y)=\alpha+\beta X$ 時：

虛無假設H_0：$\beta=0$　　代表 X 對於$p(Y=1)$無影響

對立假設H_1：$\beta\neq0$　　代表 X 對於$p(Y=1)$有影響

因為邏輯斯迴歸係數 β 的抽樣分配是標準常態分配，所以檢定統計數是 Z，檢定式如下：

$$Z=\frac{\hat{\beta}}{SE(\hat{\beta})}$$

另外，大部分的統計軟體會列出Z值的平方值，稱之為Wald Statistic。這個Wald Statistic呈現自由度等於1的卡方分配。換言之，也可以利用Wald Statistic的卡方檢定來檢定 $\beta\neq0$。就家庭可支配所得以及是否擁有自有住宅的例子來說，統計軟體運算的結果 $Z=0.0532 / 0.0131=4.1$，因為大於拒絕虛無假設的臨界值（單尾檢定，顯著水準在0.05的情況下，臨界值為1.645），所以 $\beta\neq0$。而 $Z^2=16.4$，這就是所謂的Wald Statistic，當自由度等於1時，接受虛無假設的機率 $P<0.0001$，因此同樣可以拒絕 H_0。迴歸係數 β 的檢定結果意味著家庭可支配所得對於是否擁

有自有住宅的機率呈現正向的影響關係。

二、模型配適度的檢定（goodness of fit）

模型配適度的檢定主要是檢定邏輯斯迴歸模型當中的自變數對於詮釋依變數是否有所貢獻？與跟最小平方法線性迴歸分析當中檢定 R^2 意義是相類似的，不過邏輯斯迴歸模型配適度的檢定是利用最大概似函數來做。我們可以利用概似比例檢定（likelihood ratio test）來加以檢定。首先，令 L_0 是虛無假設 $H_0(\beta=0)$ 為真時的最大概似函數，而 L_1 是虛無假設 H_0 為偽時的最大概似函數。透過統計軟體計算出 L_0 與 L_1 之後，求出概似比例：

$$\text{Likelihood Ratio} = -2 \log(\frac{L_0}{L_1}) = (-2 \log L_0) - (-2 \log L_1)$$

$-2 \log L_0$ 就類似於線性迴歸模型當中計算 R^2 時的無自變數情況下之總誤差的概念（也就是所謂的Total Sum of Square），而 $-2 \log L_1$ 則類似於加上自變數之後的誤差（也就是所謂的Sum of Square Error），我們期待誤差會因為加上自變數之後而減少，這樣子的模型配適度才佳。乘以 -2 是基於統計技術上的理由，因為這個檢定統計數會因此而逼近 χ^2 的分配（如果樣本數夠大），自由度等於自變數的數量。如果這個 χ^2 的檢定統計數拒絕了虛無假設，也就是達到統計上的顯著水準，則我們會說這個模型的配適度良好。

我們同樣以家庭可支配所得以及是否擁有自有住宅的例子來看，在這個例子當中，透過統計軟體，$-2 \log L_0$ 算出來的結果是123.82，而 $-2 \log L_1$ 算出來的結果是96.963，所以 $(-2 \log L_0) - (-2 \log L_1) = 26.857$，這個數值我們也稱之為Model χ^2。在自由度為1的情況之下（因為自變數只

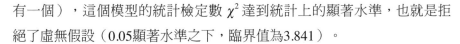
有一個），這個模型的統計檢定數 χ^2 達到統計上的顯著水準，也就是拒絕了虛無假設（0.05顯著水準之下，臨界值為3.841）。

另外，也有人利用以下公式呈現所謂的 Pseudo R^2 當作是配適度的指標，它很像最小平方法線性迴歸模型當中的 R^2 功能。這個指標最低數值為0，最高則會逼近1。公式為：

$$\text{Pseudo } R^2 = \frac{(-2 \log L_0) - (-2 \log L_1)}{(-2 \log L_0) - (-2 \log L_1) + N}$$

N：樣本數

第四節　多元邏輯斯迴歸模型

一、多元邏輯斯迴歸模型的形式

前三節關於邏輯斯迴歸模型的討論都限於一個自變數（稱之為簡單邏輯斯迴歸模型），同時這個自變數的測量尺度也是等距以上變數。但是實際上我們在建立二分類別依變數的分析模型時，我們會納入不只一個自變數，這些自變數可能也同時包含了類別與等距以上的變數。首先我們先來看看多元邏輯斯迴歸模型的關係式，然後再來討論當多元邏輯斯迴歸模型的自變數同時含有類別變數與等距以上變數時該如何解釋。我們會發現，其實多元邏輯斯迴歸模型估計、檢定與解釋都與簡單邏輯斯迴歸模型的原理相同。

以下是多元邏輯斯迴歸模型的關係式：

$$\log [p(Y=1)/1 - p(Y=1)] = \alpha + \beta_1 X_1 + \beta_2 X_2 + \beta_3 X_3 + \cdots\cdots + \beta_k X_k$$
$$\text{或 } \text{logit}(Y) = \alpha + \beta_1 X_1 + \beta_2 X_2 + \beta_3 X_3 + \cdots\cdots + \beta_k X_k$$

而 $p(Y=1)=e^{\alpha+\beta_1X_1+\beta_2X_2+\beta_3X_3+\cdots\cdots+\beta_kX_k} / 1+ e^{\alpha+\beta_1X_1+\beta_2X_2+\beta_3X_3+\cdots\cdots+\beta_kX_k}$

$p(Y=1)$：依變數屬於1的機率

X：自變數

α：常數項

β_k：各個自變數的邏輯斯迴歸係數

$p(Y=1) / 1-p(Y=1)$：勝算比

β_k代表當控制其他自變數時，β_k對於勝算比的自然對數之影響，也就是對於log $[p(Y=1) / 1-p(Y=1)]$的影響。而e^{β_k}代表當控制其他自變數時，β_k每增加一個單位時，它對於勝算比的乘數影響。當控制其他自變數時（例如其他自變數取平均值成為常數），我們也可以透過 $p(Y=1)=e^{\alpha+\beta_1X_1}$ $^{+\beta_2X_2+\beta_3X_3+\cdots\cdots+\beta_kX_k} / 1+e^{\alpha+\beta_1X_1+\beta_2X_2+\beta_3X_3+\cdots\cdots+\beta_kX_k}$的關係式，計算在某個自變數的特定數值之下，出現$Y=1$的機率。至於邏輯斯迴歸係數的檢定以及模型配適度的檢定原理，均與簡單邏輯斯迴歸模型相同。

二、多元邏輯斯迴歸模型的自變數同時含有類別以及等距以上變數時的解釋

當多元邏輯斯迴歸模型的自變數同時含有類別變數與等距以上變數時該如何解釋？它與我們在第十四章第二節討論多元迴歸模型的自變數含有虛擬變數的情況非常類似。我們直接用實例來說明，例如我增加**表16-2**的樣本至200人，我同樣利用家庭可支配所得這個等距以上尺度變數（以X代表）來預測這些樣本是否擁有自有住宅（以Y代表）；除此之外，我也很想知道，受測樣本屬於士、農、工、商這四類職業是否會影響其擁有自有住宅？這個職業的類別變數有四類，資料檔當中的類別虛擬變數設定為三個，變數Z_1代表以農為職業，樣本屬於「農」的編碼為1，其他則為

0；變數 Z_2 代表以士為職業，樣本屬於「士」的編碼為1，其他則為0；變數 Z_3 代表以工為職業，樣本屬於「工」的編碼為1，其他則為0。至於以商為職業者則無須設定變數，因為當$Z_1＝Z_2＝Z_3＝0$時就是屬於「商」的樣本；換言之，以「商」為基準值（請讀者回想第十四章的內容）。多元邏輯斯迴歸模型可寫成：

$$\text{logit}(Y)＝\alpha＋\beta_1 Z_1＋\beta_2 Z_2＋\beta_3 Z_3＋\beta_4 X$$

假設基於這些資料，我們利用統計軟體估計出來的多元邏輯斯迴歸模型為：

$$\text{logit}(Y)＝-12.71＋1.32 Z_1＋1.40 Z_2＋1.10 Z_3＋0.46 X$$

則「商」的邏輯斯迴歸式：

$$\text{logit}(Y)＝-12.71＋0.46 X（因為 Z_1＝Z_2＝Z_3＝0）$$

則「農」的邏輯斯迴歸式：

$$\text{logit}(Y)＝(-12.71＋1.32)＋0.46 X（因為 Z_1＝1，Z_2＝Z_3＝0）$$

則「士」的邏輯斯迴歸式：

$$\text{logit}(Y)＝(-12.71＋1.40)＋0.46 X（因為 Z_2＝1，Z_1＝Z_3＝0）$$

則「工」的邏輯斯迴歸式：

$$\text{logit}(Y)＝(-12.71＋1.10)＋0.46 X（因為 Z_3＝1，Z_1＝Z_2＝0）$$

當logit(Y)轉換成為機率，也就是$p(Y＝1)$時，這四種不同職業的人在各種不同家庭可支配所得的條件下，擁有自有住宅的機率可以分別算出來，機率分布的情形就如**圖16-3**當中四條彼此「平行」的 S 曲線（圖形修改自Agresti（2007）的圖4-4）。這個圖形呈現的意義在於：當家庭可

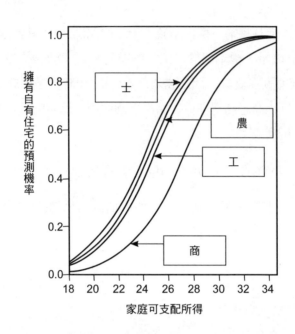

圖16-3 家庭可支配所得與擁有自有住宅預測機率之關係圖

——區分不同職業類別

支配所得控制在某個固定的常數時,各種不同職業的人擁有自有住宅的機率按照大小依序為「士」、「農」、「工」、「商」。

估計出來的模型如何解釋呢?就這個例子來說,所有的樣本不管屬於士農工商哪一類職業,家庭可支配所得對於logit(Y)都有相同的影響效果。當控制職業變數時,家庭可支配所得每增加一個單位,它對於擁有自有住宅的乘數效果(對於勝算比的乘數效果)為$e^{0.46}$,約等於1.6,這代表當家庭可支配所得增加一個單位時,擁有自有住宅的勝算比增加了60%。

我們可不可以也來估計一下,當控制家庭可支配所得的時候,不同職業的人擁有自有住宅的機率到底有多高?例如我將家庭可支配所得控制在所有樣本的平均值,例如說是26.3萬,那麼樣本屬於「商」擁有自有住宅的機會有多高呢?我們來運算一下:因為「商」的邏輯斯迴歸式:

logit(Y)＝－12.71＋0.46X。所以$p(Y＝1)＝e^{-12.71+0.46X}/1+e^{-12.71+0.46X}$，$X$ 以平均值26.3萬帶入關係式，結果$p(Y＝1)＝0.399$。利用相同的方法，我一樣可以估計樣本屬於「農」擁有自有住宅的機率有多高。因為「農」的邏輯斯迴歸式：logit(Y)＝（－12.71＋1.32）＋0.46X。所以$p(Y＝1)＝e^{-11.39+0.46X}/1+e^{-11.39+0.46X}$，$X$ 以平均值26.3萬帶入關係式，結果$p(Y＝1)＝0.715$。至於「士」與「工」也可以透過相同的方法來估計擁有自有住宅的機率。

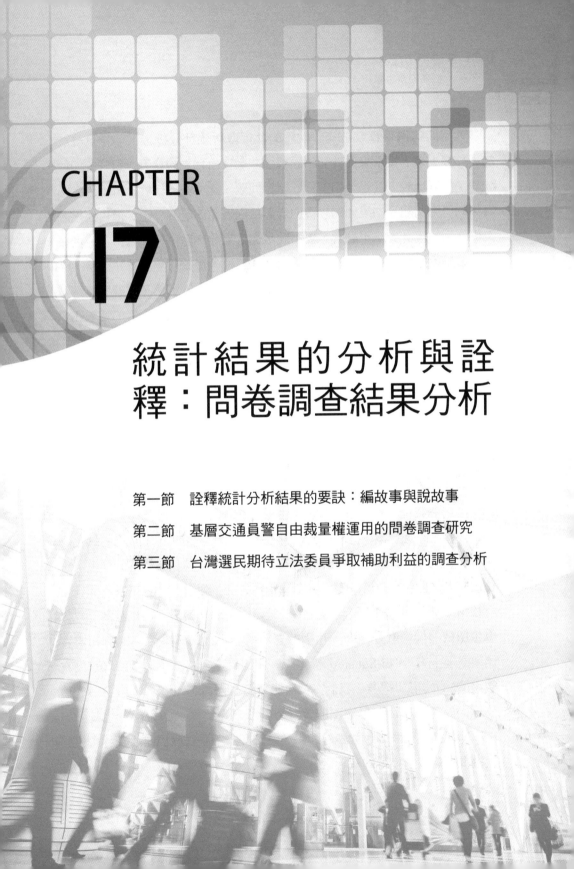

CHAPTER

17

統計結果的分析與詮釋：問卷調查結果分析

　　你可能透過手算或是統計軟體的執行取得統計分析結果。一旦統計結果計算出來，接下來你就必須詮釋這些數字所代表的意義。到底要如何詮釋？簡單地說，就是要扣緊你的研究問題，然後基於統計分析結果，回答你的研究問題。如果你的詮釋內容無法回答你的研究問題，很可能是因為你使用的統計方法不適當，要不就是你欠缺詮釋數字的「功力」。老實說，要排除這兩個原因，恐怕都需要經驗累積，這跟打球或練琴一樣，越常練習，你越能累積需要的技巧。本章舉一些研究的實例，讓讀者瞭解基於你的研究問題，你如何選擇適當的統計方法？而當統計分析的結果完成後，又應該如何利用它們來回答研究問題？

　　誠如之前所談過的，量化研究蒐集資料的方法常常利用問卷調查法與既存統計資料分析法，我們先在本章解說如何詮釋問卷調查法的量化分析。我選擇兩個實例，分別是：(1)基層交通員警自由裁量權運用的問卷調查研究；(2)台灣選民期待立法委員爭取補助利益的調查分析。希望能夠讓讀者瞭解應該如何選擇統計分析方法，統計分析結果出爐之後，如何加以適當詮釋來回答研究問題。

　　第一個案例「基層交通員警自由裁量權運用的問卷調查」是由台北大學公共行政暨政策研究所碩士班研究生邱毓玫在2006年所繳交的量化研究方法學期報告修改而來。經過她的同意之後，我請我所指導的學生，也是台北大學公共行政暨政策研究所碩士班研究生謝瑩蒔，重新處理問卷資料結構、統計分析與資料詮釋。由於這是一份學期報告，所以我當時要求學生所做的樣本數並不多，也因此資料處理上面臨一些限制。例如當我們要處理卡方（Chi-Square）檢定時，面臨交叉表格當中的期待無差異次數小於5的情形非常多。我們在第十三章曾經解說過，這種情形會造成估計上的誤差。所以這個案例的統計分析我們只處理次數分配一種統計方法。即便如此，我們也強烈建議讀者仔細閱讀，到底我們是如何詮釋這些透過問卷調查所獲得的統計數值。

　　第二個案例「台灣選民期待立法委員爭取補助利益的調查分析」是我在2005至2006年所執行國科會研究計畫結案報告的一部分（羅清俊，2006），它屬於完整的學術論文形式。我曾經考慮到底要不要將詮釋結果完完整整的呈現出來？全部呈現出來似乎又嫌多，尤其對於這些研究領域不熟悉的讀者可能是一大負擔！但是，如果不如此，我又沒辦法讓讀者體會如何將研究問題與統計分析結果完整結合起來。考慮再三與不斷掙扎之後，我選擇盡可能的完整呈現出來。也許你可以稍微勉強一下自己讀完它，或者你只掌握其中重要部分，理解解釋統計分析結果的竅門與詞彙的使用方法。不管你的選擇如何，我想應該都會有幫助。

　　為了讓讀者瞭解量化研究的要訣，我有時候會在內容當中利用括號與楷體字穿插一段補充性的解說。這些案例分析裡面的表格或圖形編排的號碼都是按照本章需要重新編排順序，統計分析解釋的內容大致上都沿用原始出處，如果有所修改，那是為了解說方便。

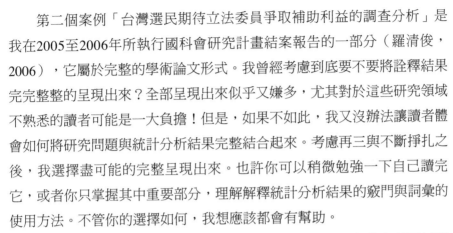

第一節　詮釋統計分析結果的要訣：編故事與說故事

　　統計分析結果詮釋的第一要務，就是要完整的回答你在研究初始所提出的研究問題，當你在詮釋統計分析結果的過程中，或是完成了這個工作之後，你都要隨時提醒自己：你做到了嗎？這是優質的統計分析結果詮釋第一個最起碼的要求。第二個要求是要將統計分析結果詮釋得非常生動，彷彿讓讀者身入其境。其實，你的角色就是編劇，你基於統計分析的結果，編了一個生動有趣的故事；你也是說故事的人，就像「劉三講古」當中的劉三，基於你的編劇內容，娓娓道來事情的來龍去脈，讓讀者

的思緒跟著你的故事遊動。如果你做到了這點,那麼你的詮釋統計分析結果的功力已經非同小可了。

你絕對會質疑我這樣的說法!你會說,統計分析結果已經那麼艱澀了,怎麼可能將它們串成生動有趣的故事?我同意統計分析結果有時候很難讓人輕易理解的這種說法。但是你想想看,量化研究只是「利用」統計方法來建立事件、現象與行為之間可信的關係,而這整個現象之間的關係網絡其實是你依照過去的文獻、經驗與邏輯推理所編織出來的。用量化研究方法的術語來說,你就是模型界定(model specification)的人。你清楚瞭解真實世界當中這些事情(變數之間)的來龍去脈,所以當統計數值計算出來之後,如果你還無法將這個故事說得精彩,你就是失職喔!

簡單的說,三等的統計分析結果詮釋內容會讓讀者不知所云;二等的內容是清晰的回答研究問題;一等的內容不僅清晰的回答研究問題,也會讓讀者欲罷不能,回味無窮。從事量化研究的人,包括我在內,都在想辦法讓自己晉升到一等的內容。

第二節　基層交通員警自由裁量權運用的問卷調查研究

一、研究的動機與研究問題

在政府職能不斷擴張的情況下,為了讓政府的管理兼具效率與效能,授權執行機關及人員讓他們擁有適量的裁量權遂成為必要手段。然而,也因為自由裁量權的影響,執行人員很有可能會產生不執行、曲解法規意義、選擇性執行,甚至違法的行為,以致對政策執行結果造成相當程度的影響。因此,在政策執行過程當中,執行人員裁量權的運用便成為研

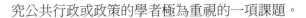

究公共行政或政策的學者極為重視的一項課題。

在基層行政人員行使裁量權的眾多項目當中，與民眾最為切身相關的便是「行」的部分。不論步行或以機車、汽車代步，每個人每天幾乎都會花費些許時間在馬路上行使「行」的權利。而在行的過程中也往往可以看到這樣的景象：在馬路上執行交通違規公權力的基層員警們將路人或騎乘汽機車的駕駛人攔停下來，或者勸說，或者開罰單處置。我們更常看到遭攔檢的路人或駕駛人與這些基層員警爭執或是討價還價的畫面，只是我們不知道，這樣的爭執或是討價還價是否可以影響基層交通員警處置的輕重？每每看到這些畫面，不禁讓人好奇，這些因為警察勤務條例規定不甚詳細而擁有裁量權的基層交通員警，在面對不同的外在壓力或是不同種類的交通違規者時，是否會有不同的處置行為？更詳細的說，當基層員警面臨長官要求或專案期待等外在壓力、個人主／客觀認知違規者的特質差異，或是違規者與基層員警同屬某一社會網絡的情況下，是否會影響基層員警行使不同程度的裁量權（**這一大段是敘述研究動機與提出研究問題**）？

基於以上討論，本研究以台北市政府警察局北投分局執行交通勤務工作的基層員警為研究對象，以問卷調查法探討基層交通員警在執行取締交通違規勤務時，有哪些因素會影響其是否舉發，以及舉發程度輕重的裁量行為（**重述研究問題，並具體陳述研究對象以及所採用的研究方法**）？

二、理論架構

根據上述的背景，我們將影響基層人員裁量行為的因素整理為**圖17-1**（我們略過理論內容的陳述，當然，正式的文章必須詳細討論這些因素之間的關聯）。

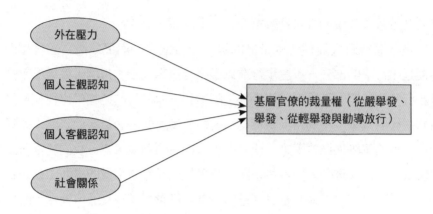

圖17-1　影響基層人員裁量權使用的因素

三、研究設計：變數如何定義？要用什麼統計方法？

(一)變數定義

　　為了回答這個研究所提出的問題，我們將問卷內容操作化成為五個部分如**表17-1**。前四個部分是可能影響基層交通員警裁量權的四組因素，包括外在壓力、個人主觀認知、個人客觀認知與社會關係，最後一部分為基層員警的基本資料。同時我們將基層員警發現有違規者而將之攔停後，是否會因為外在壓力、個人主觀認知、個人客觀認知與社會關係而採取寬嚴不同的處理方式，區分為「從嚴舉發」、「舉發」、「從輕舉發」與「勸導放行」四個尺度。「從嚴舉發」是指除違規者原來的違規項目外，再額外舉發其他違規項目；「舉發」則僅以原先違規項目做舉發；「從輕舉發」意指選擇比違規者原先違規行為罰則較輕的項目舉發；最後，「勸導放行」則意指施以告誡、勸導、放行等等不舉發的處理方式。

表17-1　影響因素的操作化內容

影響因素與基本資料	問卷題目
外在壓力	‧當違規行為是屬於專案的重點取締項目 ‧當長官對違規行為取締的績效有要求時
個人主觀認知	‧違規者的違規行為是屬於無心或無知而產生 ‧違規者放低姿態請求寬恕時 ‧違規者的態度不佳 ‧違規者的態度良好 ‧違規者的服裝儀容令人感到不順眼
個人客觀認知	‧違規者為老年人 ‧違規者為青少年 ‧違規者為男性 ‧違規者為女性 ‧違規者為學生 ‧違規者為殘障人士
社會關係	‧違規者為自己認識的親友 ‧違規者為自己認識的警察同仁之親友 ‧違規者為不認識的其他警察同仁之親友
基本資料	‧年齡 ‧年資 ‧警員班或警察專科學校出身 ‧員警對取締交通的工作價值

(二)抽樣與統計方法

我們以北投分局石牌派出所和交通警察大隊北投分隊有執行交通勤務經驗的基層員警為研究對象。北投分局石牌派出所共有45位同仁有執行交通勤務經驗，而交通警察大隊北投分隊也有35人，因此總母群體數為80人。我們從80人當中隨機抽取57位員警執行我們的問卷調查。

統計方法的部分，我們呈現受訪員警的四組影響因素的次數分配，觀察基層員警面對外在壓力或是不同交通違規者時所採取的處置行為。

四、如何詮釋統計結果？

(一)基層員警的基本特質

　　受訪的有效樣本當中，年齡介於21至40歲有43人（75.5%）、41（含）以上14人（24.6%）。年資分布方面，0至10年10人（17.6%）、11至20年37人（66.4%）、21年（含）以上9人（15.8%）。基層員警的出身背景部分，警員班出身為21人（37.5%）、警察專科學校35人（62.5%）。最後，員警個人對於取締交通違規的工作價值認知方面，認為應該重視嚴格取締違規的有17人（29.8%）、維護交通順暢的有26人（45.6%）、教育民眾的有11人（19.3%）。

(二)基層交通員警處理交通違規時會受哪些因素的影響？

　　我們從四組影響因素的次數分配可以看出，不同影響因素的確使得基層員警有不同的處置行為。第一，在「外在壓力」這組因素中（參見**表17-2**），「當違規行為是屬於專案的重點取締項目」以及「當長官對違規行為取締的績效有要求時」，都呈現「從嚴舉發」與「舉發」的百分比總和明顯高於「從輕舉發」與「勸導放行」的百分比總和，而且「從嚴舉發」與「舉發」兩項百分比的總和皆高達98.2%。具體來看，「當違規行為是屬於專案的重點取締項目」這項的百分比依序分別是35.1%的「從

表17-2　外在壓力影響裁量權的次數分配

	從嚴舉發	舉發	從輕舉發	勸導放行	總數
當違規行為是屬於專案的重點取締項目	35.1% （20）	63.1% （36）	1.8% （1）	0.0% （0）	100.0% （57）
當長官對違規行為取締的績效有要求時	32.1% （18）	66.1% （37）	1.8% （1）	0.0% （0）	100.0% （56）

※括號內的數字是人數。

嚴舉發」、63.1%的「舉發」、1.8%的「從輕舉發」與0.0%的「勸導放行」；「當長官對違規行為取締的績效有要求時」的比例則分別是32.1%的「從嚴舉發」、66.1%的「舉發」、1.8%的「從輕舉發」及0.0%的「勸導放行」。因此，當執行交通勤務的員警面臨來自政策或長官的壓力時，鮮少以較為輕微的處置來面對交通違規者。

第二，員警在面臨「個人主觀認知」這組影響因素的時候（**表17-3**），主要以「從嚴舉發」與「舉發」兩種方式來處理居多。尤其，如果執行勤務的員警認為違規者的「態度不佳」或是「服裝儀容令人感到不順眼」，至少有九成二以上的受訪員警會以「從嚴舉發」或「舉發」等較嚴厲的處置方式來面對違規者，「態度不佳」者甚至高達100%。即使「違規者放低姿態請求寬恕」，仍然會有62.5%的員警會以「從嚴舉發」或「舉發」的方式給予處置，僅有37.5%的員警會以「從輕舉發」或是「勸導放行」來處理。唯二的例外是：當基層員警主觀認知他們所遇到的交通違規者的行為是「屬於無心或無知而產生」，或者認為他們「態度良好」時，員警採用「從輕舉發」以及「勸導放行」兩項處置的比例較

表17-3　個人主觀認知影響裁量權的次數分配

	從嚴舉發	舉發	從輕舉發	勸導放行	總數
違規者的違規行為是屬於無心或無知而產生	7.1% （4）	26.8% （15）	30.4% （17）	35.7% （20）	100.0% （56）
違規者放低姿態請求寬恕時	3.6% （2）	58.9% （33）	25.0% （14）	12.5% （7）	100.0% （56）
違規者的態度不佳	47.4% （27）	52.6% （30）	0.0% （0）	0.0% （0）	100.0% （57）
違規者的態度良好	5.2% （3）	43.9% （25）	35.1% （20）	15.8% （9）	100.0% （57）
違規者的服裝儀容令人感到不順眼	10.9% （6）	81.8% （45）	5.5% （3）	1.8% （1）	100.0% （55）

※括號內的數字是人數。

高。這樣的情況尤其發生在員警主觀認為「違規者的違規行為是屬於無心或無知而產生」時更是如此，受訪員警超過六成六的比例會「對無心或無知的違規者」採用較輕的處分。

第三，在「個人客觀認知」這組因素中，我們從**表17-4**可以看出，除了違規者為「老年人」或是「殘障人士」，員警比較禮遇之外，大多數的員警仍會以「舉發」的方式處理違規者。首先，當違規者為「老年人」或者「殘障人士」，員警使用較輕處置（包括從輕舉發與勸導放行）的比例高於較重的處置（包括從嚴舉發與舉發）。這樣的情形發生在「老年人」的部分尤其明顯，有52.6%的員警會採用「勸導放行」的方式，22.8%會「從輕舉發」，僅有24.6%的執勤者會使用「從嚴舉發」或是「舉發」。其次，如果違規者的身分為「青少年」或是「學生」，分別有79%及70.2%的員警會採用「舉發」或是「從嚴舉發」的方式。最後，員警對於性別是一視同仁，不管「男性」或「女性」的舉發方式通通很嚴苛。不論違規者是「男性」或是「女性」，員警使用「從嚴舉發」或是

表17-4　個人客觀認知影響裁量權的次數分配

	從嚴舉發	舉發	從輕舉發	勸導放行	總數
違規者為老年人	1.8% （1）	22.8% （13）	22.8% （13）	52.6% （30）	100.0% （57）
違規者為青少年	8.8% （5）	70.2% （40）	17.5% （10）	3.5% （2）	100.0% （57）
違規者為男性	8.8% （5）	87.7% （50）	3.5% （2）	0.0% （0）	100.0% （57）
違規者為女性	3.5% （2）	89.5% （51）	3.5% （2）	3.5% （2）	100.0% （57）
違規者為學生	8.8% （5）	61.4% （35）	22.8% （13）	7.0% （4）	100.0% （57）
違規者為殘障人士	3.5% （2）	40.4% （23）	22.8% （13）	33.3% （19）	100.0% （57）

※括號內的數字是人數。

「舉發」的比例均分別達到96.5%與93%。

　　總而言之，執行交通違規處分的員警對於老年人或殘障人士的處分標準較為寬鬆，其次是青少年及學生，而較為嚴厲的則為一般成年男女。

　　第四，我們來看看「社會關係」的三項因素所呈現的次數分配（**表17-5**）。整體來看，基層員警面臨「違規者為自己認識的親友」、「違規者為自己認識的警察同仁之親友」與「違規者為不認識的其他警察同仁之親友」這三種情況下，仍然有過半數的員警會依法處置。「舉發」加上「從嚴舉發」的百分比在上述三種情況下分別是62.5%、66.6%以及75.4%。不過我們如果仔細來看，這中間仍然有些許差別。我們發現當基層員警遇到與自己社會關係越緊密的違規者，從輕舉發或是勸導放行的比例會越高。首先，「違規者為自己認識的親友」的比例最高為37.5%，其次是「違規者為自己認識的警察同仁之親友」的33.4%，最後是「違規者為不認識的其他警察同仁之親友」的24.6%。從以上的數據顯示，雖然基層員警在大部分情況下會依法處置，但是社會關係的遠近仍舊會影響裁量權的使用，雖然差異並不明顯。

表17-5　社會關係影響裁量權的次數分配

	從嚴舉發	舉發	從輕舉發	勸導放行	總數
違規者為自己認識的親友	5.4% （3）	57.1% （32）	12.5% （7）	25.0% （14）	100.0% （56）
違規者為自己認識的警察同仁之親友	5.2% （3）	61.4% （35）	21.1% （12）	12.3% （7）	100.0% （57）
違規者為不認識的其他警察同仁之親友	5.2% （3）	70.2% （40）	15.8% （9）	8.8% （5）	100.0% （57）

※括號內的數字是人數。

第三節 台灣選民期待立法委員爭取補助利益的調查分析

這個問卷調查研究跟我長期所做的分配政策研究有關，這是利用CATI系統所執行的問卷調查。以下我依序列出這個量化研究的研究問題、使用的統計方法，以及統計分析結果的詮釋（略過理論建構的部分）。這些內容引自我在2005至2006年國科會專題研究計畫「重新檢視台灣分配政治」結案報告的部分內容。

一、研究動機與研究問題

分配政策研究主要探索政策利益分配至地理區域（選區或是行政轄區）的驅使力量，這些驅使力量包括各地理區域對於政策利益的客觀需求程度，以及各地理區域所選出的國會議員為了連任，而積極引介政策利益以增加他們勝選機會的相關政治因素（這一段簡要說明分配政策與政治是什麼）。雖然過去台灣分配政策研究的確發現政治因素影響政策利益的分配，但是仍然需要更為系統性的證據來勾勒台灣分配政治的特質。

基於這個理由，這個研究重新回到分配政策研究的原始起點，思考應用分配理論來詮釋台灣分配政治的基本問題。第一個亟需重新釐清的問題，也是本研究主要的焦點：國會議員將補助利益帶回選區是不是台灣選民投票支持的重要因素？這是發源於美國的分配政策研究一個重要論點，而過去美國的實證研究也的確發現如此。然而，台灣選民是否也是這樣？程度如何？另外，決定台灣選民在立法委員選舉投票行為的因素頗為複雜，除了一般投票行為研究所指出的因素之外，台灣特有的國家認同議

題、族群議題、派系、人情因素等等，也常常具有關鍵性。在這種情況下，台灣選民是不是會對於立法委員為家鄉帶回利益的期待有所差異？凡此種種都需要實證研究加以證明。唯有釐清這個基本問題，我們才能確認國會議員是否存在為選區帶回補助利益的動機？動機是否夠強？當我們確認這個動機之後，進一步探索立法委員在國會的立法行為與代表行為，以及政策利益分配在選區分配的結果等等研究議題，才會顯得有意義。過去關於台灣選民投票行為的研究比較少將這個因素納入分析模型當中，因此我們從事這個主題的調查研究，不僅可以增加關於「選民對於國會議員的期待」的相關知識，同時可以重新釐清美國分配政策理論的前提在台灣的適用程度（這一大段是我的研究動機，同時也點出研究的顯著性，也就是研究貢獻）。

　　本研究藉由全國性的調查回答以下三組研究問題：(1)究竟台灣選民在立法委員選舉投票時如何評估立法委員？各個評估標準的相對重要性為何？比較不同評估標準，立法委員為選區爭取地方建設經費是不是選民評估立法委員的重要依據？是否會隨著選民政黨立場不同而不同？是否隨著選民居住區域的不同而迥異？(2)選民是否感受到立法委員經營選區所做的各種努力？這種感受程度是否會隨著選民政黨立場不同而異？是否隨著居住區域的不同而不同？(3)選民對於立法委員爭取中央政府補助預算有何看法？為地方爭取補助經費在立委選舉來說是不是重要的議題？選民是否認為立法委員向中央爭取補助經費來保護選區利益或是繁榮地方是立法委員最起碼的責任？立法委員爭取補助經費會不會對於選民投票時造成影響？選民是否會以選票懲罰沒有帶回或獎勵曾經帶回選區補助利益的立法委員？強度差異如何？這些看法是否隨著選民政黨立場與居住區域不同而異（這一大段是這個研究想要回答的三組研究問題）？

二、理論架構

　　圖17-2是這個研究的分析架構圖。因為這個研究是定位在介於敘述性與解釋性之間的調查研究（因為過去國內並未有補助利益的調查研究，即便是分配政策研究發源地的美國，也少之又少，因此本研究探索性的成分居多），因此就沒有那麼偏向理論層面因果關係的探索。所以圖17-2右側的各變項就比較屬於敘述性的概念，抽象層次並不高。後續統計分析方法的使用也是基於這樣的想法。

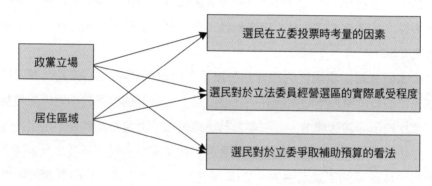

圖17-2　台灣選民對於立法委員期待調查研究的分析架構圖

三、研究設計：變數如何定義？要用什麼統計方法？

(一)變數定義

　　為了回答這個研究所提的研究問題，我們從分配政策研究以及國內有關投票行為的相關研究，將問卷內容操作化成為三個部分：依序為選民在立委選舉投票時考慮的六項因素、選民對於立委經營選區的實際感受、選民對於立委爭取補助預算的看法，最後再加入受訪者基本資料。

　　第一部分，我們列出包括「形象」、「政黨」、「地方派系或宗親」、「在立法院專心制訂公共政策」、「爭取地方建設經費」與「選區服務」等六項選民在立委投票時可能考量的因素。請受訪者依過去投票時各項因素所占的重要性打分數，分數的範圍從0分到10分，分數越高代表該因素越重要。我們希望藉此比較出「爭取地方建設經費」相對於其他因素的重要性（這些題目的測量尺度理論上來說是順序變數，但是因為我們界定這個區間範圍較寬，從0到10，所以實務上如果需要，我們會將它們視為等距變數來處理）。

　　第二部分，我們在問卷中舉出「選區立委向中央爭取補助經費繁榮地方」、「選區立委向中央爭取補助經費保護選區利益」、「選區立委幫忙選民和政府打交道」、「選區立委參加各項地方活動」等四項立委主要從事的選區服務項目，請選民依其實際感受，以「有」或「沒有」做答。我們的目的是希望瞭解選民對於立法委員經營選區所做服務項目的實際感受程度，同時我們也希望比較第一部分的「爭取地方建設經費」與「選區服務」選民投票因素，觀察選民期待與實際感受上的差距（這些題目是類別變數的測量尺度）。

　　第三部分，有關選民對於立委爭取補助預算的看法，我們細分為爭取補助預算在立委選舉時的重要性、選民對於立委爭取補助預算基本責任的期許，以及立委是否曾經爭取補助經費對於選民投票的影響等等三個題組。在爭取補助預算在立委選舉時的重要性部分，我們詢問「立委會因為沒有為地方爭取中央補助經費而落選」以及「立委為地方爭取中央補助經費是立委選舉的重要議題」。在選民對於立委爭取補助預算基本責任的期許部分，我們詢問「向中央爭取補助經費來保護我們選區利益（例如農業補助、災害補助、寒害補助）是立委最起碼的責任」以及「向中央爭取補助經費來繁榮地方（例如道路、橋樑、學校、圖書館、防洪排水的建設經費）是立委最起碼的責任」。而在立委是否曾經爭取補助經費對於選民投

票的影響部分，我們詢問「如果立委沒有爭取中央的補助經費，下次選舉您就不會支持他」以及「立委沒有爭取中央補助經費這件事您會告訴別人」，來觀察選民是否會懲罰沒有帶回補助利益的立法委員，同時這種懲罰會不會經由選民之口加以擴散，我們藉此測量其強度。我們也詢問受訪者，「如果立委有爭取中央的補助經費，您比較可能支持他」以及「立委爭取中央補助經費這件事您會告訴別人」，來觀察選民是否會獎勵曾經帶回補助利益的立法委員，以及這種獎勵會不會經由選民之口加以擴散，同樣的，我們也是藉此測量其強度。每個題組包括二至四道題目。我們依據李克特尺度設計「非常不同意」、「不太同意」、「不知道／無意見」、「有點同意」、「非常同意」五個選項，讓受訪者擇一回答（這些題目都是順序變數）。

最後一個部分是基本資料，我們選擇包括「居住選區」、「居住時間」、「年齡」、「教育程度」、「政黨」及「性別」在內的六個基本資料（這些題目均設定為類別尺度變數）。在後續實際的交叉分析中，我們僅選擇受訪者的政黨立場與居住區域，主要原因在於過去分配政策文獻著墨很多的部分，在於政黨立場與居住區域對於補助利益分配的影響。在選民政黨立場部分，我們區分為泛藍、泛綠以及中立選民。至於選民居住區域部分，我們將各選區重新組合成台北市、高雄市、省轄市、北部各縣（包含台北縣、桃園縣、新竹縣、苗栗縣）、中部各縣（包含台中縣、南投縣、彰化縣、雲林縣）、南部各縣（包含嘉義縣、台南縣、高雄縣、屏東縣）、東部各縣與離島（包含宜蘭縣、花蓮縣、台東縣、澎湖縣、金門縣、連江縣）等七個區域。

(二)統計方法

通常問卷調查研究會先將受訪者的基本資料以次數分配的方式列出來（這是單一類別變數的分析，所以我用次數分配）。例如本研究

受訪者的特質：有效樣本當中居住該選區三年以下37人（3.45%）、三年至六年40人（3.73%）、六年至九年39人（3.64%）、九年以上954人（89.08%）。年齡分布方面，20至29歲173人（16.15%）、30至39歲269人（25.12%）、40至49歲284人（26.52%）、50至59歲218人（20.35%）、60歲及以上126人（11.76%）。學歷分布方面，國中以下201人（18.77%）、高中（職）372人（34.73%）、大專425人（39.68%）、研究所及以上69人（6.44%）。性別分布方面，男性542人（50.61%）、女性529人（49.39%）。

其次，我們會依序分析每個題組。我的習慣是：先做敘述統計，再做推論統計。至於統計方法的選擇得要視研究問題與變數的測量層次而定。例如在第一個題組當中，因為我們詢問受訪者在各項投票因素的評分（0至10分），因此將它視為等距變數加以處理，雖然如此，我們仍然同時以次數分配與平均值描述受訪者一般性的看法（等距變數除了可以扮演它自己的角色之外，也可以降階變成類別變數，所以在敘述統計部分我同時展示平均值與次數分配，希望掌握各種可能的訊息）。進一步我們以變異數分析來檢定受訪者是否會隨著政黨立場不同或是居住區域不同而有不同的評分（六項因素的評分是等距變數，政黨立場有三種屬於類別變數，居住區域有七種也屬於類別變數；所以檢定六項評分與政黨以及居住區域之間的關係，可使用變異數分析。變異數分析如果達到統計上的顯著水準，必須追根究柢做事後分析，看看變異來源究竟是來自於哪兩個團體之間平均值的差異）。

在第二個題組當中，我們詢問受訪者實際上是否感受到立法委員所做的選區服務，選項為「是」與「否」的類別尺度。因此我們以次數分配描述受訪者一般性的看法（類別尺度的敘述性分析用次數分配），進一步以卡方分析交叉檢定受訪者是否會隨著政黨立場不同或是居住區域不同而有不同的感受（類別變數與類別變數之間關係的檢定可使用卡方檢定，或

稱為卡方分析）。

在第三個題組當中，我們使用李克特尺度以「非常不同意」、「不太同意」、「不知道／無意見」、「有點同意」、「非常同意」五個選項加以測量。在敘述性統計部分，我們以這五項不同程度做次數分配觀察受訪者的意見分布（視為類別變數，以次數分配做敘述性分析）。不過在以政黨與居住區域的卡方分析時，為了方便解釋，我們聚合「非常不同意」與「不太同意」的次數成為「不同意」的次數；我們也聚合了「非常同意」與「有點同意」的次數成為「同意」的次數；而無意見部分因為有的實際觀察次數較少，因此我們排除了這些樣本（類別變數與類別變數之間的關係，使用卡方檢定）。

四、如何詮釋統計結果？

詮釋統計結果的時候，一定要扣緊研究問題。我們先來看看第一個研究問題：究竟台灣選民在立法委員選舉投票時如何評估立法委員？各個評估標準的相對重要性為何？比較不同評估標準，立法委員為選區爭取地方建設經費是不是選民評估立法委員的重要依據？是否會隨著選民政黨立場不同而不同？是否隨著選民居住區域的不同而迥異？我的統計分析結果扣緊研究問題之後的詮釋會是以下內容，請讀者也留意一下表格的畫法。另外讀者要注意的是，當你的文字書寫到要解釋某一個表或圖時，這個表或圖就必須立即出現在文字的下方。

(一)選民在立委選舉投票時到底考慮什麼因素？

圖17-3顯示受訪者在立委選舉時投票考量的六項因素之重要性所評分數的次數分配（0至10分的評比屬於等距變數，等距變數除了可以扮演它自己的角色之外，也可以降階變成類別變數，所以在敘述統計部分，我

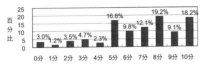

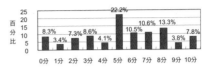

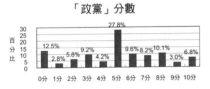

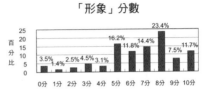

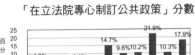

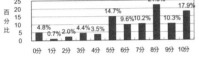

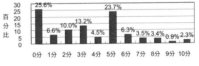

圖17-3　選民在立委選舉所考慮的六項因素從0分至10分的次數分配

同時展現次數分配如圖17-3以及平均數與標準差如表17-6，希望掌握各種可能的訊息），**表17-6**則是這六項因素個別的平均分數與標準差。整體來看，**圖17-3**與**表17-6**透露出選民對立委候選人的選擇較重視的是：立委是否「在立法院專心制訂公共政策」、「爭取地方建設經費」、「個人形象」與「選區服務」；而「政黨」與「地方派系或宗親」所顯示的相對重

表17-6　選民在立委選舉時所考慮六項因素的平均值與標準差

	平均分數	標準差
形象	6.57	2.45
政黨	4.89	2.83
地方派系或宗親	3.23	2.65
在立法院專心制訂公共政策	6.82	2.59
爭取地方建設經費	6.77	2.81
選區服務	5.27	2.45

要性顯然低於前四者。

具體來說，從**表17-6**當中六項投票因素的平均數來看，由高至低分別是6.82分的「在立法院專心制訂公共政策」、6.77分的「爭取地方建設經費」、6.57分的「形象」、5.27分的「選區服務」、4.89分的「政黨」以及3.23分的「地方派系或宗親」。進一步，我們從**圖17-3**當中六項因素從0分至10分的次數分配來看，「在立法院專心制訂公共政策」、「爭取地方建設經費」、「形象」與「選區服務」等四項較高平均數因素的次數分配皆集中於分數高的一邊。超過5分（含5分）的次數分配總和分別是84.6%、85.2%、85%、68.2%。而在兩項低平均數因素，即「政黨」與「地方派系或宗親」的次數分配方面，「政黨」的次數分配呈現近似於常態分配，最高的次數分配出現在5分（27.8%），高於5分的次數分配以及低於5分的次數分配各占37.7%與34.5%，代表仍然有一定程度的選民以立委候選人的政黨屬性為投票時的判準；而「地方派系或宗親」的次數分配則較傾向於偏峰（偏向於0至5分），最高的次數分配出現在0分（25.6%），而低於5分的次數分配（含5分）占了受訪人數的83.6%，顯示「地方派系或宗親」這個因素漸漸離開選民選舉立委的決定因素。

(二)選民在立委選舉投票所考慮的因素是否與選民政黨立場或居住區域有關？

◆ 與選民政黨立場有關？

我們基於**表17-7**的變異數分析發現，選民政黨立場的不同對於投票時所考慮的因素也會有所不同的情形，發生在「形象」、「政黨」、「在立法院專心制訂公共政策」以及「爭取地方建設經費」等四項。而在「地方派系或宗親」以及「選區服務」這兩項，並未隨著選民政黨立場不同而異（*六項因素的評分是等距變數，政黨立場有三種屬於類別變數；所以檢定六項評分與政黨之間的關係，可使用變異數分析。變異數分析如果*

表17-7　選民政黨取向與立委選舉考慮六項因素的變異數分析

選民選舉考量六項因素	不同政黨立場選民在各項因素的平均數	F值	變異來源以及 t 值
形象	藍：6.88	4.770**	泛藍選民＞中立選民（t＝2.88）
	綠：6.46		
	中立：6.38		
政黨	藍：5.76	58.684***	泛藍選民＞中立選民（t＝10.32）泛綠選民＞中立選民（t＝6.78）
	綠：5.36		
	中立：3.80		
地方派系或宗親	藍：3.31	0.682	
	綠：3.42		
	中立：3.16		
在立法院專心制訂公共政策	藍：7.18	5.384**	泛藍選民＞中立選民（t＝3.22）
	綠：6.70		
	中立：6.60		
爭取地方建設經費	藍：7.08	3.588*	泛藍選民＞中立選民（t＝2.33）
	綠：6.62		
	中立：6.66		
選區服務	藍：5.33	0.118	
	綠：5.22		
	中立：5.31		

*p<0.05，**p<0.01， *** p<0.001。

達到統計上的顯著水準，必須追根究底做事後分析，看看變異來源究竟是來自於哪兩個團體之間平均值的差異，兩個團體平均數差異檢定是用 t 檢定，所以表17-7事後檢定的欄位會出現 t 值）。

　　首先，我們來看看達到統計顯著水準的四項因素，在這四個變異數分析達到統計顯著性的因素當中，又可以歸納為三類：第一類的平均分數高低依序是泛藍選民、泛綠選民、中立選民，而且事後檢定變異來源主要來自於泛藍選民與中立選民之間（泛藍選民的平均值顯著的高於中

立選民），例如「形象」與「在立法院專心制訂公共政策」這兩項屬於此類。我們推斷泛藍選民重視這兩項的原因可能與泛藍選民的高教育程度有關。在我們的樣本結構中，大專學歷以上程度的選民，泛藍選民占44.6%，高於泛綠的18.1%與中間選民的37.1%。

第二類的平均分數由高至低依序也是泛藍選民、泛綠選民與中立選民，例如「政黨」這一項。不過，變異來源主要是來自於兩個：一個是泛藍選民與中立選民（前者平均值大於後者），另一個則是泛綠選民與中立選民（前者平均值大於後者）。在這一組的檢定當中，泛藍選民和泛綠選民之間的分數差異不大，而且都沒有超過6分，這代表選民即便自認為有某種政黨傾向，但是投票時的考慮因素不見得會以候選人的政黨屬性為最優先的考量。至於中立選民在這裡的分數最低，因此是名副其實的中立選民。

第三類的平均分數依序為泛藍選民、中立選民、泛綠選民。差異主要來自於泛藍選民與中立選民之間（泛藍平均值高於中立選民），例如「爭取地方建設經費」即屬於此類。這個統計發現有其道理，泛藍選民在過去國民黨長期執政下，似乎對於民意代表爭取補助預算的期待習以為常，而過去穩定的利益分配結構更加強了這種期待，即使政黨輪替，期待似乎仍未消失。不過令人納悶的是，泛藍選民對於立委「爭取地方建設經費」的高期待，難道不會與候選人的「形象」、「政黨」與「在立法院專心制訂公共政策」的高期待相衝突嗎？我們以泛藍選民為樣本，計算泛藍選民在六項投票因素的相關係數時（都是等距變數，等距變數與等距變數之間的關係，我們計算皮爾遜相關係數），我們發現「爭取地方建設經費」與「形象」、「政黨」、「在立法院專心制訂公共政策」三個因素之間的相關，係數分別是0.206、0.096、0.272，雖然呈現低度相關，但是均達到統計上的顯著水準，代表泛藍選民對於立法委員的各種期待不盡然彼此互斥。其實這不單是泛藍選民如此，泛綠與中立傾向的選民也都呈現這

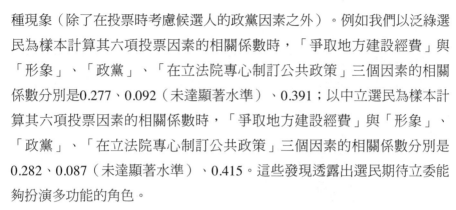

種現象（除了在投票時考慮候選人的政黨因素之外）。例如我們以泛綠選民為樣本計算其六項投票因素的相關係數時，「爭取地方建設經費」與「形象」、「政黨」、「在立法院專心制訂公共政策」三個因素的相關係數分別是0.277、0.092（未達顯著水準）、0.391；以中立選民為樣本計算其六項投票因素的相關係數時，「爭取地方建設經費」與「形象」、「政黨」、「在立法院專心制訂公共政策」三個因素的相關係數分別是0.282、0.087（未達顯著水準）、0.415。這些發現透露出選民期待立委能夠扮演多功能的角色。

其次，變異數分析未達顯著水準的兩項因素當中，一個是「地方派系或宗親」的考量，平均分數由高到低依序為泛綠選民（3.42）、泛藍選民（3.31）、中立選民（3.16）。另一個因素是「選區服務」，平均分數由高到低依序為泛藍選民（5.33）、中立選民（5.31）、泛綠選民（5.22）。換言之，不同政黨傾向的選民在立委選舉時，會考慮候選人「地方派系或宗親」因素的程度相當低且呈現一致；而不同政黨傾向的選民在立委選舉時，會考慮候選人「選區服務」因素的程度中等也呈現相當一致的程度。

◆ 與選民所居住的區域有關？

在區域的部分，我們由**表17-8**觀察選民在投票時的六項考量因素與所居住區域之間的交叉分析。透過變異數分析，我們發現在六個投票考量因素當中，選民居住區域對於「地方派系或宗親」與「在立法院專心制訂公共政策」兩項投票考量因素，有統計上的顯著差異，其他則無（六項因素的評分是等距變數，居住區域有七種屬於類別變數；所以檢定六項評分與居住區域之間的關係，可使用變異數分析。變異數分析如果達到統計上的顯著水準，必須追根究底做事後分析，看看變異來源究竟是來自於哪兩個團體之間平均值的差異）。

表17-8 選民居住區域與選舉考慮六項因素的變異數分析

選民在立委選舉考量的六項因素	居住不同區域選民在各項因素的平均數	F值	變異來源與顯著性
形象	台北市：6.98 高雄市：6.30 省轄市：6.64 北部各縣：6.59 中部各縣：6.45 南部各縣：6.39 東部各縣與離島：6.72	1.072	
政黨	台北市：5.04 高雄市：4.66 省轄市：5.15 北部各縣：4.97 中部各縣：4.92 南部各縣：4.65 東部各縣與離島：4.72	0.635	
地方派系或宗親	台北市：2.29 高雄市：2.70 省轄市：3.53 北部各縣：3.40 中部各縣：3.48 南部各縣：3.35 東部各縣與離島：3.31	4.059***	省轄市＞台北市（t＝3.76） 北部各縣＞台北市（t＝4） 中部各縣＞台北市（t＝3.97） 南部各縣＞台北市（t＝3.69）
在立法院專心制訂公共政策	台北市：7.31 高雄市：6.87 省轄市：6.96 北部各縣：6.90 中部各縣：6.66 南部各縣：6.33 東部各縣與離島：7.26	2.430*	台北市＞南部各縣（t＝3.38）

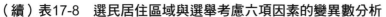

（續）表17-8　選民居住區域與選舉考慮六項因素的變異數分析

選民在立委選舉考量的六項因素	居住不同區域選民在各項因素的平均數	F值	變異來源與顯著性
爭取地方建設經費	台北市：6.16	1.950	
	高雄市：6.69		
	省轄市：6.99		
	北部各縣：6.86		
	中部各縣：6.80		
	南部各縣：6.72		
	東部各縣與離島：7.40		
選區服務	台北市：4.99	0.844	
	高雄市：4.93		
	省轄市：5.54		
	北部各縣：5.26		
	中部各縣：5.34		
	南部各縣：5.24		
	東部各縣與離島：5.74		

*$p<0.05$，**$p<0.01$，***$p<0.001$。

　　首先，我們來看看達到顯著水準的「地方派系或宗親」與「在立法院專心制訂公共政策」這兩個因素。第一，在「地方派系或宗親」方面，平均數從最高到最低依序為省轄市（3.53）、中部各縣（3.48）、北部各縣（3.40）、南部各縣（3.35）、東部各縣與離島（3.31）、高雄市（2.70）、台北市（2.29）。事後檢測分析發現主要差異來自於台北市與省轄市、北部各縣、中部各縣、南部各縣等四個區域之間（台北市均分別高於這些區域）。換言之，雖然所有區域的選民在投票時對於宗親與派系的考量程度不高，但是比較上來說，台北市的選民明顯低於其他各區域，同時台北市之外的各區域之間差異不大。

　　第二，在「在立法院專心制訂公共政策」部分，平均數由高至低依序是台北市（7.31）、東部各縣與離島（7.26）、省轄市（6.96）、

北部各縣（6.90）、高雄市（6.87）、中部各縣（6.66）、南部各縣（6.33），而進一步分析我們發現主要差異來自於台北市與南部各縣。這代表台北市選民對於立委是否專心制訂公共政策的考量程度與南部各縣明顯不同，而台北市與高雄市、省轄市、東部、北部、中部各縣的差異不大。

其他未達顯著水準的部分：第一，在「形象」方面，不同區域的選民平均數由高到低依序為台北市（6.98）、東部各縣與離島（6.72）、省轄市（6.64）、北部各縣（6.59）、中部各縣（6.45）、南部各縣（6.39）、高雄市（6.30）。第二，在立委候選人「政黨」的考量上，平均數由高到低依序為省轄市（5.15）、台北市（5.04）、北部各縣（4.97）、中部各縣（4.92）、東部各縣與離島（4.72）、高雄市（4.66）、南部各縣（4.65）。第三，在「爭取地方建設經費」上，平均數呈現出來的是東部各縣與離島（7.40）、省轄市（6.99）、北部各縣（6.86）、中部各縣（6.80）、南部各縣（6.72）、高雄市（6.69）、台北市（6.16）。第四，在「選區服務」的考量上，平均數高低順序為東部各縣與離島（5.74）、省轄市（5.54）、中部各縣（5.34）、北部各縣（5.26）、南部各縣（5.24）、台北市（4.99）、高雄市（4.93）。整體來看，居住在不同區域的選民對於形象、政黨、爭取地方建設經費以及選區服務這幾項因素，幾乎都有等量齊觀的期待。

接下來，我們再來看看第二個研究問題：選民是否感受到立法委員經營選區所做的各種努力？這種感受程度是否會隨著選民政黨立場不同而異？是否隨著居住區域的不同而不同？同樣的，我們要如何詮釋統計分析結果才能回答這個研究問題？請看以下內容：

◆ 選民對於立委經營選區的實際感受如何？

圖17-4顯示選民對立委經營選區的實際感受。整體來看，選民對立

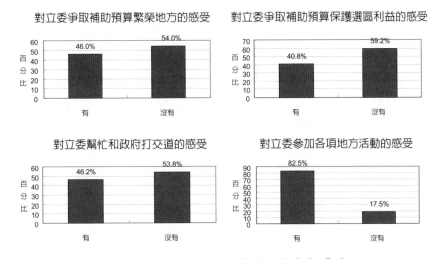

圖17-4　選民對立委經營選區的實際感受

委的服務類別中僅有「參加各項地方活動」一項明顯的感受到，有高達
82.5%的選民感受到該選區立委確實有參加諸如婚喪喜慶、剪綵、廟會等
地方活動。而在「爭取補助預算繁榮地方」、「爭取補助預算保護選區利
益」與「和政府打交道」三個項目，雖各有46.0%、40.8%、46.2%的選民
表示該選區立委「有做」這些事，但是很明顯的，皆有超過五成的選民
認為選區立委「沒有做」。比較這些結果與上述選民投票考量因素的分
析，我們發現民眾期待與立委實際作為之間是有落差。在之前我們所分析
的選民投票考量六項因素當中，爭取地方建設經費平均分數是次高的6.77
分，而選區服務的平均分數是排在倒數第二的5.27。換言之，我們發現選
民投票考量時，重視的是立委有無爭取地方的建設經費勝過於立委的選區
服務。但是，在選民實際感受方面的分析，我們卻發現相反的結果。屬於
爭取地方經費的兩個選項（爭取補助預算繁榮地方與爭取補助預算保護選
區利益），反而是四個選項當中民眾感受到立委經營選區程度最低的兩

項。而這四項中屬於選區服務的兩項,「參加各項地方活動」與「和政府打交道」卻是民眾感受比較深刻的部分,尤其在立委參加地方活動的選項中,感受到的民眾更高達了82.5%。

的確,從選民的立場來看,立委「參加各項地方活動」比起「爭取補助預算繁榮地方」、「爭取補助預算保護選區利益」與「和政府打交道」等三項經營選區的工作,更容易讓選民看到與感受到。而從立委的立場來看,「爭取補助預算繁榮地方」與「爭取補助預算保護選區利益」必須克服立法院集體行動的問題,而協助選民「和政府打交道」畢竟只服務少數人且並非常態性的工作。因此,立法委員選擇「參加各項地方活動」應該是最為理性的作法。

◆ 選民對於立委經營選區的實際感受是否與選民政黨立場與居住區域有關?

① 與選民政黨立場有關?

表17-9顯示選民政黨立場與是否感受到立委各種經營選區的卡方差異分析。我們發現除了「立委有沒有幫忙選民和政府打交道」看法上,選民的政黨立場有統計上的顯著差異之外,其他三項均沒有差異的看法。在「立委有沒有向中央爭取補助經費繁榮地方」以及「立委有沒有向中央爭取補助經費保護選區利益」的看法上,各政黨立場的選民當中均超過50%以上表示沒有感受到;在「立委有沒有參加各項地方活動」的看法上,各政黨立場的選民當中一致的超過80%以上表示感受到立委的投入。相對的,在「立委有沒有幫忙選民和政府打交道」的看法上,選民立場屬於「選人不選黨」與「泛藍」的受訪者沒有感受到的比例(分別為58.4%與53%),高於立場屬於「泛綠」的選民(47.9%)。這可能與民進黨是執政黨有所關聯,所謂朝中有人好辦事,也因為如此,泛綠選民比較能夠感受到他們所選出的立委會協助選民打通政府各項關節(**政黨立場是類別變**

表17-9　選民政黨立場與感受立委服務選區的卡方差異分析

		有	沒有	總數	卡方值
爭取補助經費 繁榮地方	藍	47.2% （194）	52.8% （217）	100.0% （411）	0.306
	綠	45.5% （85）	54.5% （102）	100.0% （187）	
	中立	45.4% （178）	54.6% （214）	100.0% （382）	
爭取補助預算 保護選區利益	藍	40.9% （167）	59.1% （241）	100.0% （408）	0.781
	綠	38.0% （71）	62.0% （116）	100.0% （187）	
	中立	41.8% （163）	58.2% （227）	100.0% （390）	
與政府打交道	藍	47.0% （197）	53.0% （222）	100.0% （419）	6.078*
	綠	52.1% （101）	47.9% （93）	100.0% （194）	
	中立	41.6% （164）	58.4% （230）	100.0% （394）	
參加各項地方活動	藍	82.9% （350）	17.1% （72）	100.0% （422）	0.208
	綠	82.5% （160）	17.5% （34）	100.0% （194）	
	中立	83.8% （337）	16.2% （65）	100.0% （402）	

$*p<0.05$，$**p<0.01$，$***p<0.001$。

數，是否感受到立委服務選區是類別變數，兩個類別變數之間關係的檢定可使用卡方檢定）。

② 與選民居住區域有關？

　　進一步我們分析選民感受立委經營選區的各項工作是否會隨著居住區域的不同而異（居住區域是類別變數，是否感受到立委服務選區是類別

變數，兩個類別變數之間關係的檢定可使用卡方檢定）。**表17-10**顯示除了「立委有沒有幫忙選民和政府打交道」看法上，選民的居住區域並未達到統計上的顯著差異之外，其他三項均有差異的看法。

首先，在「立委有沒有向中央爭取補助經費繁榮地方」的部分，東部各縣與離島選民感受到的百分比最高約66.7%，其他依序是南部各縣與中部各縣均各有51%、北部各縣48.2%、省轄市45.8%、台北市29%，以及高雄市20.6%。

其次，在「立委有沒有向中央爭取補助經費保護選區的利益」方面，選民感受程度的型態與前一項相同，最高的依舊是東部各縣與離島的選民占66.7%，然後是中部與南部各縣約52%左右，再來是北部各縣與省轄市約35%，殿後的是台北市與高雄市約20%。這樣的差異似乎也說明了農漁業、天然災害發生越多的地區，選民也越能感受到立委保護選區的用心。很明顯的，選民對於立委有無爭取補助預算的感受（不管是繁榮地方或是保護選區利益），隨著都會化程度而減少，特別是東部地區因為都會化程度低，因此格外需求中央政府的補助利益，而這些選區的立委也特別能夠滿足他們的需要。當然，這也有可能與東部地區與離島的選區比較單純有關，由於立委名額較少，因此民眾比較清楚選區的立法委員是誰，而當立委引介中央政府的補助利益協助選區時，選民也比較能夠將選區的利益與立法委員的努力加以連結，也因此感受會比較深刻。

最後，「立委有沒有參加各項地方活動」看法上，居住在中部各縣選民感受程度最高，占87.4%，其次是省轄市86.5%，北部各縣占85.3%，東部各縣與離島84.9%，南部各縣83.3%，殿後的仍是高雄市72.9%與台北市的68.2%。

相對來說，選民所居住的區域相對於是否感受到「幫忙選民和政府打交道」看法上，並無顯著性的差異，除了東部各縣與離島感受到百分比60.8%最高之外，其他各不同居住地的選民感受到這項服務的百分比

表17-10　選民居住區域與感受立委服務選區的卡方差異分析

		有	沒有	總數	卡方值
爭取補助經費 繁榮地方	台北市	29.0%（36）	71.0%（88）	100.0%（124）	46.259***
	高雄市	20.6%（14）	79.4%（54）	100.0%（68）	
	省轄市	45.8%（54）	54.2%（64）	100.0%（118）	
	北部各縣	48.2%（134）	51.8%（144）	100.0%（278）	
	中部各縣	51.9%（94）	48.1%（87）	100.0%（181）	
	南部各縣	51.1%（112）	48.9%（107）	100.0%（219）	
	東部各縣 與離島	66.7%（34）	33.3%（17）	100.0%（51）	
爭取補助經費 保護選區利益	台北市	20.5%（25）	79.5%（97）	100.0%（122）	74.985***
	高雄市	19.4%（13）	80.6%（54）	100.0%（67）	
	省轄市	35.0%（41）	65.0%（76）	100.0%（117）	
	北部各縣	35.7%（99）	64.3%（178）	100.0%（277）	
	中部各縣	51.4%（93）	48.6%（88）	100.0%（181）	
	南部各縣	53.5%（116）	46.5%（201）	100.0%（217）	
	東部各縣 與離島	66.7%（34）	33.3%（17）	100.0%（51）	
和政府打交道	台北市	44.2%（57）	55.8%（72）	100.0%（129）	9.399
	高雄市	51.4%（36）	48.6%（34）	100.0%（70）	
	省轄市	47.2%（58）	52.8%（65）	100.0%（123）	
	北部各縣	40.6%（114）	59.4%（167）	100.0%（281）	
	中部各縣	47.3%（87）	52.7%（97）	100.0%（184）	
	南部各縣	48.2%（105）	51.8%（113）	100.0%（218）	
	東部各縣 與離島	60.8%（31）	39.2%（20）	100.0%（51）	
參加各項地方 活動	台北市	68.2%（88）	31.8%（41）	100.0%（129）	29.078***
	高雄市	72.9%（51）	27.1%（19）	100.0%（70）	
	省轄市	86.5%（109）	13.5%（17）	100%（126）	
	北部各縣	85.3%（244）	14.7%（42）	100.0%（286）	
	中部各縣	87.4%（160）	12.6%（23）	100.0%（183）	
	南部各縣	83.3%（184）	16.7%（37）	100.0%（221）	
	東部各縣 與離島	84.9%（45）	15.1%（8）	100.0%（53）	

*p<0.05，**p<0.01，***p<0.001。

介於40%至50%之間，依序是高雄市51.4%、南部各縣48.2%、中部各縣47.3%、省轄市47.2%、台北市44.2%、北部各縣40.6%。

整體來看，居住在縣與省轄市的選民感受到立委經營選區努力的百分比，均高於居住在北高兩直轄市選民的百分比。尤其在「立委有沒有向中央爭取補助經費繁榮地方」與「立委有沒有向中央爭取補助經費保護選區利益」這兩項，更是呈現居住在縣的選民感受到立委努力的百分比高於居住在省轄市的選民，而居住在省轄市的選民感受到的百分比也高於北高兩直轄市。這些結果的確透露出非都會區立委比較熱中將經濟利益帶回自己的家鄉，同時也以參加各種地方活動來聯繫選民。

最後，我們再來看看第三組研究問題：選民對於立法委員爭取中央政府補助預算有何看法？為地方爭取補助經費在立委選舉來說是不是重要的議題？選民是否認為立法委員向中央爭取補助經費來保護選區利益或是繁榮地方是立法委員最起碼的責任？立法委員爭取補助經費會不會對於選民投票時造成影響？選民是否會以選票懲罰沒有帶回或獎勵曾經帶回選區補助利益的立法委員？強度差異如何？這些看法是否隨著選民政黨立場與居住區域不同而異？我們要如何詮釋統計分析結果才能回答這個研究問題？請參考以下內容。

這裡特別要說明的是：我在以下的內容中，省略了政黨與居住區域差異分析這個部分的統計結果詮釋。因為詮釋的方法與前兩個研究問題題組的差異分析一樣，讀者應該已經知道竅門了，為了避免讀者覺得太過繁瑣，所以我決定將它們省略。

◆ 選民對於立法委員爭取補助預算的看法如何？

圖17-5顯示選民對於立委爭取補助預算看法的次數分配分析。就圖17-5顯現的全貌來看，立法委員是否爭取補助經費對選民而言是相當重要的。不但可能影響到選民投票的選擇，也可能成為選民之間討論的話

選區立委會因沒為地方爭取經費
而落選的同意程度

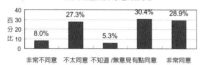

立委爭取預算與否是選戰重要議題
的同意程度

立委爭取補助經費保護選區利益
的同意程度

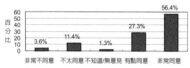

爭取補助經費繁榮地方是立委
起碼責任的同意程度

立委若沒有爭取經費下次選舉
不會支持的同意程度

立委沒爭取經費這件事會
告訴別人的同意程度

立委有爭取經費比較
可能支持的同意程度

立委爭取經費這件事會
告訴別人的同意程度

圖17-5　選民對於立法委員爭取補助預算看法的次數分配

題。第一，從選區選舉的實際情況來看，我們可以從有59.3%的受訪者認同「立委會因沒為地方爭取中央補助經費而落選」，及高達72.4%的受訪者同意「立委是否爭取中央補助經費為立委選舉重要議題」這兩項數據中得知，為地方爭取補助經費在立委選舉來說是相當重要的課題。

　　第二，從選民對於立委基本責任的期許來看，有近84%的受訪者均認同「向中央爭取補助經費來保護選區利益」以及「向中央爭取補助經費來

繁榮地方」兩項工作是立委最起碼的責任。

　　第三，從立委是否曾經爭取補助經費對於選民投票的影響方面來看，認同「沒有爭取補助經費，下次選舉不會支持」的比例占50.6%，而在這些50.6%選民當中，會將立委沒有盡心盡力爭取補助預算這件事告訴他人的比例有69.8%；而另一方面，認同「立委若有爭取補助經費，較可能支持他」的比例有75.4%，而在這些75.4%選民當中，會將此事告訴別人的比例則有79%。從這兩組問題同意比例的變化，我們似乎看到選民比較傾向於獎勵曾經帶回選區利益的立委，同時獎勵的強度高於懲罰。進一步，我們分別檢定這些比例之間的差異。首先我們檢定認同「沒有爭取補助經費，下次選舉不會支持」的比例50.6%，以及認同「立委若有爭取補助經費，較可能支持他」的比例75.4%（前者我們命名為負面的懲罰，後者我們稱之為正面的鼓勵）。透過 Z 分數的檢定，我們發現兩者之間的比例差異達到統計上的顯著水準（Z＝12.4，P＜0.001）[1]。其次，我們再進一步檢定會將立委沒有盡心盡力爭取補助預算這件事告訴他人的比例69.8%，以及會將立委努力爭取補助預算的事情告訴別人的比例79%（前者我們命名為選民懲罰強度，後者我們稱之為選民獎勵強度）。同樣透過 Z 分數的檢定，我們發現兩者之間的比例差異達到統計上的顯著水準（Z＝3.833，P＜0.001）[2]（這些檢定就是我們在第十二章所討論的比例差異的檢定，因為是大樣本，所以我們用 Z 檢定）。

---

[1] 比例的差異檢定必須先求得比例差異的標準誤，$SE(p_1-p_2)=\sqrt{\dfrac{p_1(1-p_1)}{n_1}+\dfrac{p_2(1-p_2)}{n_2}}$，再利用 $Z=\dfrac{p_1-p_2}{SE(p_1-p_2)}$ 求得檢定統計數，進一步判斷是否拒絕兩者相等的虛無假設。本例中，$n_1=1071$，$n_2=1071$，p_1：第一個比例（本例即為0.754），p_2：第二個比例（本例即為0.506）。

[2] 檢定方式同前註。本例中，因為跳答的關係（詢問受訪者會不會因為立委爭取或不爭取補助而影響其投票行為時，回答同意與非常同意者才進一步回答本題），因此$n_1=805$（同意

　　因此，基於這個統計檢定，我們確認民眾的意見是有一定的方向，亦即如果立委沒有爭取補助經費，下次選舉就傾向不支持；有爭取補助經費，下次選舉較有可能支持，並且也有相當的強度，而強度也有明顯差別，即無論立委有沒有爭取補助經費，選民都會告訴他人，而且有爭取補助經費所獲得的支持強度高於沒有爭取補助經費的懲罰強度。這個結果所呈現出來的訊息是：如果你沒有做，我比較不會懲罰你，也比較不會跟別人講；但是若你有做，我比較會支持你，也比較會跟別人講。其實，這和原先所預期的有些出入。我們原先預期如果你有做，我未必會獎勵你；但是如果你沒做你就死定了！我們的確很難解釋這中間的差異，不過由之前的分析結果發現，有超過一半以上的民眾沒有感受到立委帶回選區經濟利益，在這種普遍感受不到立委有帶回選區經濟利益的情況下，或許民眾會比較想獎勵那些有帶回經濟利益者。

如果帶回選區利益比較會支持的選民），$n_2 = 541$（同意如果沒有帶回選區利益比較不會支持的選民），p_1：第一個比例（本例即為0.79），p_2：第二個比例（本例即為0.698）。

CHAPTER

18

統計結果的分析與詮釋：既存資料統計結果分析

　　誠如之前所談過的，量化研究蒐集資料的方法常常利用問卷調查法與既存統計資料分析法。我們在本章解說如何詮釋既存資料統計分析的結果，我選擇四個實例，分別是：(1)王建民的故事；(2)選舉與台灣省補助款分配；(3)中央政府在民國91-95年期間分配給縣市補助預算影響因素的分析；(4)立法委員記名表決影響因素的分析，希望能夠讓讀者瞭解如何在這些既存統計資料當中選擇合適的統計分析方法。統計分析結果出爐之後，如何加以適當詮釋來回答研究問題。前三個例子都是著重在線性迴歸模型的估計（當然，我們會循序漸進的從敘述統計、雙變數統計分析，一直到多變量模型逐一呈現）。除了基本模型的估計之外，我們也會在本章適當的位置為讀者講解如何注意與解決變異數不齊一以及自我相關的問題。第四個例子則是依變數為二分類別變數的多變量邏輯斯模型分析。

　　同樣的，為了讓讀者瞭解量化研究的要訣，我有時候會在內容當中利用括號與楷體字穿插一段補充性的解說。這些案例分析裡面的表格或圖形編排的號碼都是按照本章需要重新編排順序，統計分析解釋的內容大致上都沿用原始出處，如果有所修改，那是為了解說方便。

 ## 第一節　　王建民的故事

　　我們先來舉個與大家共同的好朋友王建民有關的例子。這個例子的資料檔是由國立台北大學公共行政暨政策學系碩士班研究生廖健良先生協助蒐集。這個小小研究案例的標題我將它命名為：美國職棒大聯盟投手防禦率影響因素的分析──先發投手危機處理能力所扮演的角色。

一、研究動機與研究問題

　　2005年當王建民升上美國職棒大聯盟之後，日子似乎變得有趣多了。尤其王建民在2006年球季當中的表現更是令人興奮，也為當時嘈雜不堪的台灣政治環境找到另外一處「清靜」的角落，我們謝謝王建民！

　　如果你也看棒球，每次賽前主持人都會播報雙方先發投手的防禦率。投手的防禦率（earned run average, ERA），又稱自責分率＝（投手自責分×9）÷投球總局數。所謂自責分是指對手得分是因為在這位投手手中被擊出安打、全壘打、保送打擊者等等所失去的分數。所以投手防禦率可以看出投手的「品質」，防禦率的數值越低，投手的品質越佳。截至2006年9月23日為止，王建民的防禦率是3.57。有一天，我跟我的研究助理廖健良先生在討論投手的防禦率時，靈機一動，想要看看影響美國職棒大聯盟投手防禦率的因素是什麼。健良兄說投手的危機處理能力會決定防禦率，他說例如王建民在壘上沒人時被打率是最低的（0.239），壘上有人是0.324，得點圈（二壘與三壘）有人是0.316，滿壘時被打擊率是最高0.333。這表示王建民還可以更進步。

　　但是，王建民的防禦率還是很低，表示他嚇阻打者的能力還是很強。為什麼？嗯！可能是他的滾飛比很高（滾地球與高飛球的比例）。王建民以沉重的伸卡球（heavy sinker）著稱，這種球一旦到了本壘板就會下沉。以王建民這種優秀投手，厲害的時候球到本壘板之際可以突然下沉兩呎（約六十公分，這是洋基隊另一位先發投手Mussina接受媒體採訪時所形容的），球重的程度像是保齡球（洋基教練Torre形容）。同時，一般投手的伸卡球大多在九十哩左右，王建民可以投到九十四至九十五哩左右。打擊者遇到這種球很不容易擊中球心，常常會擊中球的上緣，造成內野滾地球，也因此打者很容易被封殺在一壘之前。所以滾飛比也是決定投手防禦率高低的重要因素。

還有什麼因素呢？我們慢慢再來找。我們決定先以美國聯盟為例子
（美國職棒大聯盟分為國家聯盟與美國聯盟，每一個聯盟又分為東區、中
央區與西區。王建民之前所屬的紐約洋基隊是美國聯盟東區的球隊），做
小規模的研究，先選擇2006年球季截至9月3日為止，投球局數排名前三十
名的先發投手做為研究樣本，研究這些表現「穩定」的先發投手們的防禦
率。我們為什麼稱他們是穩定的投手？因為他們是出賽局數最多的前三十
名美國聯盟先發投手。投球局數多，代表他們過去很少被打爆，否則每一
場球投不到五局就會被換下場。因此這些投手的穩定性有一定的水準。

以下是我們的研究問題：美國聯盟東區、中央區以及西區的先發投
手的防禦率有無差異？影響投手防禦率的因素是什麼？投手的危機處理能
力有決定性的因素嗎？滾飛比是不是也有關聯？投手的三振能力呢？

二、變數定義以及使用的統計方法

http://mlb.mlb.com/NASApp/mlb/index.jsp是大聯盟官方網站，我們可
以從這裡搜尋美國職棒大聯盟的官方統計資料。這個研究的分析單位是美
國職棒大聯盟當中美國聯盟投手，你也可以找到以球隊做為分析單位的相
關統計資料做其他的研究。這個研究的依變數是投手的防禦率，自變數是
投手的危機處理能力、三振能力，還有滾飛比。所以現象之間的關係圖像
如**圖18-1**。

剛剛已經說明過防禦率與滾飛比的操作型定義了。防禦率的數值越
低代表投手品質越佳，滾飛比數值越高代表投手壓制長打的能力很強。投
手的危機處理能力我們就用得點圈有人時的被打擊率作為操作型定義，數
值越低，代表危機處理能力越強。而三振能力就用 K／9值做為操作型定
義，K／9代表每九局三振的次數，實際的計算方法是（三振次數／投手投
球局數）再乘以9，數值越大代表三振能力越強。因為我們的研究問題也

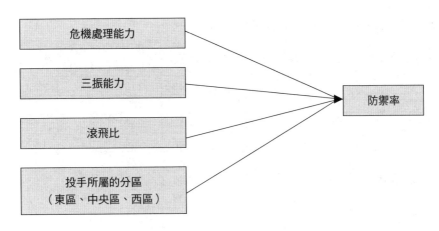

圖18-1　投手防禦率影響因素的分析架構圖

關心東區、中央區與西區的差異，因此我們將每一樣本屬於哪一區用數值表示，如**表18-1**的資料檔，變數「分區」，1代表東區，2代表中央區，3代表西區。這個類別變數的設定是為了後續處理ANOVA分析之用。而在變數「東區」與「中央區」是代表團體類別的虛擬變數，這是為了要運算多元迴歸時所需要的虛擬變數（讀者可以回到第十四章看看虛擬變數的編碼方法）。所以「東區」的數值編碼方法：投手屬於東區球隊編碼為1，其他編碼為0；「中央區」的數值編碼方法：投手屬於中央區球隊編碼為1，其他編碼為0；至於西區則無須編碼，亦即三個類別的虛擬變數只須設定兩個變數即可，這在第十四章多元迴歸分析部分已經說明，在此不再贅述。

　　我們所處理的變數除了投手所屬的「分區」屬於類別變數之外，其他均為等距變數。基於我們所提的研究問題，可以單純的利用ANOVA來觀察不同分區投手防禦率的差異。因為分區是類別變數，區分為三組，而防禦率是等距變數，所以使用ANOVA是合適的。至於探索影響投手防禦率的因素，則利用多元迴歸分析。依變數「防禦率」，自變數「滾飛

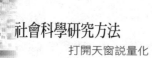

表18-1　投手防禦率影響因素的資料檔

投手名字（姓）	隊別	分區	東區	中央區	防禦率	得點圈被打擊率	每九局三振次數	滾飛比
Halladay	TOR	1	0	1	3.29	.218	5.27	2.25
Santana	MIN	2	1	0	2.95	.177	9.39	.93
Schilling	BOS	1	0	1	4.13	.247	8.02	1.05
Zito	OAK	3	0	0	3.57	.207	6.27	1.01
Haren	OAK	3	0	0	3.80	.272	7.40	1.11
Wang（王建民）	NYY	1	0	1	3.66	.316	2.98	2.93
Lackey	LAA	3	0	0	3.63	.260	7.69	.97
Bonderman	DET	2	1	0	4.01	.267	8.75	1.58
Johnson	NYY	1	0	1	4.94	.348	7.24	.96
Westbrook	CLE	2	1	0	4.21	.273	4.56	2.65
Millwood	TEX	3	0	0	4.64	.343	6.07	1.44
Robertson	DET	2	1	0	4.04	.211	5.93	1.58
Buehrle	CWS	2	1	0	4.71	.319	4.35	1.15
Garcia	CWS	2	1	0	5.05	.247	5.51	.92
Garland	CWS	2	1	0	4.47	.248	4.63	1.07
Contreras	CWS	2	1	0	4.23	.276	5.85	1.15
Beckett	BOS	1	0	1	5.11	.260	7.11	1.15
Rogers	DET	2	1	0	3.86	.259	4.70	1.43
Santana	LAA	3	0	0	4.50	.296	6.67	.75
Padilla	TEX	3	0	0	4.35	.252	7.11	.99
Mussina	NYY	1	0	1	3.61	.297	7.97	1.10
Blanton	OAK	3	0	0	4.51	.301	4.83	1.11
Washburn	SEA	3	0	0	4.35	.240	4.99	.90
Bedard	BAL	1	0	1	3.94	.231	7.61	1.39
Lopez	BAL	1	0	1	6.17	.316	6.38	1.20
Vazquez	CWS	2	1	0	4.98	.288	7.03	1.08
Lee	CLE	2	1	0	4.72	.305	6.00	.58
Escobar	LAA	3	0	0	3.79	.290	7.13	1.19
Hernandez	SEA	3	0	0	4.54	.295	8.07	2.24
Meche	SEA	3	0	0	4.39	.244	7.52	1.10

比」、「三振能力」，以及「危機處理能力」都是以等距尺度測量。各區的虛擬類別變數也可以放進多元迴歸當中的自變數，表示在控制其他自變數的情況下，各區投手平均防禦率的差異。

三、如何詮釋統計結果？

首先，我們可以做敘述性統計來看看這三十位投手平均勝場數、防禦率以及得點圈被打擊率的情形。從**表18-2**當中，我們發現三十位投手平均勝場數是12.47、防禦率4.27，以及得點圈被打擊率是0.27（都是等距變數，因此利用平均數與標準差來分析）。平均勝投數不低，這可能與我們所選取的投手樣本投球穩定性高的特質有關，誠如之前所說的，這些樣本是賽局數最多的前三十名美國聯盟先發投手，投球局數多，代表他們過去很少被打爆。連帶的，防禦率與得點圈被打擊率也會較低。

其次，我們接續利用推論統計來回答相關的研究問題。我們的研究問題是：美國聯盟東區、中央區以及西區先發投手的防禦率有無差異？影響投手防禦率的因素是什麼？投手的危機處理能力有決定性的因素嗎？滾飛比是不是也有關聯？投手的三振能力呢？我們先以單純的ANOVA來回答美國聯盟東區、中央區以及西區先發投手的防禦率有無差異。**表18-3**顯示ANOVA的統計分析結果。F 值非常小，並未達到統計上的顯著水準，代表美國聯盟各分區投手的平均防禦率並沒有太大的差異。比較上

表18-2　美國聯盟投球局數排名前三十名投手的相關表現

（2006球季，統計數字至9月3日止）

	樣本數	平均值	標準差
勝場數	30	12.47	2.31
防禦率	30	4.27	0.64
得點圈被打擊率	30	0.27	0.04

表18-3　美國聯盟投手所屬分區與防禦率的變異數分析

	樣本數	平均值	F 值
美聯東區	8	4.35	
美聯中央區	11	4.29	F＝0.16
美聯西區	11	4.18	
總額	30	4.27	

來說，西區的防禦率最低，其次是中央區，美聯東區投手的自責分率最高。

接下來，我們以多元迴歸分析來回答到底投手防禦率的影響因素是什麼？投手的危機處理能力、滾飛比、三振能力，我們也納入投手所屬的分區來看看，當控制投手的危機處理能力、滾飛比與三振能力時，各分區投手的平均防禦率有無差異？**表18-4**顯示影響投手防禦率的因素當中最重要的是「得點圈被打擊率」，它的beta值為0.534，達到統計上的顯著水準（不要忘記，迴歸係數的檢定是用 t 值，因為有方向性，所以用單尾檢定），代表得點圈被打擊率越高，投手的防禦率數值越高。影響防禦率次要的因素是「滾飛比」，beta值為－0.363，也達到統計上的顯著水準，代表滾地球與高飛球比率越高，則投手防禦率的數值越低。這也難怪很多人對於王建民的三振能力不強，卻能表現那麼傑出的防禦率感到好

表18-4　影響投手防禦率的影響因素迴歸分析

自變數	迴歸係數（標準誤）	t 值	beta值
常數	2.781（1.092）*	2.547	
中央區	0.218（0.239）	0.910	0.166
東區	0.251（0.261）	0.962	0.176
得點圈被打擊率	8.501（2.637）**	3.224	0.534
每九局三振次數	－0.061（0.078）	－0.787	－0.141
滾飛比	－0.429（0.207）*	－2.069	－0.363
調整後R^2＝0.289	F＝3.354*		

迴歸係數單尾檢定：*$p < 0.05$，**$p < 0.01$，***$p < 0.001$。

奇。原來他所投出的滾飛比也是滿重要的因素。其他的變數除了常數項之外，皆未達到顯著水準（對於這些自變數的解釋，你可以利用迴歸係數來詮釋結果，也可以直接詮釋標準化迴歸係數。另外，不要忘記要做多重共線性VIF的檢定，本例各個VIF值均小於1.363；也要留意我們在第十五章討論的變異數齊一性的要求，可以利用許多方法檢測。SPSS統計軟體提供一種圖形檢測方法：將預測值的標準化分數放在 X 軸，殘差值的標準化分數放在 Y 軸，如果對應的分布點都介於正負兩個標準差之內，而且分布點呈現隨機的情形，則符合變異數齊一性的要求。就我們這個例子來說，資料並無明顯變異數不齊一的問題）。

至於虛擬變數部分，常數項的迴歸係數2.781就是當控制其他自變數時，西區投手的平均防禦率；中央區則是（2.781＋0.218），等於2.999；東區則是（2.781＋0.251），等於3.032。只有西區的平均防禦率達到統計上的顯著水準，代表這個常數項（其實就是西區的平均防禦率）不等於0。而中央區與西區，或是東區與西區之間的投手平均防禦率並沒有顯著差異。最後，調整後 $R^2 = 0.289$，R^2 的檢定統計值 $F = 3.354$，達顯著水準，代表這些自變數共同解釋依變數28.9%變異量，這種現象可以在0.05的容忍誤差下推論至母群體（其實，最後一句話在正式的量化研究報告中是很少用的，我再寫一次的目的是希望讀者能夠瞭解這些數字的意義）。

第二節　選舉與台灣省政府補助款分配

接下來，我再來舉個我過去所做過的既存統計資料分析的案例。這個例子是2000年我在政治大學選舉研究中心出版的《選舉研究》期刊所發表的一篇有關於省政府補助款與選舉的量化研究所節錄出來的（〈選舉

與補助款的分配：綁樁？還是平衡地方財政？〉，政治大學選舉研究中心，《選舉研究》，6（2）：121-161）。

一、研究動機與研究問題

　　每次一到各種選舉之前，媒體及公眾經常質疑各級政府的執政黨是否為了勝選紛紛向選民大拋紅包。檯面上的方式是光明正大的宣布選民未來會得到什麼樣的地方建設經費，會有何種的社會福利措施；檯面下的方式則如傳言描繪，利用各種地方建設的工程或特定補助款進行「綁樁」。這些繪聲繪影、若有似無的選舉前徵狀不免讓人猜測究竟是事實？還是僅止於謠言？同樣的，過去的台灣省政府也經常被描述在各種選舉當中扮演為國民黨穿針引線的角色，最常用的途徑是以豐沛的補助款資源協助各縣市同黨籍的各種選舉候選人（這段是研究動機）。

　　本研究利用台灣省政府77至84年度分配給21縣市的補助款資料，觀察國民黨是否利用台灣省政府的行政資源，在各種不同種類的選舉年當中，以補助縣市的方式來增加該黨在選舉中勝選的機會（主要的研究問題）。

　　自77至84年期間，國內歷經幾次縣市層級以上的選舉，包括78年底的第九屆省議員選舉、78年底的第十一屆縣市長選舉、78年底增額立委選舉、81年底第二屆立法委員選舉、82年底第十二屆縣市長選舉以及83年底的第十屆省議員選舉。我們的研究問題是：(1)在這些選舉年當中，如果我們控制各縣市對於省府補助款客觀需求的變數時，省政府補助縣市的預算額度是否比非選舉年來得高？(2)這些分配在各縣市的補助款是否真如傳言所描述的是為了選舉勝選（不按縣市的客觀需求分配）？或者真的是為了達到補助款制度的原始目的（平衡地方財政）？(3)省議員的選舉、立法委員的選舉或是縣市長的選舉，對於影響省政府分配給各縣市的補助

款額度上有無差異？換言之，省府補助款的分配如果真的是考慮選舉的政治因素，那麼究竟是重視省議員的選舉？立法委員的選舉？或是縣市長的選舉？（具體陳述三項研究問題）

二、要用什麼樣的統計方法？

統計方法的使用要看研究問題的內容以及資料的性質而定。就研究問題來說，我們是在觀察多變數之間的關係。依變數都是各縣市獲得的補助款，自變數有各縣市客觀需求以及其他相關的政治變數。而在資料性質來說，補助款金額是平均每人每年所獲得省府補助款，我們以民國80年幣值計算（屬於等距變數）。在自變數方面，需求變數分別為各縣市自有財源比例、各縣市每年公告土地現值調整幅度、各縣市人口密度、前一次省議員選舉國民黨與非國民黨平均得票率的差距、前一次縣市長選舉時當選者的得票率與落選第一名參選人得票率之間的差距、前一次立法委員選舉國民黨與非國民黨平均得票率的差距（這些均屬於等距變數）。自變數當中的「選舉年」變數，我們採取虛擬變數的處理方法，選舉年編碼為1，非選舉年編碼為0；而現任縣市長黨籍的變數也是採用二分的虛擬變數，國民黨籍縣市長編碼為1，非國民黨籍縣市長編碼為0（屬於類別的虛擬變數）。所以，除了敘述統計利用平均數與標準差來描述補助款分配的趨勢之外，本研究使用多元迴歸分析。

這個研究使用兩個不同理論模型：第一個模型希望回答第一個研究問題（如**圖**18-2），第二個理論模型希望回答第二與第三個研究問題（如**圖**18-3）。

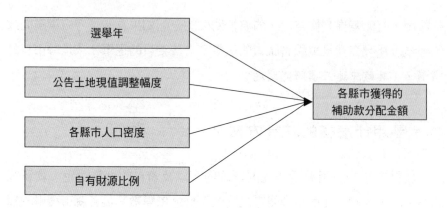

圖18-2　第一個理論模型

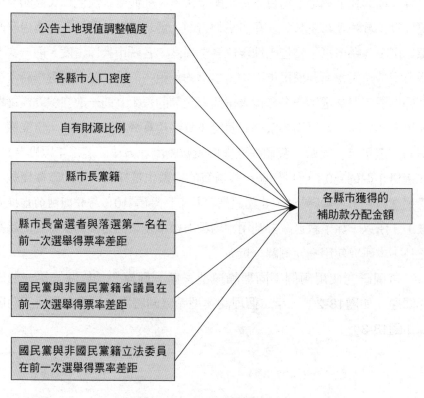

圖18-3　第二個理論模型

三、如何詮釋統計結果？

(一)描述統計

　　首先，先做一些敘述性分析。這些敘述性分析要與研究主題有關。例如這個研究關心選舉年的補助款額度以及選舉的競爭程度，所以我會先敘述性的分析這些相關的內容。例如以下內容：

　　表18-5顯示77至84年度省府補助款總額的年度增減趨勢。我們發現選舉年的補助預算規模比非選舉年來得大（分析期間各種選舉年預算年度分別為79、82、83、84年度）。我們發現除了79年度的補助預算之外，其餘82、83、84年度的金額均高於非選舉年，標準差在這三年當中攀升至最高，代表選舉年當中省補助款在各縣市的分配呈現相當不平均的現象。

　　另外，我也發現國民黨與非國民黨籍參選人在各種選戰的競爭程度似乎越來越激烈。**表18-6**顯示國民黨與非國民黨籍參選人在分析期間各種不同選舉得票率差距的變動情形。在省議員選舉的部分，第八屆省議員選舉，國民黨籍候選人平均得票率要高於非國民黨籍候選人27.64%，但是到了第九屆，國民黨領先的百分比已經降到13.38%。縣市長選舉部分更

表18-5　77至84年度省府補助款總額的年度增減趨勢

年度	平均值	標準差	最高值	最低值
77	3,613,920	1,950,380	7,710,369	600,974.8
78	3,979,961	2,030,919	7,936,364	472,352.2
79	2,749,224	1,441,273	4,888,388	546,642.5
80	4,103,815	2,061,697	8,718,027	552,184
81	4,664,046	2,174,143	7,598,767	785,049.3
82	5,081,034	2,228,987	8,500,568	1,553,776
83	5,747,424	2,729,215	11,000,000	1,661,491
84	4,787,373	2,149,889	8,188,747	1,459,247

＊1991年幣值，單位為千元。

表18-6 國民黨與非國民黨籍參選人在本研究分析期間各種不同選舉得票率差距的變動

省議員	得票率差距	縣市長	得票率差距	立法委員	得票率差距
第八屆	27.64%	第十屆	22.90%	78年增額立委	15.01%
第九屆	13.38%	第十一屆	10.58%	第二屆立委	9.26%
		第十二屆	9.08%		

為明顯，第十屆縣市長選舉，國民黨籍候選人平均得票率要高於非國民黨籍候選人約22.90%，第十一屆降到10.58%，第十二屆則降至9.08%。立法委員選舉部分，78年增額立委選舉，國民黨籍候選人平均得票率要高於非國民黨籍候選人15.01%，但是到了第二屆立委選舉時領先的百分比降至9.26%。從這些長期的數據顯示，國民黨在各種選舉當中的得票率每下愈況，國民黨是否會利用黨的機器配合行政機關提供各項補助以協助其選戰勝選？以下將利用多變量的統計模型進一步驗證。

(二)推論統計

接下來要處理多變數的迴歸模型來回答研究問題。首先我們來看第一個研究問題：各種不同的選舉年當中，如果我們控制各縣市對於省府補助款客觀需求的變數時，省政府補助縣市的預算額度是否比非選舉年來得高？我們利用圖18-2所描述的第一個模型來回答這個問題。請讀者看看以下內容：

表18-7顯示77至84年度期間多元迴歸分析的結果（因為這個研究案例的資料不只牽涉長時間——八年，同時也牽涉空間——21個縣市。經過Durbin-Watson統計數檢測出現一階自我相關問題，同時經過Spearman Rank-Correlation Test與Goldfeld and Quandt Test檢測也出現變異數不齊一的問題。所以後來決定使用兼顧空間與時間的模型，稱之為縱橫分析，英文叫做Panel Model。這種模型屬於相當進階的統計方法，我們在本書當

表18-7　選舉年補助款規模檢驗模型分析表

變數名稱	迴歸係數（標準誤）
常數	12,184（1,715）
自有財源比例	−9,040.4***（2,699）
公告土地現值調整幅度	11.587（10.33）
各縣市人口密度	−0.728（1,715）
選舉年	1,373.6***（339.9）
Adjusted R Square	0.34
N	168

單尾檢定：*p＜0.1（t＞1.282），**p＜0.05（t＞1.645），***p＜0.01（t＞2.326）。

括號內的數值為標準誤（standard error）。依變數單位是元（1991年幣值）。

中並未討論。但是它所使用的原理仍然是從本書第十五章所討論如何解決變異數不齊一以及自我相關的相關概念與方法推導出來的。讀者目前只需要瞭解如何詮釋統計分析出來的數值，它的解釋方法與一般迴歸分析相同）。

　　我們發現，當我們控制縣市的客觀需求變數之後，選舉年的補助規模明顯的大於非選舉年，並且達到統計上的顯著水準，代表省府所編列的補助預算大部分偏向於選舉當年有計畫性的分配。在需求變數方面，我們發現「自有財源比率」越低的縣市獲得越多的補助，顯示省府補助雖然有選舉年的考量，但是縣市政府的實際需求或者平衡地方財政差距，仍然是補助款分配決策的重要考量之一。至於其他的需求變數，均未呈現與補助款分配有顯著性的關係。這個統計結果明顯看出選舉年的補助款額度高於非選舉年。如果以選舉年的係數來看，選舉年會比非選舉年每人多分配1,373.6元（因為選舉年編碼為1，所以是常數項，也就是截距是非選舉年的補助款金額，12,184元，選舉年係數為1,373.6，代表選舉年比非選舉年多了1,373.6元）。

　　其次，我們來看看第二與第三個研究問題。第二個研究問題是：這

些分配在各縣市的補助款是否真的如傳言所描述的是為了選舉勝選（不按縣市的客觀需求分配）？或者真的是為了達到補助款制度的原始目的（平衡地方財政）？第三個研究問題是：省議員的選舉、立法委員的選舉或是縣市長的選舉，對於影響省政府分配給各縣市的補助款額度上有無差異？換言之，省府補助款的分配如果真的是考慮選舉的政治因素，那麼究竟是重視省議員的選舉？立法委員的選舉？或是縣市長的選舉（這個部分的分析只取選舉年作為分析樣本）？讀者可以參閱**圖18-3**第二個模型所描述的現象，以下是統計分析結果以及詮釋的內容：

表18-8顯示各種選舉對於台灣省政府補助款分配的相對影響力情形。為了能夠實際觀察出各種選舉有關變數對於省補助款分配在統計上的相對影響力，我們在**表18-8**當中不僅顯示迴歸係數與標準誤之外，我們也列出各變數的標準化估計值（beta 值），以便加以比較（計算標準化迴歸係數）。

整體來看，「自有財源比例」依然在省府補助款分配過程中扮演重要的角色，自有財源比例越低的縣市獲得越多的省補助款。各種選舉因素對於台灣省政府補助款分配的相對影響力的分析結果發現，「縣市長黨籍為國民黨的縣市」以及「前一次省議員選舉國民黨與非國民黨參選人戰況激烈的縣市」，在選舉年獲得顯著的超額補助。而「縣市長當選者與落選第一名在前一次選舉得票率的差距越小」的縣市也獲得較多的補助款。這些結果顯示台灣省政府的確在選舉年積極協助國民黨籍執政的縣市，並且這些縣市在上次縣市長選戰當中政黨之間的戰況激烈。至於「國民黨與非國民黨籍立法委員參選人在前一次選舉的得票率差距」，並不會影響台灣省政府補助款的分配。

整體來說，當我們控制需求變數時，各種選舉因素對於台灣省政府補助款分配的相對影響力（同時以beta值與顯著水準加以判斷），以變數「國民黨籍執政的縣市」（beta＝0.211）以及「前一次省議員選舉國民黨

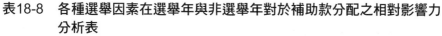

表18-8　各種選舉因素在選舉年與非選舉年對於補助款分配之相對影響力分析表

變數名稱	迴歸係數 （標準誤） （beta值）
常數	19,080.6 （2,423）
自有財源比例	−18,409*** （3,599） （−0.677）
公告土地現值調整幅度	−1.29 （13.42） （−0.054）
各縣市人口密度	−0.299 （0.35） （−0.001）
縣市長黨籍	1,372.44* （838） （0.211）
縣市長當選者與落選第一名在前一次選舉得票率差距	−80.74* （55.02） （−0.207）
國民黨與非國民黨籍省議員在前一次選舉得票率差距	−104.73*** （27.85） （−0.387）
國民黨與非國民黨籍立法委員在前一次選舉得票率差距	51.21 （81.33） （0.046）
Adjusted R Square	0.596
N	63

迴歸係數單尾檢定：*p＜0.1（t＞1.282），**p＜ 0.05（t＞1.645），***p＜0.01（t＞ 2.326）。第一列括號內的數值為標準誤（standard error），第二列括號內的數值為beta值。依變數的單位為元（1991年幣值）。

與非國民黨參選人戰況激烈的縣市」（beta＝－0.387）最大。其次是「縣市長當選者與落選第一名在前一次選舉得票率的差距越小」的縣市，顯著的影響省補助款的分配（beta＝－0.207）。儘管政治變數的確影響著補助款的分配，但是我們仍然看到「自有財源比例」扮演比其他政治變數更重要的角色（beta＝－0.677）。簡言之，省補助款的分配仍然以平衡縣市財政狀況為優先，但是仍有政治因素扮演一定程度的影響力，尤其以省議員選舉因素、縣市長選舉因素以及縣市長黨籍的影響較為明顯。

第三節　中央政府民國91-95年期間分配給縣市政府補助預算影響因素的分析

這個分析案例是我在2009年所做的研究（羅清俊，2009），它也是延續我個人過去的研究興趣，也就是探索政府政策利益在地理空間分配的影響因素，所以它的研究脈絡與第二節案例類似。在以下接續的內容當中，我盡可能精簡，不再像前兩節那麼詳細的解說，以免讀者覺得過於冗長與瑣碎。在本節與第四節，我會特別說明這個分析案例的統計方法與研究設計的處理，當然，重點還是讓讀者瞭解如何詮釋統計分析結果。

一、研究問題、依變數與自變數

在這個研究案例當中，我的研究問題是：在民國91-95年期間，中央政府分配給縣市補助預算的額度究竟受到什麼因素的影響？我特別留意台灣立法委員選舉制度（在單記不可讓渡複數選區制度時期）對於補助利益分配的影響。本研究案例的分析單位是縣市，依變數是中央政府分配給縣市補助預算的額度（平均每人每年所獲得的補助額度）。

　　依據這個研究領域過去的文獻檢視，自變數可以包括：(1)縣市政府自有財源比例：迴歸係數預期為負向，因為補助款制度是希望能夠平衡縣市之間的貧富差距，所以越窮的縣市可以獲得較多的補助；(2)立法委員員額數：迴歸係數預期為負向，員額越少，立委搭便車的機會越少，所以會積極爭取較多的政策利益；(3)立委平均資深程度：迴歸係數預期為正向，越資深的立委代表政治權力穩固，獲取政策利益的能力顯然較資淺立委為佳；(4)民進黨立委占縣市立委總人數比例：迴歸係數預期為正向，分析期間為民進黨掌控中央政府，所以預期民進黨立委較占優勢；(5)立法院常設委員會召集人總數：迴歸係數預期為正向，過去文獻顯示，政黨經常安排前一次競選險勝的同黨立委擔任立法院常設委員會召集人，以期利用這個職位引介政策利益，避免下次競選時陷入苦戰。所以縣市所屬立委如果擔任該職位的人數越多，則能夠獲取越多的政策利益；(6)立法委員選戰競爭程度：迴歸係數預期為負向，立委前一次選戰與其他候選人的票數差距越小，越會覺得岌岌可危，所以爭取政府補助款討好選民的機會會越大；(7)各縣市立法委員選舉選票集中程度：迴歸係數預期為正向，在單記不可讓渡複數選區的制度之下，立委的票源傾向於集中在選區當中的某一個地理區塊，票源越集中代表立委只需要照顧這些人就能輕易當選，所以會鼓勵這些立委積極爭取政府補助款照顧這些人；(8)立法委員票倉區得票率：迴歸係數預期為正向，與前一個自變數類似，在單記不可讓渡複數選區的制度之下，立委會有自己的票倉區，如果票倉區的選民投票率越高，代表著選民很關注立委的一舉一動，所以立委傾向於獲取較多的政策利益來取悅這些票倉區選民；(9)立法委員地方派系的種類數量：迴歸係數預期為正向，依照過去文獻顯示，具有地方派系背景的立委傾向利用政府政策利益來扶植地方派系，所以縣市具有地方派系背景的立委越多，該縣市獲得政策利益的額度就會越高；(10)縣市所屬立委過去曾經擔任過地方民選公職人員比例：迴歸係數預期為正向，有地方民選公職人員

經驗的立委因為與地方的連結較深，所以比較會承受到地方勢力對於政策利益的需求，也因此會積極爭取補助預算；(11)縣市長黨籍：民進黨執政縣市獲得較多補助，因為本研究的分析期間為民進黨掌握中央政權，所以我們預期民進黨執政的縣市在政策利益分配上比較占優勢；(12)各縣市人民團體總數占縣市人口比例：迴歸係數預期為正向，地方上的社會團體經常仰賴政府補助，而透過立委的協助引介是最常見的手法，如果地方上的社會團體越多，將會獲得越多的補助利益；(13)總統選舉得票差距：第十屆與第十一屆正副總統選舉，陳水扁與呂秀蓮在各縣市的得票率減去其他組候選人當中最高得票率者，迴歸係數預期為正向，表示他們會藉由補助款的分配來嘉惠過去比較支持他們的縣市，陳呂得票率越高的縣市，將會獲得越多的政策利益；(14)91、92、93、94、95年度的虛擬變數（以95年為基準，設定91、92、93、94總共四年的虛擬變數）：可以看出各年度補助利益整體額度的差異。

二、模型與資料的檢測：自我相關與變異數不齊一的檢測與排除

　　根據本書第十五章的討論，我們必須先留意模型界定（model specification）所可能導致的自我相關問題。我們知道 t 時間點補助預算的編列很容易受到 $t-1$ 時間點的影響，所以自變數應該納入 $t-1$ 補助預算的額度。所以新增這一個自變數，也就是第十四個自變數。我們預期此變數的迴歸係數為正，因為前一年補助預算獲得越多的縣市，次一年的補助預算也應該越多。納入這個變數之後的初始資料分析，透過Durbin-Watson統計數的檢定仍然呈現一階自我相關，所以最後仍必須透過第十五章所談到的，可以利用各種方法來估計 ρ，轉換原始資料來估計模型。我們最後以Maximum Likelihood方法來估計 ρ（LIMDEP統計軟體有這項功能）。

雖然排除了自我相關，但是經過檢測之後，資料仍然呈現變異數不齊一的問題。在這個案例當中，我使用最簡單的資料轉換方法，也就是先將依變數取自然對數。而在變異數不齊一的檢測過程當中，我也發現前一年補助預算這一個自變數引起的變異數不齊一問題比較嚴重，所以這個自變數也取自然對數。做這樣的先期處理之後，的確有減緩問題，但是並未完全排除。為了完全排除變異數不齊一的問題，我利用所謂的White's Robust V. C. Matrix（LIMDEP統計軟體有這項功能）協助我們根據變異數不齊一的特質與型態來轉換原始資料（確認殘差項與自變數之間的特定關係之後轉換原始資料），重新以OLS來估計整體模型（請參閱第十五章，變異數不齊一的排除方法）。

三、統計分析結果的詮釋

圖18-4顯示民國91-95年度各縣市每人每年獲得中央政府補助款的額度（千元），連江縣、澎湖縣、金門縣、台東縣、新竹縣與花蓮縣每人每年獲得超過2萬元的補助額度。台北市、台北縣、台中市、台南市、桃園縣與高雄縣每人每年只獲得不到1萬元的補助款，而台北市獲得最少，僅獲得1,000多元。

表18-9顯示91-95年縣市補助款分配迴歸分析模型的結果。首先，就$t-1$時間點每人每年所獲得的補助款來說，前一年每人獲得補助款越多則接續一年也會獲得較多的補助款。其次，就年度虛擬變數來說，93年的補助款額度明顯比95年來得多（除了91年度之外，其他年度都比95年度多，而93年最突出）。有趣的是，93年中央政府補助款額度不僅明顯高於95年度，就迴歸係數的大小來說，它也高於91年、92年與94年。93年高額度的中央政府補助款似乎非比尋常，因為這個統計分析結果是控制了縣市自有財源之後所得出的結果。更有趣的是，如果觀察各年度虛擬變數的迴

■ 補助金額（千元）

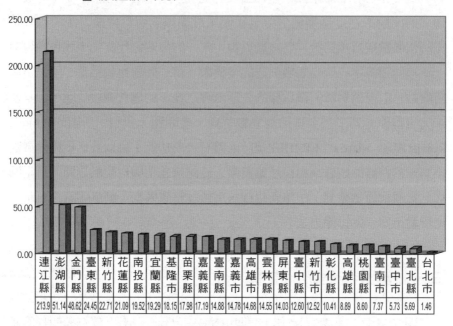

	連江縣	澎湖縣	金門縣	臺東縣	新竹縣	花蓮縣	南投縣	宜蘭縣	基隆市	苗栗縣	嘉義縣	臺南縣	嘉義市	高雄縣	雲林縣	屏東縣	臺中縣	新竹市	彰化縣	高雄縣	桃園縣	臺南市	臺中市	臺北縣	台北市
	213.9	51.14	48.62	24.45	22.71	21.09	19.52	19.29	18.15	17.98	17.19	14.88	14.78	14.68	14.55	14.03	12.60	12.52	10.41	8.89	8.60	7.37	5.73	5.69	1.46

圖18-4　91-95年度各縣市獲得補助金額（千元／人）

歸係數變化情形，以95年為基準，91年的補助款額度少於95年，92年開始
攀升，至93年達到最高峰，而94年驟減，95年則更少。為什麼如此？我們
直覺的聯想會是93年舉行的總統大選。補助款額度在選舉年大幅增加，選
後則大幅減少的規則變化呈現出明顯的政治景氣循環現象。

　　其次，在達到統計顯著水準的其他自變數當中，按照標準迴歸係數
（絕對值）的大小排列依序是「自有財源」（−0.280）、「社會團體比
例」（0.219）、「立委員額」（−0.082）、「立委所屬地方派系種類數
量」（0.051）、「立委選票集中指數」（−0.047）、「立法院常設委員
會召集人總數」（0.041）。這些發現代表著自有財源越低的縣市、社會
團體比例越高的縣市、立委員額越少（選區規模越小）的縣市、立委所屬

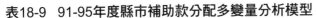

表18-9　91-95年度縣市補助款分配多變量分析模型

自變數	標準化迴歸係數（t值）
常數	2.149（8.908）
91年	−0.002（-0.055）
92年	0.020（0.711）
93年	0.084（2.976）***
94年	0.009（0.333）
Ln(前一年每人獲得補助款)	0.565（10.723）***
總統選舉得票比率差距	0.023（0.488）
立委員額	−0.082（1.655）**
立委選票集中指數	−0.047（1.441）*
立委選舉平均勝選幅度	0.013（0.471）
立委平均資深程度	−0.015（0.537）
立法院常設委員會召集人總數	0.041（1.292）*
民進黨立委人數占縣市立委總人數比例	−0.011（0.265）
民進黨執政縣市	−0.006（0.205）
社會團體比例（數量／人口）	0.219（3.505）***
立委票倉區投票率	0.025（0.805）
立委所屬地方派系種類數量	0.051（1.502）*
縣市所屬立委過去曾經擔任民選公職人員的比例	0.012（0.449）
自有財源	−0.280（6.09）***
Adjusted R^2	0.95
N	120

依變數＝Ln（每人每年獲得補助金額，91-95年。以90年為貨幣基期年）。

*$p < 0.1$，**$p < 0.05$，***$p < 0.01$（單尾檢定）。

括號內為 *t* 值。

地方派系種類數量越多縣市、立委選票集中指數越低的縣市、立法院常設委員會召集人總數越多的縣市都能夠獲得顯著的超額補助款。在這些對於實質政策利益分配具影響的因素當中，選區規模（立委員額）與立委票源分布情形（選票集中程度）是因為單記不可讓渡複數選區的制度所導引出來的；而根據過去的說法與實證研究發現，立法院常設委員會召集人也是

在單記不可讓渡複數選區的制度之下，政黨為了協調同黨候選人避免彼此過度競爭而減少了當選席次的刻意安排，因為常設委員會召集人擁有地位的優勢，可以引介選區所需要的地方利益。基於以上這些研究發現，很明顯的，台灣政策利益的分配受到立委選舉制度顯著的影響（這個研究案例在原著作有更完整的詮釋，在此只是扼要節錄）。

第四節　立法委員記名表決影響因素的分析

　　本節的例子是要告訴讀者，如果依變數是二分類別變數時，應該使用何種統計分析方法，同時也告訴讀者如何詮釋統計分析結果。

　　這個例子是我與我指導的學生張皖萍小姐在2008年於《政治科學論叢》所共同發表的文章（羅清俊、張皖萍，2008）。這篇研究的研究問題之一是：立法委員是否會受到自身「企業背景」的影響，而在分配政策制訂過程當中，傾向於支持與自身企業利益有關的法案？為了探索這一個研究問題，我們找到了立法院第四屆第一會期通過的「修正營業稅法部分條文」這項與企業利益相關的法案之記名表決記錄，來從事立法委員記名表決影響因素的分析。這篇文章的部分內容如下：

　　行政院為了減輕金融保險業的負擔，且有效降低銀行保險業之逾期放款比例，於民國88年6月15日（第四屆第一會期）提案修正營業稅法。其中修正的第二十一條條文是增訂期貨業也准用調降營業稅之規定（有利於金融保險業）。在二讀會審議這條條文過程當中，採取了記名表決。我們很好奇，具有金融保險企業背景的立法委員贊成這個修訂條文的機率是否會比不具有金融保險企業背景的立法委員來得高？

　　依變數是立法委員在記名表決中的態度（以二分類別變數當中的1來表示贊成，0為反對）。因為依變數是二分的類別變數，所以我們採用邏

輯斯迴歸分析（logistic regression）。自變數包括：(1)選區金融業平均生產總額；(2)立委是否具有企業背景（是否投資金融保險業）；(3)立委是否屬於國民黨；(4)立委是否為法案審查委員會的成員；(5)立委的資深程度；(6)立委過去是否曾具有地方民選公職背景。

　　表18-10呈現的邏輯斯迴歸模型統計結果顯示，首先，「政黨立場」（是否為國民黨黨員）雖然是影響立委投贊成票的主要因素，但是統計分析結果仍然顯示具有「投資金融事業」背景的立委會站在金融保險業的立場，支持調降期貨業營業稅率的規定。其次，「財政委員會成員」也明顯採取支持立場。最後，我們並沒有看出「選區金融業平均生產總額」、「立委資深程度」以及「地方民選公職背景」對於立委投票立場的影響。所以基於這些統計分析結果，我們很明顯的看到立法委員受到自身「企業背景」的影響，而在分配政策制訂過程當中支持與自身企業利益有

表18-10　**記名表決邏輯斯迴歸分析表**

表決法案名稱	自變數名稱	B(S.E.)
修正營業稅法 第二十一條條文	常數	−2.489（1.490）
	國民黨	7.971（1.597）***
	立委資深程度	.102（.459）
	財政委員會成員	2.412（1.213）**
	地方民選公職背景	−1.605（1.292）
	金融背景	3.848（1.796）**
	選區金融業平均生產總額	−.0009（.002）
	Model χ^2 自由度	χ^2＝140.472*** df＝6
	Pseudo R^2	.523
	正確預測率	96.049%
	樣本數	128

單尾檢定：*p＜0.1，**p＜0.05，***p＜0.01。

括號內的數值為標準誤（standard error）。

依變數為投票立場（贊成或反對），贊成編碼為1，反對編碼為0。

關的法案（模型的配適度Model χ^2就是第十六章所討論的Likelihood-Ratio
＝$(-2 \log L_0)-(-2 \log L_1)$，它達到統計上的顯著水準，代表模型配適度
良好。Pseudo R^2也超過0.5，它是從另一個角度顯示模型配適度良好。一
般來說，我們比較不會在論文當中特地去討論這些內容。當然這不是絕對
的，少數論文會這樣做）。

我們在這篇文章當中是利用比較整體性的角度來詮釋統計結果；
換言之，我們只詮釋各自變數符號的正負，以及是否達到統計上的顯著
水準。至於個別變數對於勝算比以及機率的影響，並沒有呈現出來。當
然，我也可以延伸至以下的內容：

首先，我們來看看個別變數對於勝算比的影響（省略常數項）。根
據第十六章的內容，我們知道個別變數對於勝算比的影響是取迴歸係數的
指數，所以個別變數對於勝算比的影響如**表18-11**所示。國民黨立委贊成
的勝算比是非國民黨立委贊成的勝算比約2,895倍；立委每增加一屆的資
深程度，贊成的勝算比會增加1.11倍；屬於財政委員會成員贊成的勝算比
是非財政委員會委員的11.16倍；過去曾經擔任地方民選公職的立委贊成
的勝算比是沒有擔任地方民選公職的立委之0.2倍；擁有金融保險企業背
景的立委贊成的勝算比是沒有金融保險企業背景的立委之46.9倍；立委選
區金融業平均生產總額每增加一個單位並不會增加或減少立委贊成的勝算
比。

其次，我們來計算個別變數對於贊成與反對機率的影響情況。根據
第十六章，贊成的機率可以透過以下公式求得：

$$p(Y=1)=\frac{e^{\alpha+\beta_1 X_1+\beta_2 X_2+\beta_3 X_3+\cdots\cdots+\beta_k X_k}}{1+e^{\alpha+\beta_1 X_1+\beta_2 X_2+\beta_3 X_3+\cdots\cdots+\beta_k X_k}}$$

當我要觀察某個自變數對於贊成機率的影響時，我必須控制其他的
自變數。由於這六個自變數，屬於類別變數的有國民黨、財政委員會成

表18-11　個別變數對於勝算比的影響

自變數名稱	迴歸係數	Exp（迴歸係數）
國民黨	7.971	2895.75
立委資深程度	.102	1.11
財政委員會成員	2.412	11.16
地方民選公職背景	−1.605	0.2
金融背景	3.848	46.90
選區金融業平均生產總額	−.0009	1

員、地方民選公職背景與金融背景；屬於等距以上變數的有立委資深程度與選區金融業平均生產總額。等距以上的自變數，通常我們控制在平均數，而類別變數的控制就會出現屬於「是」或「否」兩種。既然如此，估計立委贊成與否的機率就有各式各樣的組合。我們舉幾種例子來看：

第一種情況：當立委資深程度與選區金融業平均生產總額這兩個等距以上變數控制在平均值時，也就是立委資深程度為1.766與選區金融業平均生產總額為732.028：立委是國民黨、屬於財政委員會成員、有地方民選公職背景、有金融保險企業背景的立委贊成的機率是以下關係式：

$$p（Y=贊成）$$

$$= \frac{e^{-2.489+7.971(1)+0.102(1.766)+2.412(1)-1.605(1)+3.848(1)-0.0009(732.028)}}{1+e^{-2.489+7.971(1)+0.102(1.766)+2.412(1)-1.605(1)+3.848(1)-0.0009(732.028)}}$$

$$= \frac{e^{9.659}}{1+e^{9.659}} = 0.999$$

第二種情況：當立委資深程度與選區金融業平均生產總額這兩個等距以上變數控制在平均值時，也就是立委資深程度為1.766與選區金融業平均生產總額為732.028：立委是國民黨、屬於財政委員會成員、有地方民選公職背景、無金融保險企業背景的立委贊成的機率是以下關係式：

p（$Y=$ 贊成）

$$= \frac{e^{-2.489+7.971(1)+0.102(1.766)+2.412(1)-1.605(1)+3.848(0)-0.0009(732.028)}}{1+e^{-2.489+7.971(1)+0.102(1.766)+2.412(1)-1.605(1)+3.848(0)-0.0009(732.028)}}$$

$$= \frac{e^{5.811}}{1+e^{5.811}} = 0.997$$

第三種情況：當立委資深程度與選區金融業平均生產總額這兩個等距以上變數控制在平均值時，也就是立委資深程度為1.766與選區金融業平均生產總額為732.028：立委是非國民黨、不屬於財政委員會成員、有地方民選公職背景、無金融保險企業背景的立委贊成的機率是以下關係式：

p（$Y=$ 贊成）

$$= \frac{e^{-2.489+7.971(0)+0.102(1.766)+2.412(0)-1.605(1)+3.848(0)-0.0009(732.028)}}{1+e^{-2.489+7.971(0)+0.102(1.766)+2.412(0)-1.605(1)+3.848(0)-0.0009(732.028)}}$$

$$= \frac{e^{-4.572}}{1+e^{-4.572}} = 0.009$$

依照這樣的邏輯，我們可以估算出自變數在各式各樣不同情況之下的機率，更可以估算出每位立法委員贊成與反對的機率。例如我知道某位立委是國民黨、立委擔任兩屆、屬於財政委員會成員、過去沒有地方民選公職的背景、有金融保險企業背景、選區金融業平均生產總額為612.33，將這些自變數數值帶入上述 $p(Y=1)$的公式即可求得。這個研究案例有128個樣本，當然我們就可以一一求得他們個別贊成此法案的機率有多高了。

CHAPTER

19

撰寫結論：研究發現與
討論的撰寫方法

　　當你詮釋完你的統計分析結果之後，這個量化研究已經接近尾聲。接下來就是要撰寫最後一個部分——結論。通常，結論包含了「研究發現」與「討論」兩個部分。我們在以下內容分別為讀者解說，到底量化研究的研究發現部分應該包含哪些內容？而討論部分又應該討論什麼？

第一節　研究結論當中的「研究發現」

　　研究發現部分要寫些什麼東西？你會問：在統計結果分析的部分不是已經呈現很多很多研究發現了嗎？那麼我在研究發現這個部分要呈現什麼？我的回答是：將統計分析結果很扼要的摘要出來。這裡的重點是「很扼要」！不管你的統計結果分析部分有多少頁，一旦到了最後一個部分的研究發現，你就應該精簡至不超過兩頁（約略，這是期刊文章的研究發現規模，碩博士論文可以多一些）。將繁複的統計分析結果精簡到少數的一兩頁的確很不容易，但是你一定要做到，否則研究發現與統計結果分析又如何能區分出來？你總要替那些沒有時間閱讀全文，可是又想知道研究結果的讀者著想吧！

　　其次，研究發現的內容可以出現之前統計分析結果的重要數字，但是千萬不要整段原封不動的搬過來，也不要再將統計表格或圖形重新再放進來了，因為這些內容早就應該在統計分析結果詮釋的部分出現。研究發現只容許扼要的文字說明或些許歸納之後的數字。以下我就用我們在第十七章所舉的例子「台灣選民期待立法委員爭取補助利益的調查分析」，來說明如何撰寫研究發現。

　　首先，整體來看，立法委員為選區選民「爭取地方建設經費」的確是台灣選民所關心的事。雖然近五成的選民不見得能夠清楚感受到，但是選民投票時的確將立委是否爭取補助預算列為第二優先考量的因素，

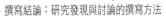

僅次於期待立委「在立法院專心制訂公共政策」，高於「形象」、「選區
服務」、「政黨」以及「地方派系或宗親」。選民因為政黨傾向不同，其
考量的重點也有所不同，泛藍選民在「形象」、「政黨」、「在立法院專
心制訂公共政策」與「爭取地方建設經費」四項的平均值都是最高，且與
其他立場選民有顯著差異。而「地方派系或宗親」與「選區服務」兩項則
各不同政黨立場的選民之間無差異。除此之外，我們也發現選民期待立委
能夠扮演多功能的角色，各種評估標準之間彼此是不互斥的；換言之，選
民會同時期待立委形象好，爭取建設經費，也會要求他們專心制訂公共政
策，而這種現象在各政黨之間也沒有太多的差異。就選民所居住的區域來
看，台北市選民在「地方派系或宗親」的投票因素顯著低於其他各區，
「在立法院專心制訂公共政策」的投票因素上，台北市選民顯著高於南部
各縣。而各區域選民在其他投票因素上，並沒有明顯的差別（我扼要的用
這一段話摘要這個研究第一個研究問題的統計分析結果。第一個研究問題
是：究竟台灣選民在立法委員選舉投票時如何評估立法委員？各個評估標
準的相對重要性為何？比較不同評估標準，立法委員為選區爭取地方建設
經費是不是選民評估立法委員的重要依據？是否會隨著選民政黨立場不同
而不同？是否隨著選民居住區域的不同而迥異？）。

　　其次，在民眾感受立委經營選區的部分，除了超過八成的選民感受到
立委有參加各項地方活動之外，其餘各個立委經營選區項目當中，選民感
受程度不超過五成，這個發現恐怕會令立委們灰心，尤其選民感受到立委
「爭取補助預算繁榮地方」僅占四成五左右，「爭取補助預算保護選區利
益」更僅占四成左右。進一步我們也發現選民政黨的立場不同也沒有太多
感受上的差異，除了「立委有沒有幫忙選民和政府打交道」看法上達到統
計上的顯著水準（泛綠選民感受到的百分比高於泛藍與中立選民）之外，
其他三項統統沒有顯著的差別。不過，隨著選民居住區域的不同，感受立
委經營選區的程度就有較為明顯的差異了。除了「立委有沒有幫忙選民和

政府打交道」看法上並未達到統計上的顯著差異之外，其他三項均有差異的看法。居住在縣（特別是居住在東部各縣與離島的選民）與省轄市的選民感受到立委經營選區努力的百分比，均高於居住在北高兩直轄市選民的百分比。特別是在立委爭取補助經費繁榮地方或保護選區利益方面，居住在縣的選民感受到的百分比高於居住在省轄市的選民，而居住在省轄市的選民感受到的百分比也高於北高兩直轄市（我扼要的用這一段話摘要這個研究第二個研究問題的統計分析結果。第二個研究問題是：選民是否感受到立法委員經營選區所做的各種努力？這種感受程度是否會隨著選民政黨立場不同而異？是否隨著居住區域的不同而不同？）。

最後，我們也發現選民對於立法委員爭取補助預算的具體看法。第一，從選區立法委員選舉的實際情形來看，為地方爭取補助經費在立委選舉來說的確是相當重要的議題，我們發現近六成的受訪者同意「立委會因沒為地方爭取中央補助經費而落選」，以及高達七成的受訪者同意「立委是否爭取中央補助經費為立委選舉重要議題」。第二，從選民對於立委基本責任的期許來看，選民有超過八成四認為立委爭取補助預算是他們的基本責任，不管是爭取經費繁榮地方或是保護選區利益皆然。第三，從立委是否曾經爭取補助經費對於選民投票的影響方面來看，我們發現超過五成的受訪者認同：如果立委沒有爭取補助經費，下次選舉不會支持，同時在這五成的受訪者當中有近七成甚至於會將立委沒有盡心盡力爭取補助預算這件事傳給別人知道。有趣的是，選民似乎比較傾向於獎勵曾經帶回選區利益的立委，超過七成五的受訪者傾向立委若有爭取補助經費，比較可能支持他，在這七成五的受訪者當中有近八成同時會把立法委員的這種「善行」傳播給他人。進一步我們也發現，政黨立場不同的選民看法並沒有太多的差異，除了「向中央爭取經費繁榮地方是立委起碼責任」的意見（泛綠選民同意的比例低於中立以及泛藍選民，儘管如此，各政黨立場選民同意程度仍都占有八成以上），以及「立委爭取補助經費這件事會告訴

別人」的意見（泛綠選民同意百分比最高，顯示泛綠選民鼓勵立委帶回利益的傾向明顯高於其他政黨傾向選民）之外，我們並沒有明顯發現選民對於立法委員爭取補助預算的看法與選民的政黨立場有關。同樣的，居住於不同區域的選民的看法也沒有太多的差異。例外的情況是「立委是否為地方爭取經費是立委選舉重要議題」與「如果立委沒有爭取中央補助經費，下次選舉您就不會支持他」的意見上，前者同意百分比最高的是東部各縣與離島，後者最高的仍然是東部各縣與離島。由此可以看出補助預算議題在東部與離島各縣立委選戰時的重要性，也同時看出居住在東部與離島各縣的選民懲罰沒有爭取補助經費的立委有一定的強度，同時這個強度明顯高於其他區域的選民（我扼要的用這一段話摘要這個研究第三個研究問題的統計分析結果。第三個研究問題是：選民對於立法委員爭取中央政府補助預算有何看法？為地方爭取補助經費在立委選舉來說是不是重要的議題？選民是否認為立法委員向中央爭取補助經費來保護選區利益或是繁榮地方是立法委員最起碼的責任？立法委員爭取補助經費會不會對於選民投票時造成影響？選民是否會以選票懲罰沒有帶回或獎勵曾經帶回選區補助利益的立法委員？強度差異如何？這些看法是否隨著選民政黨立場與居住區域不同而異？）。

第二節　研究結論當中的「討論」

　　摘要完統計分析結果成為研究發現之後，你就必須以這些研究發現為基礎，很「深層」的思考到底這些研究發現呈現什麼意涵（implications），給了我們什麼樣的啟發？這是整個研究最有價值的部分。

　　很多人在讀量化研究文章的時候，一讀到討論部分就跳過去，總認

為反正就是講跟前面一樣的東西。我的建議是：千千萬萬要仔細品味作者基於研究發現所做的討論。因為這些內容可能會牽涉到這個研究發現與過去類似研究的異同比較，可能會針對這個研究領域過去的理論或是研究設計所做的評論或是批判，也可能會引導未來的研究方向。嚴肅的說，所有新知識的累積都是從這個「討論」開始！既然如此，不僅閱讀量化研究報告的人不能放過討論的內容，我們撰寫量化研究報告的人更不能敷衍討論的部分，因為它是挖掘新知識的開端。你應該要基於研究發現，進一步告訴讀者這些研究發現所能提供的「啟示」。

我同樣用「台灣選民期待立法委員爭取補助利益的調查分析」為例，請讀者留意我是如何基於研究發現做比較深層的討論：

這個研究案例（台灣選民期待立法委員爭取補助利益的調查分析）的發現究竟與台灣分配政策與政治研究有何關聯？第一，本研究的確發現台灣選民殷切期盼立法委員為地方爭取補助預算。選民不僅將爭取地方建設經費排在選擇立法委員六大因素當中的第二位，同時大部分選民也會以立委爭取補助預算為判準來獎勵或懲罰立法委員。這些發現的確為未來台灣分配政策研究構築了厚實的實證基礎。

第二，選民期待與立法委員爭取補助實際做為兩者的連結關係是分配政策研究重要的基礎。因為一旦選民有這種期待，立委才會深信為家鄉帶回經濟利益能夠贏得選票，並進而戮力以赴。這種連結關係在台灣是否存在？從本調查研究結果當中，我們確實發現台灣選民有相當程度的期待，這種期待某種程度也反映到選民實際的投票行為。可是我們的研究結果卻也同時發現，選民感受到立法委員爭取補助預算的努力竟然是那麼的低（不到五成），難道立法委員爭取補助預算不力，所以民眾沒有感受到？這點我們並沒有充分的資料證明；還是立委真的盡心盡力，但是限於一些因素使得民眾難以感受？這些因素有可能是立委爭取補助預算只為了個人利益，包括支援自己在地方上友好的利益集團，以求未來競選連任時

獲取經濟上的奧援，或甚至由立委個人承包利益。這點目前也沒有充分的實證資料來證明。

但是，如果我們先不管立委爭取補助預算是否為了私利，而純粹從立委希望獲得民眾肯定而增加選票的角度來看，本調查研究的一些實證發現，可以看出民眾普遍感受不到立法委員爭取補助預算的努力，可能與我國立法委員的選舉制度有關。具體言之，複數選舉制度（一個選區選出多位立法委員）讓選民很難清楚辨識當補助利益流入選區時，這些利益究竟是不是他投票支持的立委所爭取回來的？的確，這位選民所支持的立委當然會大肆宣揚，告訴選民這些利益是他一個人爭取來的，可是同一選區的其他立委又何嘗不會如此宣稱呢？而選區立委人數越多，所有的立委都有可能為該選區所有的補助利益邀功時，選民必然更覺得困惑。我們這種論點所引申的意義是：立委名額比較多的選區，民眾比較感受不到立委爭取地方利益的努力；反過來說，立委員額比較少的選區，民眾反而比較能感受得到。

我們這樣的說法並不是沒有依據。首先，從本研究所做的「選民居住區域」與「選民對於立委經營選區實際感受」的卡方分析發現，不論是「爭取補助經費繁榮地方」或是「爭取補助經費保護選區」，民眾感受到的比例最多的都是東部與離島各縣（兩者的比例均為66.7%），明顯超過其他區域並達統計上的顯著水準。而這些縣市的立委員額都等於或小於3人，包括宜蘭縣（3位）、花蓮縣（2位）、台東縣（1位）、澎湖縣（1位）、金門縣（1位）與連江縣（1位）。當然，這會不會是因為這些縣市位處東部與離島的偏遠地區，所以長期以來上級政府為了區域發展均衡，或是為了這些地區頻繁的天然災害而持續補助，也因而讓立委邀功的機會增加，加上立法委員人數又少，所以民眾比較能夠明顯感受到？換言之，這些地處偏遠的縣有近七成受訪者感受到立委為地方爭取補助預算，其實很有可能是同時受到「中央政府特別關照這些偏遠地區」以及

「立委人數少」的影響所致。為了排除這種可能的虛無關係,進而觀察立委員額對於民眾感受程度的影響,我們選擇了兩組樣本進一步比較分析。分析單位仍然是選民,第一組樣本是居住在東部與離島各縣的受訪者($N=51$),這些縣的立委員額都是1至3人,包括宜蘭縣、花蓮縣、台東縣、澎湖縣、金門縣與連江縣;第二組樣本則是三個屬於都會區的省轄市選民($N=40$),包含了基隆市、新竹市、嘉義市。我們選擇這三個省轄市的原因,在於這些省轄市的立委員額比較少,都是3名;同時屬於都會區的這三個城市,就發展程度與發生天災的機會來說,中央政府補助這幾個省轄市的機會相對來說少於東部與離島各縣。我們進一步以卡方分析檢定這兩組樣本在立委爭取補助預算的感受有無差異,如果這兩組樣本對於立委有為地方帶回補助預算的感受都很高(至少高於以總體樣本感受到的百分比,即感受到爭取補助經費繁榮地方占46%,爭取補助經費保護選區占40.8%),同時也沒有達到統計上的顯著差異,我們就可以初步釐清:如果立委員額少,民眾的感受會比較深刻,而不管中央政府補助機會的多寡。分析結果發現,在「爭取補助經費繁榮地方」部分,第一組樣本感受的百分比66.7%(34 / 51人),第二組樣本感受的百分比為60%(24 / 40人),同時,並沒有達到統計上的顯著差異($\chi^2=0.431$,$p=0.511$,$df=1$)。而在「立委爭取補助經費保護選區利益」部分,第一與第二組樣本感受到的比例仍然沒有顯著差異($\chi^2=2.581$,$p=0.108$,$df=1$),第一組樣本感受百分比是66.7%(34 / 51人),第二組感受的百分比是50%(20 / 40人)。這個分析結果顯示,民眾感受立委為地方爭取補助經費的確受到該縣市立委員額的影響。

但是究竟這種關係有多密切?我們更進一步將個人資料聚合至縣市,以縣市為分析單位,試著以迴歸分析呈現「縣市立委員額的多寡」與「縣市選民感受到立委爭取補助預算百分比」的關係。我們充分瞭解25個樣本(二十五縣市)在推論統計上的限制,然而我們只是希望以有

限的樣本初步探索它們之間的關聯，而不做過多的臆測。第一個迴歸分析，我們以「縣市選民感受到立委爭取補助經費繁榮地方的百分比」為依變數，自變數除了「縣市立委員額」之外，我們以「93與94年平均各縣市自有財源比例」做為控制變數，因為縣市政府轄區的財政狀況越差，中央政府補助的機會與頻率就可能越多，控制這個變數可以觀察在相同財政狀況的縣市，立委員額多寡對於民眾感受到立委爭取補助經費繁榮地方的影響程度。第二個迴歸分析以「縣市選民感受到立委爭取補助經費保護選區利益的百分比」為依變數，自變數除了「縣市立委員額」之外，我們以各縣市91至93年累積受到天然災害所造成的「傷亡人數」與「房屋倒塌數」為控制變數，觀察立委員額多寡對於民眾感受的影響程度。結果發現，在「縣市選民感受到立委爭取補助經費繁榮地方的百分比」的迴歸分析中，R^2 等於0.262，「縣市立委員額」的beta值為-0.124，並未達到顯著水準（$t=0.548$，$p=0.589$）；「93與94年平均各縣市自有財源比例」的beta值為-0.429，也未達到顯著水準（$t=1.895$，$p=0.071$）。而在「縣市選民感受到立委爭取補助經費保護選區利益的百分比」的迴歸分析中，R^2 等於0.255，「縣市立委員額」的beta值為-0.438，達到統計上的顯著水準（$t=2.264$，$p=0.034$），「傷亡人數」的beta值為-0.150（$t=0.782$，$p=0.443$），「房屋倒塌數」beta值為-0.073（$t=0.382$，$p=0.706$），均未達到統計上的顯著水準。基於這些結果，我們的確不能做過度推論，但是當我們控制相關變數時，「縣市立委員額」與「民眾感受程度」呈現的負向關係（第一個未達顯著水準，第二個達顯著水準）所透露的訊息應該非比尋常。

　　如果未來有更多的證據確認「縣市立委員額」與「民眾感受程度」的負向關係，那麼這兩種現象之間的關係究竟會引申出什麼樣的意義呢？在複數選區制度下，民眾感受的程度會隨著選區規模增大而減少，也會隨著選區規模減少而增加。這是不是表示不同規模選區的立委在爭取補

助預算的動機與行為，也會因此而有顯著的差異？也就是說，在追求連任的前提下，立委爭取補助預算的動機強度與行為積極程度，會隨著選區規模增加而降低，反之亦然。同時，立委所顯現出來的動機與行為型態也會有相當程度的多樣性。如果真的是如此，那麼這應該就是台灣特有而且非常重要的分配政治特質之一，它與單一選區制的美國所呈現出來的分配政治特質顯然有所不同，這樣的實證發現將為未來台灣分配政策以及分配政治研究定下基調。當然，台灣分配政治的研究對象在第七屆立法委員選舉採取單一選區兩票制的選舉制度之後，又會是另外一個故事，而這個故事的標題可能就是：「單一選區制可能助長分配政治的運作」！但是，如果仍以第二屆至第六屆立法委員做為分析期間的分配政治研究，或是分配政治研究對象是縣市議會層級或鄉鎮市代表會層級，這些仍以複數選區制所選出來的立委、議員或是代表們爭取補助預算的動機與行為，極有可能會受到他們所代表的選區規模所影響。

第三，研究結果發現，台灣選民以選票獎勵立委帶回地方建設補助的程度，高於懲罰那些沒有帶回補助預算的立委。為什麼會這樣？是不是台灣選民對於立法委員比較仁慈？這似乎也是一個理由，因為就數字呈現的情況來說，這是事實。另外一個理由可能是台灣選民對於立法委員的期待相當多元，並且也互不排斥。本文的研究結果發現，選民在期待立委為地方爭取建設經費的同時，也期許立委形象好，又能專心制訂公共政策，所以即便選區立委不盡然能夠為地方爭取建設經費讓選民滿意，選民仍然可能觀察立委在其他部分的表現，不急著以單一指標來判斷是否應該懲罰沒有帶回補助利益的立委。第三個理由也可能與立委複數選舉制度有關。當一個選區有多位立委時，如果選民認為選區並沒有享受到補助利益，除非有明顯證據，否則選民恐怕很難辨識究竟是哪位立委的過錯。在這種情況下，選民任意「懲罰」某位他認為對選區無功勞立委的理由似乎就沒那麼強。相對來說，如果選民認為選區的確受到補助利益之惠，同樣

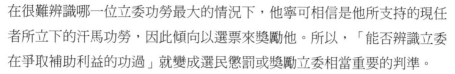

在很難辨識哪一位立委功勞最大的情況下，他寧可相信是他所支持的現任者所立下的汗馬功勞，因此傾向以選票來獎勵他。所以，「能否辨識立委在爭取補助利益的功過」就變成選民懲罰或獎勵立委相當重要的判準。

我們這種說法也並非沒有根據。本文的研究結果顯示，選區規模相對較小的東部與離島各縣同意「如果立委沒有爭取中央的補助經費，下次選舉您就不會支持他」的百分比最高，並且與其他區域選民的看法有統計上的顯著差異。因為立委人數少，辨識過失的難度相對減少，因此傾向懲罰的態度就很明顯。同樣的，選區規模相對較小的東部與離島各縣與其他區域選民，在「立委有爭取中央的補助經費，您比較可能支持他」的意見上，雖然沒有達到統計上的顯著差異（$\chi^2 = 9.504$，$df = 6$，顯著水準逼近0.1），但是東部與離島各縣選民同意的百分比是最高的。這也透露出這些選區因為立委人數少，辨識立委功勞的難度也相對降低，所以傾向獎勵的態度就會趨於明顯。如果真的是如此，小規模選區的立法委員在爭取補助利益這件事情上，動機應該會比大規模選區的立委強上許多，同時可能也要隨時戒慎恐懼的接受選民嚴厲的評價了。

本文研究發現為台灣分配政策與政治研究提供了實證的基礎，同時也初步探索到「選區規模」在台灣分配政治所扮演的不尋常角色，也就是小規模選區的選民期待補助利益的程度大於大規模選區的選民，也同時明顯的反映到小規模選區選民對於立法委員爭取補助利益功過的評價上。當然，後續的研究可以利用加權抽樣增加小規模選區的樣本數，以排除本研究在小規模選區有限樣本數的限制。一旦我們有更完整且系統性的證據呈現選區規模的影響時，基於這些實證基礎，我們可以進一步合理的假設，不同規模選區的立法委員在補助利益爭取上的行為會有相當程度的不同；也可以合理的假設，選區規模對於補助利益分配到各選區結果的差異。同樣的，這些都需要後續的實證研究加以證明。

讀者是不是可以感受到我是用一種非常嚴肅的態度面對這個研究發

現所帶來的啟發呢？這就是量化研究結論當中的「討論」所要討論的內
容。

結　語

　　回想一下，我們從量化的研究流程一步一步講解，從研究主題的選擇、具體研究問題的研擬、回顧相關文獻、建立理論架構、提出假設、概念操作化與測量、透過問卷調查法或既存統計資料（官方資料）蒐集資料、利用敘述統計以及推論統計分析蒐集到的數值資料、詮釋統計分析結果，一直到最後摘要統計分析結果成為研究發現，並討論研究發現所蘊含的理論或實務上的意義。如果你確實瞭解了這些內容，我想這已經足夠讓你掌握量化研究的要訣了。

　　接下來，你應該怎麼辦？我想所有的讀者都會問這樣的問題。我的回答是：如果你真的已經培養出量化研究的興趣，首先，你應該多閱讀各種不同的量化研究學術論文，學習別人到底是如何安排量化研究設計、如何使用合適的統計方法、如何分析等等。我經常透過閱讀量化的期刊論文或是書籍尋找我的研究靈感，有時候看到作者提出趣味性十足的研究問題，有時候看到作者在研究設計的創意，有時候也看到作者詮釋統計數值的敏銳洞察能力。這些好的量化論文真的會讓人讚嘆不已。讀者千萬不要認為使用一些艱深的統計方法（沒人看得懂）就是令人嘆為觀止的論文。這種觀念是不對的！其實，好的論文是從有趣的研究問題開始，匠心獨運的研究設計，並且利用「合適」的統計方法來做分析，這才是好的量化論文。

　　其次，你應該進一步拓展研究設計以及統計方法的能力。我們雖然在這本書談到許多量化研究設計或是統計分析的方法，但是這都是最基本的基礎觀念。接下來如果讀者真的覺得對量化研究有興趣，或是覺得這種研究途徑與你的思考邏輯很對味，你應該繼續學習更多的方法。

　　在研究設計部分，我們已經學習了問卷調查法與既存統計資料分析法，你也可以進一步學習其他有關量化的研究設計，例如內容分析法、實驗設計與準實驗設計，或是屬於量化設計的歷史比較法（Historical Comparison Methods）等等（我只是舉例）。或者可以進一步學習如何利

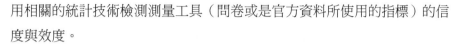

用相關的統計技術檢測測量工具（問卷或是官方資料所使用的指標）的信度與效度。

而在統計方法部分，你也可以而且有能力學習其他各種統計技術，例如對於資料做分類時，你可以學習與分類相關的統計技術，因素分析（Factor Analysis）或叢集分析（Cluster Analysis）就是其中兩種。例如在多變量分析技術方面，你可以繼續學習雙因子變異數分析（Two-Way ANOVA），也就是當類別變數是兩種時，也就是我想同時觀察兩個類別變數（例如同時考慮年齡層與宗教類別）在某一項等距以上變數上（例如憂鬱程度）的平均值差異。例如你從事迴歸分析，而依變數是0、1、2、3、4、5、6……屬於可數而且是大於或等於 0 的整數時，就可以使用波松迴歸（Poisson Regression）。或是不管依變數或是自變數都涉及時間（時間序列資料）與空間（空間分布的異質性）的特質時，所運用的縱橫分析（Panel Analysis）等等。許多統計技術族繁不及備載，但是你都可以利用本書所學習到的基本觀念為基礎加以引申，進一步學習。

最後，利用統計軟體實作分析並勤加練習寫作！一份量化研究報告或是量化學術論文要寫得好，必須經過相當程度的訓練。除了透過廣泛閱讀量化論文來學習如何詮釋統計分析結果之外，實作統計分析並勤加練習寫作則是訓練的基礎工作。經常實作統計分析，你就會熟悉各種統計方法的竅門。但是這樣仍然不夠，你必須常常練習寫作，也就是練習如何詮釋統計分析所得到的結果。我常常要求我的學生或是研究助理勤加練習寫作，一旦獲得一些經過統計分析所得的數據之後，不要很快地下結論。先嘗試第一次解釋這些數據，然後間隔幾天之後，再回過頭來重新詮釋第二次，間隔幾天再來詮釋第三次……你會發現，經過重複來回地詮釋，你漸漸會對這組數據產生非比尋常的感情。你也會同時發現，經過不斷地重複練習，你對於數字所代表意義的敏感度也會越來越高。最後你會發現你在第二次詮釋的內容會比第一次深刻，而第三次詮釋的內容也會比第二次更

深刻。簡單的說，不斷地練習寫作會讓你詮釋統計數值的能力不斷地進步。當然，有些讀者會說，我未來又不見得會從事學術研究工作，何必需要這些與量化研究相關的寫作能力呢？其實不見得在學術界工作才需要這些能力，即使未來你在政府機關服務或是在私人企業任職，你都很有可能需要針對一份統計數值做深入的分析，也許是政府機關首長請你分析台灣產業外移的情形，也許是某企業主管要你分析產品行銷通路的障礙等等。

＊　　　　　＊　　　　　＊

終於，你終於閱讀完這本書了！量化研究真的有那麼難嗎？我很期盼你現在的回答是：哇！原來量化研究是這麼一回事，沒有想像中的難嘛！如果你真的覺得如此，我要為你感到高興！因為你已經擁有另一項有效的技能來瞭解這個真實世界了！不管工作或是生活，量化研究的訓練會幫助你更貼近事實，找出很多你原來不知道的答案呢！

希望這本書是一個開始！量化研究其實沒有那麼難！不是嗎？

附　錄

表一　常態分配表 Z 表
（0～Z之間的區域）

Z值	0.00	0.01	0.02	0.03	0.04	0.05	0.06	0.07	0.08	0.09
0.0	0.0000	0.0040	0.0080	0.0120	0.0160	0.0199	0.0239	0.0279	0.0319	0.0359
0.1	0.0398	0.0438	0.0478	0.0517	0.0557	0.0596	0.0636	0.0675	0.0714	0.0753
0.2	0.0793	0.0832	0.0871	0.0910	0.0948	0.0987	0.1026	0.1064	0.1103	0.1141
0.3	0.1179	0.1217	0.1255	0.1293	0.1331	0.1368	0.1406	0.1443	0.1480	0.1517
0.4	0.1554	0.1591	0.1628	0.1664	0.1700	0.1736	0.1772	0.1808	0.1844	0.1879
0.5	0.1915	0.1950	0.1985	0.2019	0.2054	0.2088	0.2123	0.2157	0.2190	0.2224
0.6	0.2257	0.2291	0.2324	0.2357	0.2389	0.2422	0.2454	0.2486	0.2517	0.2549
0.7	0.2580	0.2611	0.2642	0.2673	0.2704	0.2734	0.2764	0.2794	0.2823	0.2852
0.8	0.2881	0.2910	0.2939	0.2967	0.2995	0.3023	0.3051	0.3078	0.3106	0.3133
0.9	0.3159	0.3186	0.3212	0.3238	0.3264	0.3289	0.3315	0.3340	0.3365	0.3389
1.0	0.3413	0.3438	0.3461	0.3485	0.3508	0.3531	0.3554	0.3577	0.3599	0.3621
1.1	0.3643	0.3665	0.3686	0.3708	0.3729	0.3749	0.3770	0.3790	0.3810	0.3830
1.2	0.3849	0.3869	0.3888	0.3907	0.3925	0.3944	0.3962	0.3980	0.3997	0.4015
1.3	0.4032	0.4049	0.4066	0.4082	0.4099	0.4115	0.4131	0.4147	0.4162	0.4177
1.4	0.4192	0.4207	0.4222	0.4236	0.4251	0.4265	0.4279	0.4292	0.4306	0.4319
1.5	0.4332	0.4345	0.4357	0.4370	0.4382	0.4394	0.4406	0.4418	0.4429	0.4441
1.6	0.4452	0.4463	0.4474	0.4484	0.4495	0.4505	0.4515	0.4525	0.4535	0.4545
1.7	0.4554	0.4564	0.4573	0.4582	0.4591	0.4599	0.4608	0.4616	0.4625	0.4633
1.8	0.4641	0.4649	0.4656	0.4664	0.4671	0.4678	0.4686	0.4693	0.4699	0.4706
1.9	0.4713	0.4719	0.4726	0.4732	0.4738	0.4744	0.4750	0.4756	0.4761	0.4767
2.0	0.4772	0.4778	0.4783	0.4788	0.4793	0.4798	0.4803	0.4808	0.4812	0.4817
2.1	0.4821	0.4826	0.4830	0.4834	0.4838	0.4842	0.4846	0.4850	0.4854	0.4857
2.2	0.4861	0.4864	0.4868	0.4871	0.4875	0.4878	0.4881	0.4884	0.4887	0.4890
2.3	0.4893	0.4896	0.4898	0.4901	0.4904	0.4906	0.4909	0.4911	0.4913	0.4916
2.4	0.4918	0.4920	0.4922	0.4925	0.4927	0.4929	0.4931	0.4932	0.4934	0.4936
2.5	0.4938	0.4940	0.4941	0.4943	0.4945	0.4946	0.4948	0.4949	0.4951	0.4952
2.6	0.4953	0.4955	0.4956	0.4957	0.4959	0.4960	0.4961	0.4962	0.4963	0.4964
2.7	0.4965	0.4966	0.4967	0.4968	0.4969	0.4970	0.4971	0.4972	0.4973	0.4974
2.8	0.4974	0.4975	0.4976	0.4977	0.4977	0.4978	0.4979	0.4979	0.4980	0.4981
2.9	0.4981	0.4982	0.4982	0.4983	0.4984	0.4984	0.4985	0.4985	0.4986	0.4986
3.0	0.4987	0.4987	0.4987	0.4988	0.4988	0.4989	0.4989	0.4989	0.4990	0.4990

*資料來源：http://www.statsoft.com/textbook/distribution-tables/#z。

** 我們只列出 Z 值大於 0 時各種 Z 值所占面積的比例（機率）。Z 值小於 0 時的情況與 Z
值大於 0 的情況相同，因為標準常態分配是左右對稱。

表二　t 分配表（單尾檢定）

df / p	0.40	0.25	0.10	0.05	0.025	0.01	0.005	0.0005
1	0.324920	1.000000	3.077684	6.313752	12.70620	31.82052	63.65674	636.6192
2	0.288675	0.816497	1.885618	2.919986	4.30265	6.96456	9.92484	31.5991
3	0.276671	0.764892	1.637744	2.353363	3.18245	4.54070	5.84091	12.9240
4	0.270722	0.740697	1.533206	2.131847	2.77645	3.74695	4.60409	8.6103
5	0.267181	0.726687	1.475884	2.015048	2.57058	3.36493	4.03214	6.8688
6	0.264835	0.717558	1.439756	1.943180	2.44691	3.14267	3.70743	5.9588
7	0.263167	0.711142	1.414924	1.894579	2.36462	2.99795	3.49948	5.4079
8	0.261921	0.706387	1.396815	1.859548	2.30600	2.89646	3.35539	5.0413
9	0.260955	0.702722	1.383029	1.833113	2.26216	2.82144	3.24984	4.7809
10	0.260185	0.699812	1.372184	1.812461	2.22814	2.76377	3.16927	4.5869
11	0.259556	0.697445	1.363430	1.795885	2.20099	2.71808	3.10581	4.4370
12	0.259033	0.695483	1.356217	1.782288	2.17881	2.68100	3.05454	4.3178
13	0.258591	0.693829	1.350171	1.770933	2.16037	2.65031	3.01228	4.2208
14	0.258213	0.692417	1.345030	1.761310	2.14479	2.62449	2.97684	4.1405
15	0.257885	0.691197	1.340606	1.753050	2.13145	2.60248	2.94671	4.0728
16	0.257599	0.690132	1.336757	1.745884	2.11991	2.58349	2.92078	4.0150
17	0.257347	0.689195	1.333379	1.739607	2.10982	2.56693	2.89823	3.9651
18	0.257123	0.688364	1.330391	1.734064	2.10092	2.55238	2.87844	3.9216
19	0.256923	0.687621	1.327728	1.729133	2.09302	2.53948	2.86093	3.8834
20	0.256743	0.686954	1.325341	1.724718	2.08596	2.52798	2.84534	3.8495
21	0.256580	0.686352	1.323188	1.720743	2.07961	2.51765	2.83136	3.8193
22	0.256432	0.685805	1.321237	1.717144	2.07387	2.50832	2.81876	3.7921
23	0.256297	0.685306	1.319460	1.713872	2.06866	2.49987	2.80734	3.7676
24	0.256173	0.684850	1.317836	1.710882	2.06390	2.49216	2.79694	3.7454
25	0.256060	0.684430	1.316345	1.708141	2.05954	2.48511	2.78744	3.7251
26	0.255955	0.684043	1.314972	1.705618	2.05553	2.47863	2.77871	3.7066
27	0.255858	0.683685	1.313703	1.703288	2.05183	2.47266	2.77068	3.6896
28	0.255768	0.683353	1.312527	1.701131	2.04841	2.46714	2.76326	3.6739
29	0.255684	0.683044	1.311434	1.699127	2.04523	2.46202	2.75639	3.6594
30	0.255605	0.682756	1.310415	1.697261	2.04227	2.45726	2.75000	3.6460
∞	0.253347	0.674490	1.281552	1.644854	1.95996	2.32635	2.57583	3.2905

*df：自由度，p：顯著水準。

**資料來源：http://www.statsoft.com/textbook/distribution-tables/#t。

表三　t 分配表（雙尾檢定）

df / p	0.80	0.50	0.20	0.10	0.05	0.02	0.010	0.001
1	0.324920	1.000000	3.077684	6.313752	12.70620	31.82052	63.65674	636.6192
2	0.288675	0.816497	1.885618	2.919986	4.30265	6.96456	9.92484	31.5991
3	0.276671	0.764892	1.637744	2.353363	3.18245	4.54070	5.84091	12.9240
4	0.270722	0.740697	1.533206	2.131847	2.77645	3.74695	4.60409	8.6103
5	0.267181	0.726687	1.475884	2.015048	2.57058	3.36493	4.03214	6.8688
6	0.264835	0.717558	1.439756	1.943180	2.44691	3.14267	3.70743	5.9588
7	0.263167	0.711142	1.414924	1.894579	2.36462	2.99795	3.49948	5.4079
8	0.261921	0.706387	1.396815	1.859548	2.30600	2.89646	3.35539	5.0413
9	0.260955	0.702722	1.383029	1.833113	2.26216	2.82144	3.24984	4.7809
10	0.260185	0.699812	1.372184	1.812461	2.22814	2.76377	3.16927	4.5869
11	0.259556	0.697445	1.363430	1.795885	2.20099	2.71808	3.10581	4.4370
12	0.259033	0.695483	1.356217	1.782288	2.17881	2.68100	3.05454	4.3178
13	0.258591	0.693829	1.350171	1.770933	2.16037	2.65031	3.01228	4.2208
14	0.258213	0.692417	1.345030	1.761310	2.14479	2.62449	2.97684	4.1405
15	0.257885	0.691197	1.340606	1.753050	2.13145	2.60248	2.94671	4.0728
16	0.257599	0.690132	1.336757	1.745884	2.11991	2.58349	2.92078	4.0150
17	0.257347	0.689195	1.333379	1.739607	2.10982	2.56693	2.89823	3.9651
18	0.257123	0.688364	1.330391	1.734064	2.10092	2.55238	2.87844	3.9216
19	0.256923	0.687621	1.327728	1.729133	2.09302	2.53948	2.86093	3.8834
20	0.256743	0.686954	1.325341	1.724718	2.08596	2.52798	2.84534	3.8495
21	0.256580	0.686352	1.323188	1.720743	2.07961	2.51765	2.83136	3.8193
22	0.256432	0.685805	1.321237	1.717144	2.07387	2.50832	2.81876	3.7921
23	0.256297	0.685306	1.319460	1.713872	2.06866	2.49987	2.80734	3.7676
24	0.256173	0.684850	1.317836	1.710882	2.06390	2.49216	2.79694	3.7454
25	0.256060	0.684430	1.316345	1.708141	2.05954	2.48511	2.78744	3.7251
26	0.255955	0.684043	1.314972	1.705618	2.05553	2.47863	2.77871	3.7066
27	0.255858	0.683685	1.313703	1.703288	2.05183	2.47266	2.77068	3.6896
28	0.255768	0.683353	1.312527	1.701131	2.04841	2.46714	2.76326	3.6739
29	0.255684	0.683044	1.311434	1.699127	2.04523	2.46202	2.75639	3.6594
30	0.255605	0.682756	1.310415	1.697261	2.04227	2.45726	2.75000	3.6460
∞	0.253347	0.674490	1.281552	1.644854	1.95996	2.32635	2.57583	3.2905

*df：自由度，p：顯著水準。

**資料來源：http://www.statsoft.com/textbook/distribution-tables/#t修改。

表四　卡方分布圖

df / p	.995	.990	.975	.950	.900	.750	.500	.250	.100	.050	.025	.010	.005
1	0.00004	0.00016	0.00098	0.00393	0.01579	0.10153	0.45494	1.32330	2.70554	3.84146	5.02389	6.63490	7.87944
2	0.01003	0.02010	0.05064	0.10259	0.21072	0.57536	1.38629	2.77259	4.60517	5.99146	7.37776	9.21034	10.59663
3	0.07172	0.11483	0.21580	0.35185	0.58437	1.21253	2.36597	4.10834	6.25139	7.81473	9.34840	11.34487	12.83816
4	0.20699	0.29711	0.48442	0.71072	1.06362	1.92256	3.35669	5.38527	7.77944	9.48773	11.14329	13.27670	14.86026
5	0.41174	0.55430	0.83121	1.14548	1.61031	2.67460	4.35146	6.62568	9.23636	11.07050	12.83250	15.08627	16.74960
6	0.67573	0.87209	1.23734	1.63538	2.20413	3.45460	5.34812	7.84080	10.64464	12.59159	14.44938	16.81189	18.54758
7	0.98926	1.23904	1.68987	2.16735	2.83311	4.25485	6.34581	9.03715	12.01704	14.06714	16.01276	18.47531	20.27774
8	1.34441	1.64650	2.17973	2.73264	3.48954	5.07064	7.34412	10.21885	13.36157	15.50731	17.53455	20.09024	21.95495
9	1.73493	2.08790	2.70039	3.32511	4.16816	5.89883	8.34283	11.38875	14.68366	16.91898	19.02277	21.66599	23.58935
10	2.15586	2.55821	3.24697	3.94030	4.86518	6.73720	9.34182	12.54886	15.98718	18.30704	20.48318	23.20925	25.18818
11	2.60322	3.05348	3.81575	4.57481	5.57778	7.58414	10.34100	13.70069	17.27501	19.67514	21.92005	24.72497	26.75685
12	3.07382	3.57057	4.40379	5.22603	6.30380	8.43842	11.34032	14.84540	18.54935	21.02607	23.33666	26.21697	28.29952
13	3.56503	4.10692	5.00875	5.89186	7.04150	9.29907	12.33976	15.98391	19.81193	22.36203	24.73560	27.68825	29.81947
14	4.07467	4.66043	5.62873	6.57063	7.78953	10.16531	13.33927	17.11693	21.06414	23.68479	26.11895	29.14124	31.31935
15	4.60092	5.22935	6.26214	7.26094	8.54676	11.03654	14.33886	18.24509	22.30713	24.99579	27.48839	30.57791	32.80132
16	5.14221	5.81221	6.90766	7.96165	9.31224	11.91222	15.33850	19.36886	23.54183	26.29623	28.84535	31.99993	34.26719
17	5.69722	6.40776	7.56419	8.67176	10.08519	12.79193	16.33818	20.48868	24.76904	27.58711	30.19101	33.40866	35.71847
18	6.26480	7.01491	8.23075	9.39046	10.86494	13.67529	17.33790	21.60489	25.98942	28.86930	31.52638	34.80531	37.15645
19	6.84397	7.63273	8.90652	10.11701	11.65091	14.56200	18.33765	22.71781	27.20357	30.14353	32.85233	36.19087	38.58226
20	7.43384	8.26040	9.59078	10.85081	12.44261	15.45177	19.33743	23.82769	28.41198	31.41043	34.16961	37.56623	39.99685

（續）表四　卡方分布圖

df / p	.995	.990	.975	.950	.900	.750	.500	.250	.100	.050	.025	.010	.005
21	8.03365	8.89720	10.28290	11.59131	13.23960	16.34438	20.33723	24.93478	29.61509	32.67057	35.47888	38.93217	41.40106
22	8.64272	9.54249	10.98232	12.33801	14.04149	17.23962	21.33704	26.03927	30.81328	33.92444	36.78071	40.28936	42.79565
23	9.26042	10.19572	11.68855	13.09051	14.84796	18.13730	22.33688	27.14134	32.00690	35.17246	38.07563	41.63840	44.18128
24	9.88623	10.85636	12.40115	13.84843	15.65868	19.03725	23.33673	28.24115	33.19624	36.41503	39.36408	42.97982	45.55851
25	10.51965	11.52398	13.11972	14.61141	16.47341	19.93934	24.33659	29.33885	34.38159	37.65248	40.64647	44.31410	46.92789
26	11.16024	12.19815	13.84390	15.37916	17.29188	20.84343	25.33646	30.43457	35.56317	38.88514	41.92317	45.64168	48.28988
27	11.80759	12.87850	14.57338	16.15140	18.11390	21.74940	26.33634	31.52841	36.74122	40.11327	43.19451	46.96294	49.64492
28	12.46134	13.56471	15.30786	16.92788	18.93924	22.65716	27.33623	32.62049	37.91592	41.33714	44.46079	48.27824	50.99338
29	13.12115	14.25645	16.04707	17.70837	19.76774	23.56659	28.33613	33.71091	39.08747	42.55697	45.72229	49.58788	52.33562
30	13.78672	14.95346	16.79077	18.49266	20.59923	24.47761	29.33603	34.79974	40.25602	43.77297	46.97924	50.89218	53.67196

*df：自由度，p：顯著水準。

**資料來源：http://www.statsoft.com/textbook/distribution-tables/#chi修改。

表五　F分配表（α = .05）

df2 / df1	1	2	3	4	5	6	7	8	10	15	30	60	120	∞
1	161.4476	199.5000	215.7073	224.5832	230.1619	233.9860	236.7684	238.8827	241.8817	245.9499	250.0951	252.1957	253.2529	254.3144
2	18.5128	19.0000	19.1643	19.2468	19.2964	19.3295	19.3532	19.3710	19.3959	19.4291	19.4624	19.4791	19.4874	19.4957
3	10.1280	9.5521	9.2766	9.1172	9.0135	8.9406	8.8867	8.8452	8.7855	8.7029	8.6166	8.5720	8.5494	8.5264
4	7.7086	6.9443	6.5914	6.3882	6.2561	6.1631	6.0942	6.0410	5.9644	5.8578	5.7459	5.6877	5.6581	5.6281
5	6.6079	5.7861	5.4095	5.1922	5.0503	4.9503	4.8759	4.8183	4.7351	4.6188	4.4957	4.4314	4.3985	4.3650
6	5.9874	5.1433	4.7571	4.5337	4.3874	4.2839	4.2067	4.1468	4.0600	3.9381	3.8082	3.7398	3.7047	3.6689
7	5.5914	4.7374	4.3468	4.1203	3.9715	3.8660	3.7870	3.7257	3.6365	3.5107	3.3758	3.3043	3.2674	3.2298
8	5.3177	4.4590	4.0662	3.8379	3.6875	3.5806	3.5005	3.4381	3.3472	3.2184	3.0794	3.0053	2.9669	2.9276
9	5.1174	4.2565	3.8625	3.6331	3.4817	3.3738	3.2927	3.2296	3.1373	3.0061	2.8637	2.7872	2.7475	2.7067
10	4.9646	4.1028	3.7083	3.4780	3.3258	3.2172	3.1355	3.0717	2.9782	2.8450	2.6996	2.6211	2.5801	2.5379
11	4.8443	3.9823	3.5874	3.3567	3.2039	3.0946	3.0123	2.9480	2.8536	2.7186	2.5705	2.4901	2.4480	2.4045
12	4.7472	3.8853	3.4903	3.2592	3.1059	2.9961	2.9134	2.8486	2.7534	2.6169	2.4663	2.3842	2.3410	2.2962
13	4.6672	3.8056	3.4105	3.1791	3.0254	2.9153	2.8321	2.7669	2.6710	2.5331	2.3803	2.2966	2.2524	2.2064
14	4.6001	3.7389	3.3439	3.1122	2.9582	2.8477	2.7642	2.6987	2.6022	2.4630	2.3082	2.2229	2.1778	2.1307
15	4.5431	3.6823	3.2874	3.0556	2.9013	2.7905	2.7066	2.6408	2.5437	2.4034	2.2468	2.1601	2.1141	2.0658
16	4.4940	3.6337	3.2389	3.0069	2.8524	2.7413	2.6572	2.5911	2.4935	2.3522	2.1938	2.1058	2.0589	2.0096
17	4.4513	3.5915	3.1968	2.9647	2.8100	2.6987	2.6143	2.5480	2.4499	2.3077	2.1477	2.0584	2.0107	1.9604
18	4.4139	3.5546	3.1599	2.9277	2.7729	2.6613	2.5767	2.5102	2.4117	2.2686	2.1071	2.0166	1.9681	1.9168
19	4.3807	3.5219	3.1274	2.8951	2.7401	2.6283	2.5435	2.4768	2.3779	2.2341	2.0712	1.9795	1.9302	1.8780
20	4.3512	3.4928	3.0984	2.8661	2.7109	2.5990	2.5140	2.4471	2.3479	2.2033	2.0391	1.9464	1.8963	1.8432

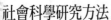

（續）表五　F分配表（α＝.05）

df2 / df1	1	2	3	4	5	6	7	8	10	15	30	60	120	∞
21	4.3248	3.4668	3.0725	2.8401	2.6848	2.5727	2.4876	2.4205	2.3210	2.1757	2.0102	1.9165	1.8657	1.8117
22	4.3009	3.4434	3.0491	2.8167	2.6613	2.5491	2.4638	2.3965	2.2967	2.1508	1.9842	1.8894	1.8380	1.7831
23	4.2793	3.4221	3.0280	2.7955	2.6400	2.5277	2.4422	2.3748	2.2747	2.1282	1.9605	1.8648	1.8128	1.7570
24	4.2597	3.4028	3.0088	2.7763	2.6207	2.5082	2.4226	2.3551	2.2547	2.1077	1.9390	1.8424	1.7896	1.7330
25	4.2417	3.3852	2.9912	2.7587	2.6030	2.4904	2.4047	2.3371	2.2365	2.0889	1.9192	1.8217	1.7684	1.7110
26	4.2252	3.3690	2.9752	2.7426	2.5868	2.4741	2.3883	2.3205	2.2197	2.0716	1.9010	1.8027	1.7488	1.6906
27	4.2100	3.3541	2.9604	2.7278	2.5719	2.4591	2.3732	2.3053	2.2043	2.0558	1.8842	1.7851	1.7306	1.6717
28	4.1960	3.3404	2.9467	2.7141	2.5581	2.4453	2.3593	2.2913	2.1900	2.0411	1.8687	1.7689	1.7138	1.6541
29	4.1830	3.3277	2.9340	2.7014	2.5454	2.4324	2.3463	2.2783	2.1768	2.0275	1.8543	1.7537	1.6981	1.6376
30	4.1709	3.3158	2.9223	2.6896	2.5336	2.4205	2.3343	2.2662	2.1646	2.0148	1.8409	1.7396	1.6835	1.6223
40	4.0847	3.2317	2.8387	2.6060	2.4495	2.3359	2.2490	2.1802	2.0772	1.9245	1.7444	1.6373	1.5766	1.5089
60	4.0012	3.1504	2.7581	2.5252	2.3683	2.2541	2.1665	2.0970	1.9926	1.8364	1.6491	1.5343	1.4673	1.3893
120	3.9201	3.0718	2.6802	2.4472	2.2899	2.1750	2.0868	2.0164	1.9105	1.7505	1.5543	1.4290	1.3519	1.2539
∞	3.8415	2.9957	2.6049	2.3719	2.2141	2.0986	2.0096	1.9384	1.8307	1.6664	1.4591	1.3180	1.2214	1.0000

*df：自由度。

**資料來源：http://www.statsoft.com/textbook/distribution-tables/#f05修改。

表六　亂數表

	1	8	15	22	29	36	43	50	57	64
1	9372557	6401198	9275910	7254556	1270374	6235343	2741724	4508808	2503918	3918560
2	2910627	5116738	8489625	6288392	4644175	6028939	6373453	6230465	6622235	1424948
3	8853652	0635614	9716462	4780151	8839322	8164318	2689590	5326496	1978000	1129824
4	6900896	6608821	5954853	9543900	4149964	3622827	8044195	5397228	9163714	9026518
5	3524960	3621303	2942030	8501820	6836261	7395716	6218879	7660047	3648437	8260660
6	1095068	5207288	3590815	4910335	0994762	3443253	2514893	4798139	9643900	4727407
7	1993549	5228325	5831987	1685010	2749956	4826798	5494485	2516418	5488387	8833834
8	5804548	7917060	4531979	0965799	7206690	2218855	3094775	4261855	4944176	3033799
9	7861877	5268264	3143251	6675894	2499040	0140793	9285666	2553613	5116738	4792956
10	7047543	0898115	5218568	6845103	2026171	6942969	2844469	7428643	5579546	9710059
11	0788054	4182282	4186855	5440521	8067061	7306081	3407277	7499375	6453637	9620120
12	8574991	9288410	9920121	4203318	8657004	1367935	0103598	6278636	6405161	5003933
13	4603930	7647547	5073750	3735328	7855475	6210648	3733803	8610357	5713693	1134092
14	4100879	0683480	6663699	4345392	0873725	8251209	0109696	3690205	4635333	8175904
15	0513357	4762163	3370386	9925000	4490210	4476186	8923774	2991421	9343594	9079872
16	8745724	5576193	6044488	0825859	7260654	7448460	4359417	4242343	9760060	0217318
17	0140489	1226166	2992335	0517320	8250904	2552394	0219452	9829877	2910627	0315185
18	7119799	3174653	2227392	3414594	1721596	3359716	7654559	9568595	1112446	9515851
19	9319203	6181379	4330453	6560345	3901792	3081055	0923725	2111842	6164916	8509747
20	8447247	8999994	3549046	3265508	8955177	1092324	7499680	0340185	9355789	1277081
21	3246300	4689602	9420423	4629540	5975280	9713718	4225270	9880182	7662486	9955792
22	9221642	1083482	5804548	1370374	2329831	8328343	2908798	8347551	5137775	9430789
23	4523442	8885969	5813999	7903646	4129537	6554857	0546894	7210654	2407271	0088354
24	0920371	7554558	9769816	5270398	1979219	1972207	0902383	6044793	5995402	8881091
25	3861243	1140190	6610040	5505460	6229855	3628315	2110013	3694169	0705736	1353606
26	6716748	9027738	2917640	2990201	2415502	5486863	0458173	2101171	0184391	9017677
27	3891426	2315502	9660059	5463387	5011250	2838676	8079561	6488393	5860341	0785614
28	7684132	7967975	9104568	9803352	4834115	6699675	6423149	8545723	6774371	6251197
29	7697852	0291404	6677114	6845103	4363380	8261880	5013994	9494814	4232892	7364923
30	6433515	3082580	6334734	4359112	8230782	6418271	1503912	1785316	4030756	7099677
31	9949695	7633217	5041433	4411856	5903024	1463667	0977994	4977103	4833505	6681077
32	7076811	3673742	6548759	6074061	0081647	8694809	3660937	3929231	6748761	2520686
33	7101202	5925890	2173733	1864584	5906377	2284709	3570083	0470369	8260050	3480753
34	4492954	4667041	0804517	8428954	8671028	3503619	1097202	8679565	6184428	3586546
35	9966463	7144800	5640522	3138373	8670419	5328935	8316758	1534400	7275288	4119476

（續）表六　亂數表

	1	8	15	22	29	36	43	50	57	64
36	5492960	2977396	2328612	2158489	1543546	4182891	7563095	2518552	7699071	5506680
37	3361545	2574650	3470387	1560924	6042049	7231995	1076775	9891463	5500887	0753907
38	0542320	6864615	6987177	1413667	3148739	6408515	9756706	4986250	9368899	6674065
39	9436582	6735956	8952738	0372502	5246922	7394801	2233184	8309746	7480472	9300301
40	8110659	7839316	351770	4878018	7962488	3360935	5719791	6678029	4363990	9096031
41	0871591	0441100	4663077	1416106	9991768	0302075	8056391	9128043	3938073	4962469
42	6538394	5742962	0160001	3975573	6619492	5219483	1111531	6337478	8039622	1742023
43	1976475	3104836	1659400	7711571	3764901	7610961	1297203	4362161	1834096	2983494
44	0565491	8517979	8325600	3444777	0777992	0843237	9160666	6356685	3398435	5549058
45	8406698	2763066	4448747	6733212	0971896	9266459	6000890	2190806	1172202	0931042
46	4199965	4609113	3690815	6451808	2100257	6655467	1929219	4197221	1653608	4646309
47	3313069	2220379	0140793	0431954	2417637	0439576	6480161	9803657	0202074	1648425
48	8069805	4382893	2383185	8385966	8811578	4350575	5921621	2670077	5434118	8046634
49	7876511	4569784	3604229	2035622	7138702	2676480	3003616	6188086	9519814	6017354
50	0036525	3999658	2941115	1972512	5831682	5049970	6393576	0768846	5540826	7394496

參考書目

石計生、羅清俊、曾淑芬、黃慧琦、邱曉婷（2003）。《社會科學研究與SPSS資料分析》。台北：雙葉書廊有限公司。

陳文學（2012）。《台灣原住民族代表性官僚：消極代表與積極代表的實證分析》。國立臺北大學公共行政暨政策學系博士論文。

楊國樞、文崇一、吳聰賢、李亦園編著（1987）。《社會及行為科學研究法》。台北：東華書局。

羅清俊（2006）。《重新檢視台灣分配政治》。國科會94年度專題研究計畫結案報告。

羅清俊（2009）。《重新檢視台灣分配政策與政治》。台北：揚智。

羅清俊、萬榮水（2000）。〈選舉與補助款的分配：綁樁？還是平衡地方財政？〉。《選舉研究》，6（2）：121-161。

羅清俊、張皖萍（2008）。〈立法委員分配政治行為分析：選區企業與立法委員企業背景的影響〉。《政治科學論叢》，35：47-94。

羅清俊、廖健良（2009）。〈選制即將改變對於不同選區規模立委分配政策提案行為的影響〉。《台灣政治學刊》，13（1）：3-53。

Agresti, Alan (2007). *An Introduction to Categorical Data Analysis,* 2nd ed., NJ: John Wiley & Sons, Inc., Publication.

Agresti, Alan and Barbara Finlay (1999). *Statistical Methods for the Social Sciences,* 3rd ed., NJ: Prentice Hall, Inc.

Aneshensel, Carol S. (2002). *Theory-Based Data Analysis for the Social Sciences,* CA: Pine Forge Press.

Conrad, F. G., Couper, M. P. and Tourangeau, R. (2003). "Interactive Features in Web Survey", presented at the Joint Meetings of the American Statistical Association.

Conrad, F. G., Couper, M. P., Tourangeau, R. and Peytchev, A. (2006). "Use and Nonuse of Clarification Features in Web Surveys", *Journal of Official Statistics, 22*(2), in Press.

Couper, M. P. (2000). "Web Surveys a Review of Issues and Approaches", *Public Opinion Quarterly, 164*(4): 464-481.

Couper, M. P., Tourangeau, R. and Conrad, F. G. (2004). "What They See Is What We Get", *Social Science Computer Review, 22*(1): 111-127.

Dillman, Don A. (2000). *Mail and Internet Surveys: The Tailored Design Method,* New York: John Wiley & Sons.

Dillman, Don A. (2002). "Navigating the Rapids of Change: Some Observations on Survey Methodology in the Early 21st Century", presidential address to the American Association for Public Opinion Research.

Dillman, Don A. and Bowker, D. K. (2001). "The Web Questionnaire Challenge to Survey Methodologists", at http://survey.sesrc.wsu.edu/dillman/zuma_paper_dillman_bowker.pdf.

Dillman, D. A., Tortora, R. D. and Bowker, D. (1998). "Principle for Constructing Web Surveys", Pullman, Washington. SESRC Technical Report 98-50, at http://survey.sesrc.wsu.edu/dillman/papers/websurveyppr.pdf.

Durbin, J. and Watson, G. S. (1951). "Testing for Serial Correlation in Least Squares Regression", *Biometrica, 37*: 409-428.

Fielding, Jane and Gilbert, Nigel (2003). *Understanding Social Statistics,* London: Sage Publication.

Gujarati, Damodar N. (1988). *Basic Econometrics,* 2nd ed., NJ: McGraw-Hill Book Company.

Kadiyala, K. R. (1968). "A Transformation Used to Circumvent the Problem of Autocorrelation", *Econometrica, 36*: 93-96.

Kennedy, Peter (1994). *A Guide to Econometrics,* 3rd ed., MA: The MIT Press.

Koch, Julianna (2013). States of Inequality: Government Partisanship, Public Policies, and Income Disparity in the American States, 1970-2005. Unpublished Doctoral Dissertation, Cornell University.

Koutsoyiannis, A. (1987). *Theory of Econometrics,* 2nd ed., NJ: Barnes & Noble Books.

Manheim, Jarol B. and Rich, Richard C. (1995). *Empirical Political Analysis*, New York: Longman Company.

Morgan, George A., Leech, Nancy L., Gloeckner, Gene W. and Barrett, Karen C. (2004). *SPSS for Introductory Statistics: Use and Interpretation,* 2nd ed., NJ: Lawrance Erlbaum Associates, Publisher.

Munro, Barbara Hazard (2005). *Statistical Methods for Health Care Research*, 5th ed., PA: Lippincott Williams & Wilkins.

Nachmias, David and Nachmias Chava (1981). *Research Methods in the Social Sciences*, 2nd ed., NY: St. Martin's Press.

Neuman, W. Lawrence (2003). *Social Research Methods: Qualitative and Quantitative Approaches*, MA: Allyn and Bacon.

Singleton, Royce A. Jr., Straits, Bruce C. and Straits, Margaret Miller (1993). *Approaches to Social Research,* 2nd ed., New York: Oxford University Press.

研究方法叢書

社會科學研究方法——打開天窗說量化

作　　者／羅清俊
出 版 者／揚智文化事業股份有限公司
發 行 人／葉忠賢
總 編 輯／閻富萍
特約執編／鄭美珠
地　　址／新北市深坑區北深路三段 260 號 8 樓
電　　話／(02)8662-6826
傳　　真／(02)2664-7633
網　　址／http://www.ycrc.com.tw
 E-mail ／service@ycrc.com.tw
 I S B N ／978-986-298-217-4
初版一刷／2007 年 8 月
二版一刷／2010 年 9 月
三版一刷／2016 年 3 月
三版二刷／2017 年 2 月
定　　價／新台幣 480 元

國家圖書館出版品預行編目（CIP）資料

社會科學研究方法：打開天窗說量化 / 羅清
俊著. -- 三版. -- 新北市 ：揚智文化,
2016.03
　　面 ；　　公分. -- (研究方法叢書)

ISBN 978-986-298-217-4(精裝)

1.社會科學　2.量性研究　3.研究方法

501.2　　　　　　　　　　　105003230

Notes

Notes

Notes

Notes